U0153706

臺灣客家研究論文選輯 11

客家戲曲

鄭榮興——主編

張維安——總主編

編者及作者介紹

主編

鄭榮興

國立臺灣師範大學音樂研究所碩士，法國巴黎第三大學東方語言學院民族學所博士班 DEA（第三階段博士班）、香港新亞研究所博士班博士。曾任苗栗陳家班北管八音團團長、榮興客家採茶劇團創團團長、客家戲曲學苑創辦人、國立復興劇藝實驗學校、國立臺灣戲曲專科學校與國立臺灣戲曲學院校長、臺北市技藝舞蹈職業工會與中華傳統客家表演藝術協會理事長、中華國樂學會及中華民國電影戲劇協會理事、苗栗縣文化基金會董事等職。現任國立臺灣戲曲學院歌仔戲學系教授、榮興客家採茶劇團與苗栗陳家班北管八音團藝術總監，以及文化臺灣基金會、國家表演藝術中心、國家文化藝術基金會、桃園市客家文化基金會等機構董事。研究領域為戲曲表演專題、地方戲曲、戲曲音樂分析、表演基礎訓練、客家八音、民族音樂等。

作者群

莊美玲　國立花蓮教育大學民間文學研究所畢業，東吳大學中國文學系畢業，研究興趣為中國文學。桃園客家人，現職國小教師，曾獲多項桃園市及大溪區語文競賽作文獎項。

鍾繼儀　國立臺北藝術大學音樂學院傳統音樂學系演奏組學士，主修北管。國立臺北藝術大學音樂學院傳統音樂學系理論組碩士，主修傳統戲曲。現任苗栗榮興客家採茶劇團樂師武場領奏、陳家班北管八音團傳習計畫結業藝生、慶美園亂彈劇團樂師、金滿圓戲劇團樂師、中華兩岸傳統客家表演藝術交流協會秘書長。研究興趣為客家八音、客家戲曲、亂彈戲曲。

李梁淑　臺灣大學中國文學研究所博士，現任屏東科技大學客家文化產業研究所兼通識教育中心副教授。學術專長為客家文學、客家語、民俗藝術、客家文化美學。著有《金瓶梅詮評史研究》、《客家歌謠文化與藝術論集》、《百年客家：徐冬英珍藏文物賞析》等。

范揚坤　國立臺灣師範大學音樂系博士，現任國立臺南藝術大學中國音樂學系助理教授。研究領域涉及北管音樂、客家音樂、臺灣音樂史料、唱片目錄文獻、無形文化資產保存研究。近期著作發表《流轉‧發聲：鈴鈴、美樂與遠東唱片目錄彙編》（2017）及期刊文章。

劉美枝　臺灣師範大學音樂碩士，輔仁大學中文博士。臺灣戲曲學院、空中大學兼任助理教授。著有《臺灣亂彈戲之腔調研究》、《回首四平風華：古禮達與莊玉英的演藝人生》、《珠落玉盤聲鏗鏘：客家八音金招牌：陳慶松》（合著）、《萬軍主帥：邱火榮的亂彈鑼鼓技藝 1.2.3》（合著）等。

歐光勳　中國文化大學藝術研究所音樂組碩士，現任國立臺南藝術大學中國音樂學系教授。研究專長為二胡演奏、中國民歌、戲曲音樂、弦樂團指揮。

蘇秀婷　國立政治大學中國文學研究所博士,現任國立臺灣戲曲學院客家戲學系助理教授。曾任國立中央大學客家語文研究所助理教授、國立臺灣戲曲學院客家戲學系系主任等職。學術專長為客家戲曲、客家風俗與戲曲、客家民間文學、臺灣戲曲史、中國戲曲史。

蔡振家　柏林洪堡大學音樂學博士,曾任國立臺北護理健康大學語言治療與聽力學系兼任副教授、國立臺灣大學音樂學研究所專任助理教授等職,現任國立臺灣大學音樂研究所副教授。學術專長為樂器物理學、生物音樂學、心理聲學、戲曲音樂。

林曉英　國立中央大學中國文學系博士,國立臺灣大學中國文學系碩士。曾任國立臺灣戲曲學院客家戲學系系主任、傳藝金曲獎評審委員(第29屆),現任國立臺灣戲曲學院客家戲學系專任助理教授。研究領域為戲曲文學、亂彈戲曲、客家採茶戲曲、客家八音、戲曲劇本創作。

施德玉　香港新亞研究所文學博士,現任國立成功大學藝術研究所特聘教授。曾任國立臺灣藝術大學中國音樂學系教授、系主任,並擔任該校表演藝術學院院長、學務長、藝文中心主任等職。學術專長為:戲曲音樂、民間音樂、臺灣音樂、中國音樂史、民族音樂學。

楊閩威　中國文化大學中國文學系中國文學組學士,中國文化大學中國文學系碩士,現就讀於中國文化大學中國文學系博士班。研究領域為漢語詞彙、明清文學、通俗文學、戲曲。一直以來相當喜愛客家戲,近年也開始在表演藝術評論台撰寫多篇客家戲劇評。

學術研究與客家發展：
《臺灣客家研究論文選輯》主題叢書序

張維安

　　客家族群的發展，打從其浮現初期就和客家族群的論述有密切的關係。特別是從「自在的客家」發展到「自為的客家」過程中，客家族群意識的凝聚與確定，顯示出客家族群相關論述扮演了重要的角色，尤其是立足於客家研究而來的客家族群論述所帶來的影響。有客語語言家族的「客觀」存在（自在的客家），還不能說客家族群已經誕生，也就是說客家族群還未主觀的、有意識的存在（自為的客家）。兩者之間的差異與轉換，主要是族群意識與族群論述。

　　族群意識的誕生，可能來自客語語言家族經過與他族的接觸經驗、人群界線的劃分，以及漫長的族群形塑過程。不過人群分類的「科學」根據和「歷史」解釋，卻需要綿密的客家族群論述為基礎。從客家族群形成的過程來看，客家研究扮演了非常關鍵的角色，甚至可以說「沒有客家研究就沒有客家族群」。

　　歷史上，羅香林的《客家源流考》（1950）、《客家研究導論》（1933）和《客家史料彙編》（1965）為客家選定作為中原漢族的身分，提供了安身立命的論述基礎。更早的時期，徐旭曾的〈豐湖雜記〉（1808）、林達泉的〈客說〉（1866）、賴際熙的《[民國]赤溪縣志》（1867）、溫仲和所纂的《廣東省嘉應州志》（1868），以及黃釗的《石窟一徵》（1870）等，提供了羅香林論述的基礎觀察。當然還有一些外國傳教士之論述也發揮很大的作用，例如

Ernest John Eitel（1873）的 *An Outline History of the Hakkas*。關於西方傳教士的客家論述與華南客家族群的浮現方面，施添福與林正慧等已有精彩的研究。客家研究奠定了客家族群存在的樣貌。

　　客家研究與客家族群的浮現與發展關係，是多層次的。從民間學者到學院教授，從族譜記載到生物基因，從文化圖騰到語言發音，豐富了客家族群文化的內涵，增進了客家族群的意識與認同。其中語言學家對南方漢語中客語分類的認定與命名，使得客語人群的身影逐漸清晰。近年來臺灣客家研究的興起對臺灣、東南亞或中國客家文化的發展與認同都有清楚的影響。

　　基於客家相關的學術研究對客家發展的重要性，客家委員會從設立以來便相當重視客家知識體系的發展，設立客家學術發展委員會指導推動客家學術研究與發展之業務，厚植客家研究的基礎。客家研究如果要成為一門學問，不只是要有研究計畫，必需有課程規劃、教科書、專業期刊、客家研究學會、學術研討會、嚴格審查的專書、有主題的叢書與論文集彙編。《臺灣客家研究論文選輯》主題叢書的出版計畫，具有此一脈絡的意義。

　　《臺灣客家研究論文選輯》主題叢書的出版構想，源於客家委員會的客家學術發展委員會，目標是將分散於各學術期刊的優質論文，依主題性質加以挑選、整理、編輯，重新編印出版，嘉惠對客家議題有興趣的讀者，深化客家議題的討論，增益客家社會建構的能量。論文來源以學術期刊論文為主，作者無限制，中英文皆可，主要是論文議題要與「臺灣客家」相關，跨區域比較也可。以主題或次領域為臺灣客家研究系列叢書編輯的原則，能讓國內外客家研究學者乃至一般讀者，迅速掌握過去學術界對該主題的研究累積，通過認識臺灣「客家研究」的各種面向，理解臺灣客家社會文化的諸多特質，作為國家與客家族群發展知識基礎。叢書，除了彙整臺灣客家研究的各主題（特色），也望能促進學、政雙方，乃至臺灣民間社會共同省思臺灣客家的未來。

　　由於各篇論文原來所刊登的期刊，各有其所要求的格式。為了尊重原期刊的特性，本叢書各輯的論文仍保留原有的格式性質，例如註解的方式各篇並未一致，又因版面重新編輯，原有的頁數已經有所改變，這是需要跟讀者特別說明的。

　　《臺灣客家研究論文選輯》主題叢書之問世，特別要感謝客家委員會李永得主任委員的支持，客家學術發展委員會召集人蕭新煌教授的指導，各分冊主編的教授師長，一次又一次的來交通大學開會，從書本的命名到封面的討論，看見大家的投入和付出，非常感激。交通大學國際客家研究中心博士後研究員劉瑞超博士、交通大學出版社程惠芳小姐和專任助理陳韻婷協助規劃與執行，克服重重困難，誠摯表示感謝。

張維安

于國立交通學客家文化學院人文社會學系

2018-6-7

目錄

《客家戲曲》導論

鄭榮興

一、前言

（一）客家戲曲的演變與發展模式

　　俗話說：「採茶入莊，田地放荒」，可見客家戲曲在臺灣的農業社會時期也曾經走過與歌仔戲一樣受歡迎的歲月。雖然兩個劇種之間的差異有不同的音樂基礎與表演形制，但歌仔戲與客家戲的起源與演變，皆歷經了由地方小戲到大戲的發展模式。所謂的「小戲」，指的是腳色與情節簡單的戲，演員少至一或二、三人，演出的故事通常以逗趣的劇情為主，對白俚俗，表演與音樂形式樸拙粗獷，具有濃厚的鄉土風味。客家戲曲中的「三腳採茶戲」，就是屬於小戲劇種。「大戲」則是演員足以充任各門腳色，扮飾各種人物，劇目情節講究複雜曲折，足以反映社會百態，表演程式與音樂設計趨於成熟完整。可以說，小戲是戲曲之「雛形」，大戲為戲曲之「成型」。觀察目前臺灣客家戲班的演出，多以大戲型態為主。

　　客家三腳採茶戲是由二、三人分飾旦角及丑角，或說或唱或舞地鋪陳故事，演出時搭配一些簡單的道具或裝飾，如圍裙、帽、扇等。表演程式的設計則刻意表現旦角的嬌俏嫵媚與丑角的詼諧逗趣。最知名的劇目是《張三郎賣茶》，主要腳色有茶郎「張三郎」與其妻、妹，共三人。情節從某年茶葉收成

開始,一家三人共同上山採茶,回家把茶做成茶葉後,張妻與妹見茶郎終日在家無所事事,便勸其赴外鄉賣茶,經過一番推託與不捨,賣茶郎終於啟程。未料他住店竟迷戀上賣酒的大姊,直至三年後將賣茶所得揮霍殆盡,接獲家書,回鄉與妻、妹團聚。全劇共分成《上山採茶》、《勸郎賣茶》、《送郎挷傘尾》、《糶酒》、《問卜》、《桃花過渡》、《勸郎怪姐》、《茶郎回家》、《盤茶‧盤堵》、《十送金釵》等十齣,又稱之為「十大齣」。這十齣小戲各有情節,可分別演出,也可合併成一齣完整戲齣。

　　三腳採茶戲的音樂十分豐富多樣。在歌唱方面,除了以客語四縣腔為基礎所發展而成各式各樣的「聲腔旋律」以外,尚大量吸收許多外來的「小調」,故有「九腔十八調」之稱。而「聲腔」部分又可分為「山歌腔」與「採茶腔」兩種。後來客家戲改良為大戲則以「採茶腔」的改良「平板」為主要唱腔,「山歌腔」的「山歌子」為次要唱腔,「九腔十八調」成為搭配性的唱腔,所以客家戲曲依其腔名又被稱為「採茶戲」。

　　客家大戲則是在三腳採茶戲的基礎上,吸收其他劇種的表演程式、劇目及音樂,改良形成的。由於音樂、內容、表演形式上的改變,故有「改良戲」之稱。特別是亂彈、四平與外江戲(海派京戲)的表演程式、劇目、唱腔、後場音樂以及服裝、化妝、佈景等舞臺技術。客家大戲的成型,可說是緊緊扣住臺灣近代戲曲發展的黃金時期,它吸收其他大戲劇種的精華,形成不失原有特色的新興劇種。它的歷史至今只有百年左右,與中國其他劇種相比之下相當年輕,對戲曲的發展模式亦存在著最多的可能性與包容性。從今日角度來看,客家大戲的表演藝術仍未完全成熟,融入的各種戲劇元素也未整體一致,但其質樸的面向及充滿彈性的特色,正是未來發展的最大優勢。

（二）客家戲曲未能受到重視之原因

客家戲曲在臺灣戲曲史有一定的重要價值，對臺灣客家文化的象徵意義也是深遠而無法取代。然而，它卻一直未能受到適切的重視與評價。之所以會產生這種情況，個人認為有三大主因：

1. 未受學者的重視

客家三腳採茶戲在清末民初時，雖於臺灣民間廣受歡迎，並在客家聚落流傳甚遠，但當時只是自然的在民間流傳，並未受到學者與史志記錄的特別注意。承繼三腳採茶戲基礎而形成的客家大戲，雖然早先在外臺、內臺的商業劇場皆同樣深受觀眾歡迎，但在學術研究中也不被關注。若在娛樂市場上喪失優勢，無法受到觀眾喜愛，這個劇種很快就會消逝無蹤。對劇種的保存與傳習上也是困難重重。目前臺灣傳統戲曲的環境雖大不如前，但南北管音樂與亂彈戲、歌仔戲方面已經出現豐富的研究論著，唯客家獨特的曲藝客家八音及特有的客家戲曲（從三腳採茶到改良大戲）論述卻遠遠不如前者，實為可惜。

2. 娛樂習慣的改變

臺灣先民以農業為生，最常見的娛樂方式就是在農忙之餘，欣賞戲曲演出。而在收穫期間、神明誕辰和重大節慶時亦會聘請戲班演出外臺戲。但隨著臺灣經濟起飛，從農業社會步入工商業社會，民眾的生活習慣也逐漸改變，不再有「日出而作，日落而息」、農忙農閒的時刻，對於神明誕辰也不再熱衷，間接減少了聘請戲班演出的機會。電影、電視等優勢媒體的出現也改變了民眾的娛樂習慣，他們只要待在室內便能輕輕鬆鬆收看節目，不需要考慮其他因素。有些戲班可以趁此機會進軍電視臺或電影界拍攝戲曲節目或戲曲電影，不過更多的是因為市場需求的減少而慢慢凋零。

3. 客家族群的文化弱勢地位

客家人在臺灣並非第一大族群，近三十年政府開始重視本土各類民俗藝術

活動，優先考慮的還是閩南族群，例如歌仔戲、布袋戲等。約二十年前客家戲曲與音樂才開始受到某種程度的照顧，除了有自覺意識的客家人會長期關注之外，客家民俗藝術確實尚未得到外圍足夠的重視與尊重。早期許多人士認為客家族群最著名的藝術是客家歌謠（山歌、小調），忽略了客家戲曲的存在，或者是武斷地將客家戲曲劃分進歌仔戲中的一環，說是「客家歌仔戲」。對客家戲的特徵與發展脈絡完全不清楚。

　　以上數點也是客家戲曲迄今仍無法建立完美理論體系的遠因，所以研究的人才也不如其它優勢劇種般熱門。個人認為，若不好好梳理臺灣客家戲曲史、建構完整的客家戲曲體系，假以時日，臺灣特有的客家戲曲必定無法源遠流長地在戲曲藝術上生存下來。本選輯所選錄的幾篇論文，橫跨了客家戲曲不同的研究面向，希望能引磚拋玉，吸引更多年輕學者加入客家戲曲的研究行列。

二、客家戲曲的研究情形

（一）研究的切入面

　　回顧客家戲曲的研究，個人切入的重點在於「實踐面」：即站在事件參與者與表演實踐者的立足點上，這與一般的研究方法相當不同。在表演內容的探討上，則借重自己本身傳自先生（授業老師）與家族長輩的技藝，加上相關的說法為認知核心，最後再以自身長期參與演出的經歷與老一輩客家戲演員訪談的內容為主，並以文獻資料、前人已發表的研究論述為輔，進行研究及探討。

　　在文獻的考證上，以歷史文獻、影音資料、抄本（劇本與曲譜）為主體。口述歷史方面，則以民間傳說與藝人口述為重要依據，再經過個人長期以來在民間戲界中所受訓練與技藝養成，以及身為部分事件參與者之一的認知前提下，作為判斷的依歸。客家戲曲的發展歷程在文獻的記錄上極為缺乏，可見到

的記載內容又不夠詳實，使得有心於此的學者們無法釐清臺灣客家戲曲的脈絡，獲得正確的認知；坊間相關的研究論著也一直沒有解決相關的問題，甚至一般學者常依賴的「田野調查」，對這些問題也未必能解決疑問。

（二）研究上的謬誤

　　在研究客家戲曲時會產生謬誤的原因很多。其一，起因於研究者對於自身的立足點和研究態度並不正確。在田野調查的過程中，研究者若依個人喜好或是介入戲班人事關係的糾葛，就容易失去客觀的觀察基準，導致判斷力失準，反而出現與事實不符的結論，失去了研究的意義。其二，田野調查取樣也可能產生偏差。因為時空條件，在不同的時間斷代中，接觸到不同藝人，每個人的所知不同，或是所熟悉的斷代不同，容易產生分歧的論點。甚至同一個藝人有可能會因為記憶問題，出現多種版本的說法。

　　歸根來說，「斷層」是研究客家戲曲最大的問題之一。如果要跳脫「斷層」造成的種種問題，就必須熟知戲曲生態環境的變化過程，對各個環節有足夠的認識，才有能力釐清客家戲曲的研究脈絡。

（三）研究的新發展

　　綜觀客家戲曲近年的研究情形可分成六大領域，分別為：「劇種演變」、「配樂設計」、「文本形制」、「演員技藝」及「田野調查」幾大論述。「劇種演變」著力於探討客家戲曲中的三腳採茶戲發展成客家大戲的演變歷程及其溯源；「配樂設計」則針對客家戲曲中的音樂配置與設計（如山歌腔、採茶腔、板腔體的運用）；「文本形制」的重點放在三腳採茶戲與客家大戲演出形式與劇本內容的研究；「演員技藝」部分以採訪客家戲曲老藝人的學藝與演出經驗為主，目的在於保存技藝與傳習給下一輩；「田野調查」便是實地前往臺灣各縣市的客家聚落採錄、整理當地客家戲班的現況與演出情形以為紀錄。客家戲

曲的研究嘗試擺脫以往限制，不光領域開始有所擴展，研究方法也更加多樣。而本輯選錄的論文則包含了「劇種演變」、「配樂設計」、「文本形制」、「演員技藝」四大領域。

探討「劇種演變」的有范揚坤〈山歌並採茶：採茶戲曲外來音樂元素的吸收、內化動態過程〉、劉美枝〈試論客家大戲（改良戲）之興起與發展〉。「配樂設計」有鍾繼儀〈臺灣客家三腳採茶戲唱腔與二弦的運用：以「十大齣」為例〉、歐光勳〈論客家「平板」唱腔板腔化的問題〉、蔡振家〈試論戲曲音樂與認知心理學：以客家戲《喜脈風雲》、《大宰門》為例〉、施德玉〈論客家戲《霸王虞姬》之「三下鍋」腔調〉。

「文本形制」則有莊美玲〈臺灣三腳採茶戲「棚頭」之研究：以《張三郎賣茶故事》「十大齣」為例〉、李梁淑〈客家三腳採茶戲的喜劇藝術及其文化意義〉、蘇秀婷〈客家丑戲《萬事由天（蛤蟆記）》研究〉、楊闐威〈論客家大戲《六國封相－蘇秦》文本與演出的改編〉；「演員技藝」則有林曉英〈客家戲曲的文化經驗與創作實踐：以曾先枝為例〉一篇。從上面的數篇研究論文可以發現客家戲曲近年的研究情形，已從早先的「實踐面」，即注重個人參與戲班演出經驗的模式，衍伸至探討客家戲曲中的配樂、劇本、演出等範疇，對客家戲曲往後的發展增添了不少多元性。

三、選輯論文導讀

以下將針對這幾篇論文作一詳盡的分析與導讀，分類方式按照論文的研究領域而行。

（一）「劇種演變」類

本類論文主要是著重於探討客家三腳採茶戲的發展與溯源，和演變為客家

改良大戲的過程。研究的角度從三腳採茶戲的歌唱形式、對外來音樂的吸收，到客家改良大戲的發展：

1. 范揚坤〈山歌並採茶：採茶戲曲外來音樂元素的吸收、內化動態過程〉

本文的特點在於客家採茶戲音樂發展的不同階段，分別引用文獻記錄與學者的研究成果作為例子說明之。一共形成了「演唱採茶」、「梨園別種」、「演唱山歌」、「就臺灣戲劇而言」、「歌舞採茶」、「山歌採茶」、「山歌對採茶」等七小節，來探討客家三腳採茶戲音樂各個階段的演進過程。這些不同的文獻報導也提醒了這類演出影響所及的區域並不僅限於今日所認知的客家聚落，如桃、竹、苗三縣市。採茶戲於當代的發展與變化也可能遠超今日之想像。

而研究客家三腳採茶戲在音樂上的表現，是在「民歌謠體」與「板式戲曲」的結合過程中，經過演出的反覆辯證而逐漸形成的。當代對採茶戲曲中有關外來音樂元素的吸收與內化，多數研究者仍集中關注在改良戲的範疇，忽略了三腳採茶戲「十大齣」為客家採茶戲的發展源頭。按，吸收與內化的原則需對應戲曲各時期的音樂發展，各時期所運用的音樂即使有吸收外來的音樂元素，也會在之後的階段，以穩定的模式呈現在觀眾面前，最終內化成客家採茶戲音樂內涵與美感經驗的一部分。

作者認為客家採茶戲曲之所以在音樂上顯現其多元樣貌，其實是隨著歷史發展過程，陸續由外納入形成積累的成果。又由於劇種內音樂或傳自不同來源，或於不同歷史階段進入表演體系，在發生、吸收、內化的連續性動態過程之中，透過作品在實際演出內容發現作品的內部藝術元素在結合與對應關係上，部分已然與傳統的藝術形式與美學體系合而為一，部分則仍處於磨合，甚至是相互錯置。這些繁複的音樂現象最終構成了今日的採茶戲曲音樂文化。

2. 劉美枝〈試論客家大戲（改良戲）之興起與發展〉

本文研究的主題為客家大戲，但其與三腳採茶戲的發展密不可分，所以先

從三腳採茶戲的源流開始論起，再來探討客家大戲的興起與發展。作者嘗試從有限的歷史文獻及田野資料中，爬梳早期採茶戲的發展情形及其受時代環境影響的發展變遷過程，嘗試從縱面向呈現採茶戲的歷史樣貌。全文共有三部分。首論三腳採茶戲的流傳情形、演出形式及內容；次論採茶大戲的形成背景及早期風貌；最後論述採茶大戲面對瞬息萬變的環境之變遷過程。透過本文之論述，可知採茶大戲的形成與時代背景密不可分，是日治時期特殊商業劇場文化的歷史產物，足堪與歌仔戲相提並論的本土新興劇種。

客家大戲從「改良」的角度出發，在三腳採茶戲的基礎上吸收當時亂彈、四平、外江戲（海派京戲）等成熟劇種的劇目、唱腔、演出程式，以及劇場各種嶄新的聲光效果，漸漸發展而成。客家戲曲的形成時程較短，也有許多移植痕跡，展現多元、融合、吸納的特性，由於迎合當代觀眾的表演口味而深受歡迎。

客家大戲迄今已約有百年的歷史，面對社會變遷也面臨生存危機，要如何化危機為轉機？是值得我輩深思之處。

（二）「配樂設計」類

本類論文以戲曲音樂的角度出發，研究三腳採茶戲與改良大戲中配樂的運用方式及設計問題。首篇論述客家戲曲中常使用的「平板」唱腔的發展過程，第二篇則針對三腳採茶戲「十大齣」的唱腔與「二弦」搭配問題，探討後場伴奏與前場演唱如何互動。第三篇嘗試將「認知心理學」與戲曲音樂結合研究，音樂的運用可以表達腳色的情感，也能影響觀眾反應。最後一篇以客家大戲《霸王虞姬》中的「三下鍋」配樂設計為例，研究不同劇種音樂在同一齣戲的運用模式：

1. 歐光勳〈論客家「平板」唱腔板腔化的問題〉

作者研究客家戲曲中主要使用的「平板」唱腔，在發展的過程中，到底要向板腔體或曲牌體靠攏，關係著客家戲曲未來的變化與發展。本文綜觀「平板」

唱腔的種種因素，認為「平板」唱腔在本質上與板腔體有許多相似之處，因此，作者利用長期研究「平板」唱腔後所得出的各種心得，將「平板」唱腔與板腔的諸多因素進行比對，希望透過本文找出兩者之間的關係。

「板腔體」與「曲牌體」是中國戲曲音樂中最重要的兩種結構，任何一種劇種，無論採用民歌、說唱或其他聲腔，最終都必須面臨是否要往板腔體或曲牌體靠攏的問題。傳統戲曲的大原則一向是「以歌舞演故事」，其音樂內容多數倚靠上述兩種結構形式而變化出不同意涵，隨著故事情節的發展產出不同的戲劇情感。

客家戲曲在發展的脈絡中，最先被注意的是三腳採茶戲。它主要採用了山歌腔系統、採茶腔系統、小調系統等，尚未看到客家大戲重要的「平板」唱腔，充其量只能在山歌腔系統與採茶腔系統中，看到「平板」的影子。作者判斷，「平板」應該是在客家歌樂系統慢慢形成的，最後占有重要的地位。客家戲曲一齣戲中使用「平板」的比例超過三分之一以上，從其曲體、詞體、旋律及長期被運用的情況來看，「平板」確實有往板腔體或曲牌體靠攏的必要性。

2. 鍾繼儀〈臺灣客家三腳採茶戲唱腔與二弦的運用：以「十大齣」為例〉

本文探討後場樂器的伴奏與前場演員的唱腔，彼此如何運用與搭配，並討論「二弦」在不同定弦中如何轉換技法以及唱腔互動的方式。「唱腔」是辨別戲曲種類的方式之一，「二弦」又稱為「殼仔弦」，在客家採茶戲的後場中扮演文場領奏，此樂器與唱腔的關係極為密切，該如何演奏搭配戲中使用的唱腔？而頭手弦又該如何調定弦？這也是本文的重點之一。

「十大齣」的唱腔可分為【採茶腔】、【山歌腔】、【小調】三類，本文從這三類唱腔討論其個別特徵，以及跟二弦搭配上的差異。大致從兩個角度探討，一方面從三腳採茶戲的角度出發，討論「十大齣」的構造及所使用的唱腔情形；另一方面則從二弦的角度出發，討論二弦的構造與演奏特色，及其與【採

茶腔】、【山歌腔】的伴奏問題，分別論述兩者的特點與搭配的模式。

特此說明，本文作者同時也在榮興客家採茶劇團擔任樂師，故相關研究成果皆是從一定的實務經驗累積而來。由此可見，客家戲曲的從業人員若具備一定的學養知識，對客家戲曲的保存及傳習工作能有很大的貢獻。

3. 蔡振家〈試論戲曲音樂與認知心理學：以客家戲《喜脈風雲》、《大宰門》為例〉

本文試著將「認知心理學」與戲曲音樂相結合，探討客家大戲《喜脈風雲》、《大宰門》中的配樂設計。認知心理學是一門研究認知及行為背後之心智處理的學科，包含記憶、注意力、感知、知識表徵、推理、創造力等能力。對表演工作者來說，了解觀眾的心智活動有助於創作出成功的作品。作者聚焦於榮興客家採茶劇團的《喜脈風雲》、《大宰門》兩齣大戲，認為這兩齣戲的音樂設計十分成功，其中反映一些認知原理，值得從事戲曲音樂領域者學習。

從《喜脈風雲》、《大宰門》中的配樂設計，可得戲曲音樂中的三項認知原理：一、音樂素材的重複使用可導致促發效應，有助於戲劇的鋪墊；二、音樂的速度能影響觀眾的交感神經系統，速度的突然切換則可強化諷諭效果；三、「亂彈，採茶兩下鍋」的曲調取材便於形塑不同的角色而唱腔旋律的細節錘鍊則是表達角色情感的關鍵。在戲曲發展的過程中，常會有「兩下鍋」、「三下鍋」等混合多種聲腔的情形。在小戲發展為大戲的過程中，常常需要吸收其他劇種的音樂養分，因為這些古老的唱腔能承載大氣的戲劇情境，在宮廷劇與神怪劇中有畫龍點睛的功能。

榮興客家採茶劇團的基調一向是「遵循客家音樂固有傳統」，唱腔的設計皆不脫「九腔十八調」與「亂彈戲」的範疇。榮興對傳統曲調的運用充滿了傳統音樂程式的表現力。作者研究這兩齣戲的時候才體會到，傳統或創新並非戲曲音樂成功的關鍵，對認知原理的掌握與實踐才是音樂設計者最大的挑戰。

4. 施德玉〈論客家戲《霸王虞姬》之「三下鍋」腔調〉

榮興客家採茶劇團於 2013 年推出新編大戲「霸王虞姬」，特別安排客家戲、歌仔戲、京劇三個劇種在同一舞臺上演出，並且採用京劇的皮黃腔與歌仔戲的腔調與客家戲作為「三下鍋」的音樂設計，表現手法相當特殊。故本文作者打算以《霸王虞姬》「三下鍋」的音樂形式作為研究對象。

全文分為五大段：首先梳理《霸王虞姬》的創作背景與故事主題內涵；其次論述「兩下鍋」、「三下鍋」的分野基準；其三敘述該劇多腔調的音樂設計；其四分析該劇「兩下鍋」的音樂設計；其五分析該劇「三下鍋」的音樂設計；最後結論提出該劇腔調設計的整體效果與建議。期望透過本文的研究，能分析一劇中不同腔調之應用所產生的效果與藝術性，提供從事音樂設計者以及喜愛戲曲的同好們參考。

「三下鍋」的音樂設計就音樂而言，是緊密而順暢的創作手法；但語言則屬三種不同系統。如「西皮」與「二黃」結合，京劇演出時除了特殊情節，演員幾乎都是使用相同的語言演出，客家大戲使用山歌、採茶、小調時也是以客家話演出，就算劇中使用了亂彈曲腔，也已經將官話轉變成客家話演出。結合多腔調音樂的演戲的前提下，統一使用同一種語言，能夠減少觀眾對不同劇種的疏離感。

（三）「文本形制」類

本類選擇的論文，是以研究三腳採茶戲與客家大戲劇目的演出文本為主，探討客家戲曲在劇本故事的文學藝術，及其在表演形制上的編排特點。首篇論文的研究對象是客家三腳採茶戲中一種特別的表演藝術：「棚頭」，分析其中的文學特色與價值。第二篇則詳細論述客家三腳採茶戲的喜劇色彩。第三篇與第四篇則是以新編的客家大戲為例子，分析劇目中文本與演出上的重製與改編過程：

1. 莊美玲〈臺灣三腳採茶戲「棚頭」之研究：以《張三郎賣茶故事》「十
   大齣」為例〉

　　本文以文學之角度切入主題，根據前人的研究成果來審視「棚頭」之基本
定義內涵，並論析其在「十大齣」中之表演形式內容，希望能突顯三腳採茶戲
中「棚頭」的文學特色與價值。

　　所謂的「棚頭」是在正戲開始之前，先演出一段與正戲內容無關的相褒調
笑戲，在這段演出結束之前，再將說白的內容拉回與正戲相關，最後接回正戲
的演出。表演「棚頭」的目的是引出正戲的部分，兩者可以相互銜接，並非毫
無關係。「十大齣」的棚頭多半由主要丑角張三郎擔當演出，旦角、其他演員、
後場樂師一同配合。也就是說，棚頭的表演形式並不只限於丑角一人演出。三
腳採茶戲的「棚頭」與正戲情節的搭配也很自由，可以互相調動，但也有時也
只能固定和某一個戲碼搭配。

　　「棚頭」的演出形式有「數板」、「搭腔（答腔）」、「道白」、「台白」、
「詞白」等數類。作者在本文皆引用了大量戲文舉例說明，讓讀者可以容易了
解其中的表演藝術與技巧性。棚頭往往得跟實際演出的情況互相結合，這跟小
戲深入民間，與民眾有密切互動關係的特徵非常接近。棚頭的表演內容也是將
老百姓日常生活中的人、事、物，誇張化與趣味化，希望藉輕鬆逗趣的風格吸
引觀眾的目光。

2. 李梁淑〈客家三腳採茶戲的喜劇藝術及其文化意義〉

　　本文以現今流傳的三腳採茶戲劇本及演出版本為探討對象，旨在透過中西
美學中有關喜劇的理論，檢視客家三腳採茶戲的喜劇藝術及其文化意義。探討
內容包括以下幾方面：首先，針對歷來有關三腳採茶戲藝術風格的研究加以檢
討，歸納可以改進及補充之處。其次，分別就人物形象塑造、情節的安排、語
言的表現三方面考察三腳採茶戲之喜劇藝術，包含喜劇性的來源、喜劇創作的

技巧、喜劇美感的呈現及喜劇風格的流變等層面，其三，探討客家人喜劇創造的文化意義。

三腳採茶戲腳色的喜劇形象，根據其性質可分成「否定型」與「肯定型」兩種特徵。否定型的形象有卑抑、笨拙的特點，如：張三郎。肯定型則有機智、俏皮的特色，如《糶酒》中的酒大姊、《送金釵》的阿乃姑一類的旦角為代表。三腳採茶戲在體製上屬於小戲，情節單純，腳色不多，但並不缺乏構成喜劇的諸多因素。不論是以大段聯章歌謠鋪陳敘事的表演型態，還是縮短歌詞篇幅，以大量增加戲劇性對白的演出方式，都可以看出其對喜劇性的追求。就語言表現來說，三腳採茶戲的喜感很大一部分是建立在文字語言的運用，如：數板、人物的唸白等，身段上的肢體語言並不常見。

三腳採茶戲以「拉翻歌」、「膨風歌」、笑話、相罵、猜謎等元素製造滑稽的趣味，或是使用歇後語、隱語、謎語推動情節發展，塑造機智的人物形象。這些效果必須建立在客家話的特殊語音上，語音往往很難轉譯，轉譯成另一種語言後多半都會喪失其趣味性，可說是表現喜劇藝術的重要手段。

3. 蘇秀婷〈客家丑戲《萬事由天（蛤蟆記）》研究〉

本文選擇老時採茶戲中的丑戲《萬事由天（蛤蟆記）》作為討論對象，其在客家戲曲史上屬於「老時採茶」劇類的代表，演出歷史久遠，地區流傳甚廣，有一定的重要性。此外，在「傻女婿」母題之置入，使劇中主角李不直被塑造為「憨丑」，經過設計的客語口白形象生動，充滿機趣，是客家「憨丑」的典型；並嘗試從「題材」、「結構」、「口白」等不同方面探討採茶戲《萬事由天（蛤蟆記）》作為客家丑戲的風格特色。這齣戲在題材方面是從客家民間故事到採茶戲《萬事由天（蛤蟆記）》的情節變異、敘事。

客家戲曲的文本研究多限制於當代舞臺演出文本的考察上，其中又以表演藝術的分析為最大宗，在劇本文學的範疇較為稀少。除了研究興趣的取向以

外，相關資料取得不易也會影響研究的進程。本文的特色在於以民間文學的角度探討《萬事由天》這齣戲的題材、架構與口語表達，使用「A-T 分類法」研究「李不直釣蛤蟆」題材在客家聚落流傳的過程中，如何進入民間故事、戲曲等文本中，最後形成具有客家民族特徵的文化材料。

4. 楊闖威〈論客家大戲《六國封相──蘇秦》文本與演出的改編〉

本文探討榮興客家採茶劇團 2016 年新編客家大戲《六國封相──蘇秦》在劇情文本與演出程式上的改編。全劇改編自《史記・蘇秦列傳》、傳奇《金印記》與京劇《六國封相》。觀察《六國封相──蘇秦》一劇的特色：在劇情文本上，以史傳記錄為主線，相關改編劇目的情節與腳色為輔，成功將客家戲曲過去以家庭和樂、男女情愛的題材擴展到歷史大戲的舞臺上。其演出模式除了保留了客家戲曲的要素，如三腳採茶戲的「小戲」體制、角色之間的「相褒」等，也吸收了其他劇種的曲調與表演程式，但整齣戲依舊不失客家戲輕鬆莞爾的風格。

作者觀察客家大戲《六國封相──蘇秦》的整編模式有「改編史實」、「剪裁劇目」兩大特點。「改編史實」是指改編《史記・蘇秦列傳》的部分，「剪裁劇目」則是剪裁、摘錄《金印記》與《六國封相》中的部分劇目為《六國封相──蘇秦》所用。本劇在改編上還有一個「在地化」的重點，客家大戲的演出語言以客家話為主，且多數觀眾仍以客家人為大宗，所以全劇務必要融合客家話的語言特色至表演文本中。

本文總結《六國封相──蘇秦》的演出共含括了五大要素：一、保留客家三腳採茶戲的演出編制；二、相褒劇的機趣風格；三、運用亂彈戲曲調；四、特殊身段的設計；五、對粵劇《六國大封相》之借鑑。第五點需特別說明，《六國封相──蘇秦》結尾的「六國封相」借鑑了粵劇《六國大封相》的部分情節與表演程式，目的在於劇團可利用這次機會陳列戲班的規模，如演員的盛大規

模、華麗服飾和布景，及樂隊鑼鼓的威勢等。

　　客家戲曲在改編文本時，要以提煉事件與腳色的精華片斷為主軸。隨著每齣戲創作者不同的創作心態，其創作出的文本也會反應出不同的面向。也會嘗試將其他劇目中的腳色、故事、詞白等加以修整剪裁，依照創作者的想法重新調整，最終生成一齣新編大戲。因為是客家大戲的關係，所以在編纂劇本時仍必須保留客家話的特色，這也是本土戲曲在改編其他劇種的作品時，要「本土化」，才能增加觀眾對新作品的接受度。

（四）「演員技藝」類

　　本類論文則是以客家戲演員為研究對象，採訪他們在客家戲曲界的學藝過程及演出經驗，一方面可藉他們的師承體系考證客家戲曲的生成與流傳歷史，另一方面將他們的實務演出經驗與創作戲劇的模式，做一個完整的記錄與研究，能為客家戲曲往後的發展打下更好的基礎。且客家戲同屬於臺灣傳統戲曲中的新興劇種之一，所以蒐集老一輩演員的經驗是有必要的。

　　這方面的研究多以演員口述或回憶為主，「田野調查」研究法也是這類研究最常用到的方式之一：

1. 林曉英〈客家戲曲的文化經驗與創作實踐：以曾先枝為例〉

　　曾先枝，人稱「阿枝先」。於 1980 年代末加入榮興客家採茶劇團，榮興首度登上國家戲劇院演出的新編大戲《婆媳風雲》（1995 年），編劇部分即掛名為曾先枝。之後多齣大戲，如《相親節》、《花燈姻緣》、《喜脈風雲》也是由曾先枝掛名編劇。由此可見，他具備了優秀的戲曲編導能力，而他早先生涯也深受四平戲、亂彈戲、京劇、採茶戲等劇種的影響，接觸到的內容相當多元。

　　不過，曾先枝戲曲藝術最獨特之處在於他製作戲劇的經驗與過去「賣藥」的歷史有緊密的連結。故本文欲藉由探討曾先枝其人的文化經驗與創作實踐，

考察他與臺灣客家採茶戲的關係。透過曾先枝參與榮興客家採茶劇團所見留的部分戲曲編修作品，探求其藝術與生命經驗之間的連結關係與作品編寫特色。曾先枝年輕時曾多年「跨界」游藝於民間「作場賣藥」、「廣播講古」等領域，然而，這未必可以純然以「出走」於傳統戲曲圈之外來看待之，反而應該將之視為是成就他日後編寫客家採茶戲曲劇本的重要歷練，是他「回歸」傳統劇界的關鍵踐履過程。此外，透過他的作品，可見證小傳統被大傳統包覆著，而個人的文化經驗與創作實踐，也會反饋到自身所處的藝術之中；所謂「集體創作」的戲曲作品，涵藏著當代人的回應。

曾先枝的劇作與影像資料已陸續出版，其人游藝生涯的記錄、作品分析也有少數學者在從事研究，本論文即是以這些研究為基礎，再透過一年多親身接觸曾先枝、賴海銀夫婦的訪談記錄，並配合曾宅提供的相關資料，回顧曾先枝在榮興客家採茶劇團中的創作實踐，及他在客家戲曲史中的時代意義。

四、客家戲曲的延伸讀物

本專輯選錄的數篇論文雖為一時佳作，由於篇幅上的限制，研究的論點仍未十分全面，只能指涉單一對象作為剖析客家戲曲的主題。故本段特別介紹相關的延伸讀物推薦讀者參考。

本人出身於有近百年歷史的客家戲曲家族，後又重新創立了「榮興客家採茶劇團」，除了演出新製作的精緻大戲外，對於客家戲曲理論體系的建立、表演人才的培育、舊劇目的傳習計畫也有一定的深耕。第一本探討臺灣客家三腳採茶戲的著作：《臺灣客家三腳採茶戲研究》，對三腳採茶戲之溯源、「十大齣」之整編、表演形制、樂器有初步的介紹。《臺灣客家戲之研究》是在前作的基礎上，增加客家大戲的改良及成型歷程，於臺灣近年客家大戲與劇團發展體系有深入的論述與介紹。《客家戲的榮興》則是記錄了本人創立「榮興客家採茶

劇團」的歷史沿革，回顧客家戲從繁榮到沒落，從沒落到再興，從再興到發展的完整歷程，是對有志於客家戲曲發展的後輩、劇團經營者一個很好的借鏡。

　　蘇秀婷的《臺灣客家改良戲之研究》一書是從「改良」的角度出發研究客家大戲的變遷歷程，對內臺演出時期的客家大戲的活動與發展著力極深，描述其在亂彈、四平、京劇等不同劇種的交流，並受不同娛樂元素的影響，使其能夠適應市場需求，而在內臺大為興盛的情形。此書的資料基礎建立在對客家戲曲演員與相關從事人員的採訪記錄上，反映了客家戲曲的實際面貌。由本人擔任計劃主持的《苗栗縣客家戲曲發展史》，便是以苗栗地區的客家戲曲為研究對象，全書分為兩冊：第一冊是「田野日誌」，即苗栗地區客家戲老藝人與相關戲班人員的田野調查；第二冊是「論述稿」，是以第一冊內容為基礎所作的研究，論述客家戲曲的發展與考源。

　　至於老一輩客家戲藝人的學藝經驗，近年也出版了相關書籍。如林曉英與蘇秀婷合著的《兩臺人生大戲：劉玉鶯與曾先枝》；徐亞湘《母女同行：阿玉旦、黃秀滿的客家戲曲人生》、《客家劇藝留真：臺灣的廣東宜人園與宜人京班》、《老爺弟子：張文聰的客家演藝生涯》；蘇秀婷與本人合著的《客家丑：張有財的戲曲人生》。這些著作的內容主要收錄了客家戲藝人的訪談與影像資料，對客家戲曲往後的傳習與保存工作也有一定的貢獻。

五、結語

　　客家戲曲已開始受到相關學者的注意，研究也開始興盛起來。可以期待往後成為戲曲界中的一門顯學。不過客家戲曲的發展也有其隱憂，如劇團之間的削價競爭、人才流失嚴重及推廣策略等等問題，影響了臺灣客家戲的生存空間。在保存方面，本人強力建議將客家三腳採茶戲列為「無形文化資產」加以重視，因其是客家戲曲藝術發展的根基，不論是採茶戲本身，或是繼承基礎發

展起來的客家大戲，都是依循這門藝術所形成的。

　　而客家戲曲的發展方向，依據相關研究與個人的實踐經驗，可分析出四大要素：一、建立戲曲中的客家語言體系；二、開拓新的表演程式；三、建立客家戲曲音樂體系，並加強推廣；四、多元化的文本創作。從本次選輯的論文中，我們可以發現目前的研究面向也符合這四大要素。但客家戲曲仍屬「進行式」，未達到完全成型的階段，有許多課題等待我們的解決。

小戲曲

臺灣三腳採茶戲「棚頭」之研究：
以《張三郎賣茶故事》「十大齣」為例 *

莊美玲

一、前言

探討「棚頭」一詞，並非僅限於客家戲曲之範疇。而「客家戲的『棚頭』一詞，其意義不同於梨園戲所稱的『十八棚頭』或四平戲的『四大棚頭』的『棚頭』；梨園戲、四平戲的『棚頭』為『劇目』之意，屬於一種單位量詞，與客家戲中所稱不同。」[1]

本文探討重心將置於「客家戲棚頭」部分，故不包含其他劇種之「棚頭」範圍，探討內容涵蓋「棚頭」釋義、客家三腳採茶戲之「棚頭」說法等及分析「十大齣」「棚頭」之形式內容等。期望藉此探勘之工，歸納分析歷來各家對於三腳採茶戲之「棚頭」說法，試圖建立三腳採茶戲「棚頭」之理論體系與知識架構。再者，文本方面主要依鄭榮興之「十大齣」「棚頭」版本為重心，並佐以徐進堯、陳雨璋等之三腳採茶戲「棚頭」版本，相互對照比較，以探討「十大齣」「棚頭」之形式與內容等議題。

* 本文原刊登於《臺灣戲專學刊》，2006，12 期，頁 137-157。因收錄於本專書，略做增刪，謹此說明。作者莊美玲現任桃園市大溪國民小學教師。

1 陳運棟，〈臺灣客家三腳採茶戲「棚頭」的表演藝術〉，《客家文化月：兩岸客家表演藝術研討會論文集》（苗栗縣文化局，2001 年），頁 174。

二、 臺灣三腳採茶戲「棚頭」之形式內容

　　筆者根據各家有關臺灣三腳採茶戲「棚頭」文本，具體討論「棚頭」之形式內容與特色。在選擇分析版本方面，徐進堯版本：棚頭資料主要來自後場樂師莊木桂（卓清雲之子）之手。陳雨璋版本：棚頭對白及歌詞，歌詞得自莊木桂提供的資料，並參考徐進堯編著的《客家三腳採茶戲的研究》，對白以民國72 年 10 月 25 日在龍潭南天宮的演出及中華民俗基金會出的唱片「客家三腳採茶戲」的資料為主。[2] 徐清明版本：1997 年《西湖鄉志》「藝文篇」第四節蒐集「採茶戲棚頭」十二則。[3] 鄭榮興版本：「十大齣」說法，從「師承延續」以及「圈內圈外」兩方面來思考，同時鄭榮興具有圈內人身分，又兼得自「何阿文－梁阿才－鄭美妹－鄭水火－鄭榮興」的傳承系統，加上三腳採茶藝人曾先枝的經驗傳授，鄭榮興所知的「七齣」理應是最接近事實的說法，同時也是「張三郎賣茶」系列故事不可或缺的部分。[4]「十大齣」即包括「前七齣」與外借之「後三齣」。陳運棟版本：就陳雨璋所收集的棚頭內容，將其演出內容與形式結合，做一分析與說明。[5] 黃心穎版本：列舉陳運棟所收集的「棚頭」內容，配合陳雨璋與徐進堯之著作，將「棚頭」的演出內容與形式結合，透過「賣茶郎」故事，做出簡單之示範，並略加說明之。[6] 謝一如版本：棚頭資料

---

2 陳雨璋，《臺灣客家三腳採茶戲：賣茶郎故事研究》（臺灣師範大學音樂研究所碩士論文，1984 年），頁 101。

3 徐清明，〈真古琢：談「採茶戲棚頭」用字問題〉，《客家雜誌》（1997 年 6 月，第 84 期），頁 62。

4 鄭榮興，《臺灣客家三腳採茶戲研究》（慶美園文教基金會，2001 年 2 月），頁105。

5 陳運棟，〈臺灣客家三腳採茶戲「棚頭」的表演藝術〉，《客家文化月：兩岸客家表演藝術研討會論文集》，（苗栗縣文化局，2001 年），頁 175。

6 黃心穎，〈臺灣客家三腳採茶戲之「棚頭」初探〉，《客家文化研究》通訊（2001年 12 月，第 4 期），頁 57。

採用「苗栗榮興客家採茶劇團」、「龍鳳園歌劇團」未出版之三腳採茶戲劇本，及徐進堯所採集之棚頭部分。就以上各家三腳採茶戲棚頭版本來源，其中鄭榮興「十大齣」版本較為完善與詳盡，理論與實際兼備，故筆者以其作為主要分析依據，並佐以徐進堯與陳雨璋版本為輔，以探究臺灣三腳採茶戲「棚頭」之內容、形式與特色。

臺灣客家三腳採茶戲「十大齣」「演出『棚頭』，常是由正戲中擔任丑行與旦行的演員上台，演出中並不穿插唱段，而僅以數板道白方式來「說」，演出一段與正戲內容無關的相褒調笑戲，在此段表演的最後，再將說白內容扯回，再引說幾句與正戲相關的話之後，其後才接著開始後面正戲的演出。……依演出規矩，三腳採茶戲『十大齣』，每一齣戲之前都要安排一段『棚頭』。但三腳採茶戲的『棚頭』其實不只十種，這些『棚頭』段子都各自獨立，而為了配搭正戲情節，也會發展出不同的段子，方便套上去運用。『棚頭』段子與正戲的配搭頗為自由，經常可以相互調動，但也有些是固定的，只能和某一個戲碼配搭。」[7]就以上鄭榮興說法，來看其客家三腳採茶戲「十大齣」「棚頭」文本，需要補充說明的是：

「十大齣」之「棚頭」演出，主要丑角由張三郎擔任，及旦角或與後場演員、後台樂師（通常為打鼓佬）等一同表演棚頭，故「棚頭」表演並不僅限於丑角一人演出。

「棚頭」在正戲表演開始之前，先演出一段與正戲內容無關的相褒調笑戲，在此段表演的最後，再將說白內容扯回，再引說幾句與正戲相關的話之後，其後才接著開始後面正戲的演出。可見，表演「棚頭」最終之目的，即是

---

7 鄭榮興，〈臺灣採茶小戲及其特色〉，《兩岸小戲學術研討會論文集》（2001 年 5 月），頁 35。

引出正戲之演出。「棚頭」與「正戲」之間是相互銜接，二者並非完全無關。

依演出規矩，三腳採茶戲「十大齣」每一齣戲之前，都要安排一段「棚頭」。照理說「十大齣」應該有十段「棚頭」，此情形是在「十大齣」獨立演出之時，但在「十大齣」串演時，實際上有時丑角表演「棚頭」段可靈活變化，可視當時演出狀況，來決定調動或表不表演「棚頭」段。

三腳採茶戲「棚頭」段子與正戲情節搭配頗為自由，可以相互調動，但也有些是固定的，只能和某一個戲碼配搭。

（一）「棚頭」段子與正戲情節搭配，可以相互調動。

「棚頭」段子與正戲情節搭配，可以相互調動，此亦即同一個「棚頭」段子之「數板」部分，可用於不同三腳採茶戲齣，或同一戲齣不固定使用一種「棚頭」段子。

1、同一個「棚頭」段子「數板」部分，可用於不同三腳採茶戲齣。儘管「棚頭」段子之「數板」內容大致相同，但同中有異，相異處在各家文字描述稍有不同，以下說明之。[8]

（1）徐進堯：第九齣〈盤賭〉、陳雨璋：第六齣〈盤茶、盤賭〉與鄭榮興：
　　　第一齣〈上山採茶〉，用同一個「棚頭」段子之數板。

（2）徐進堯：（二）棚頭、陳雨璋：第五齣〈賣茶郎回家〉與鄭榮興：
　　　第二齣〈勸郎賣茶〉，用同一個「棚頭」段子之數板。

（3）徐進堯：（四）棚頭、陳雨璋：第二齣〈送郎〉與鄭榮興：第三齣〈送
　　　郎傘尾〉，用同一個「棚頭」段子之數板。

（4）徐進堯：（一）棚頭、陳雨璋：第四齣〈勸郎怪姐〉與鄭榮興：第
　　　七齣〈勸郎怪姐〉，用同一個「棚頭」段子之數板。

---

8 參照徐進堯、陳雨璋、鄭榮興三腳採茶戲「棚頭」劇本內文。

（5）徐進堯：（三）棚頭及〈夫妻相駁〉、陳雨璋：第一齣〈上山採茶〉
　　與鄭榮興：第八齣〈茶郎回家〉，用同一個「棚頭」段子之數板。

　　2、同一齣三腳採茶戲齣不固定用一種「棚頭」段子，亦即一齣三腳採茶
戲齣，無須使用固定「棚頭」段，可用不同「棚頭」段子之數板。例如：〈上
山採茶〉、〈勸郎賣茶〉、〈送郎傘尾〉、〈勸郎怪姐〉、〈茶郎回家〉及〈盤
茶盤堵〉等戲齣。

（二）「棚頭」段子與正戲情節搭配固定，只能和某一個戲碼配搭。

　　徐進堯：第四齣〈糶酒〉【棚頭】[9]、陳雨璋：第三齣〈糶酒〉[10]（賣酒）。
（角色：張三郎及酒大姐）與鄭榮興：第四齣〈糶酒〉【棚頭】[11]之數板部分
與正戲情節搭配是固定的，儘管大致內容相同，但在文字及形式上有所差異。
此外，三腳採茶戲外借而來的〈問卜〉、〈桃花過渡〉及〈送金釵〉三齣，其
「棚頭」段子與正戲情節搭配是固定的。例如〈問卜〉：

　　徐進堯：「問卜」[12]算命先生出台用（口白）

　　各位男女先生，大家詳細聽，無講你也毋知驚，甲子歌背毋出，學
　　人做先生，專門畫虎靈，雞胲亂亂唪，看見男人來，毋敢講大聲，
　　見到婦人家，開容笑面目釘釘，八字排毋出，稱說自家大先生來大
　　先生。

9　徐進堯、謝一如，《臺灣客家三腳採茶戲與客家採茶大戲》（新竹縣文化局，2002
　　年4月），頁28。

10　陳雨璋，《臺灣客家三腳採茶戲：賣茶郎故事研究》（臺灣師範大學音樂研究所碩
　　士論文，1984年），頁72-75、109、110。

11　鄭榮興，《臺灣客家三腳採茶戲研究》（慶美園文教基金會，2001年2月），頁
　　224-227。

12　徐進堯、謝一如，《臺灣客家三腳採茶戲與客家採茶大戲》（新竹縣文化局，2002
　　年4月），頁101。

鄭榮興：第五齣〈問卜〉【棚頭】[13]

丑白：【數板】

小樹怕藤纏，大樹怕刀碾。

唐山怕老虎，臺灣怕生番。

泥鰍怕黃鱔，魚兒怕鱸鰻。

石壁怕推山，扛轎怕轉彎。

蚊子怕火煙，挑擔怕轉肩。

富家講來年，窮人講眼前。

三十六行業，行行出狀元來，出狀元。

在三腳採茶戲中〈糶酒〉、〈問卜〉、〈桃花過渡〉及〈送金釵〉等「棚頭」段子之數板與正戲情節搭配是固定的。

三、臺灣三腳採茶戲「棚頭」之類型

「十大齣」之「棚頭」段其演出形式主要特色為「說」，依說話角色人物分類，大致可分成幾類：

「數板」形式，由前場丑角一人擔任，配合數板（主要是敲仔板）唸棚「幫腔」形式，當前場丑角演出時先說一句話，應答者（通常為後台演員或後場樂師等）則應以最後一個字。

「搭腔（答腔）」形式，則由前場丑角與後台演員或後場樂師等相互對答。

---

13 鄭榮興，《臺灣客家三腳採茶戲研究》（慶美園文教基金會，2001 年 2 月），頁 232-235。

「道白」形式，主要指丑角張三郎或其他角色之一人道白。

「台白」形式，則是指演員角色之間相互對白。

而「詞白」形式，指表演「棚頭」中所穿插之唱段，通常唱段是屬於外加部分，演員可自由唱或不唱。以下分別說明之。

（一）「數板」形式

「棚頭」之「說」，有「上板」（「上韻」）與「不上板」之分別。「上板」部分即「上韻」，「不上板」部分，則多「不上韻」。以分量來講，「棚頭」「不上板」部分，比起「上板」部分還是來的多。「上板」此部分，即是以「數板」方式來道白，亦可直接稱為「數板」，但民間一般多以「扣仔板」、「課仔板」[14]稱之。一定得照著拍子（節奏）走，說白需要與節奏緊密搭配，即與採茶戲之「啦翻歌」相似。「棚頭」之「上板」部分除了要上節奏外，它還必須「上韻」。押韻模式基本上還是有平聲字與仄聲字之區別，然句子看起來並不限於固定某字數，亦可用長短句之方式說，唯須配合節奏。[15]由以上鄭榮興說法，可看出棚頭之「數板」形式，主要需要配合節奏；棚頭之「說」形式即「不上板－不上韻」多於「上板－上韻－數板－上節奏」。「十大齣」棚頭段皆有「數板」之形式，通常置於劇首，僅有少數為求結構變化，而非置於劇首。

　　1.三腳採茶戲「棚頭」段之「數板」置於劇首，例如：徐進堯、陳雨璋棚頭版本皆將「數板」置於劇首，為丑角一出場時所表演。又如鄭榮興「十大齣」之第一齣〈上山採茶〉、第二齣〈勸郎賣茶〉、第三齣〈送郎傘尾〉、第四齣

---

14 「扣仔板」、「課仔板」亦即「敲仔板」。
15 鄭榮興，〈臺灣採茶小戲及其特色〉，《兩岸小戲學術研討會論文集》（2001年5月），頁35。

〈糶酒〉、第五齣〈問卜〉、第七齣〈勸郎怪姐〉、第八齣〈茶郎回家〉及第九齣〈盤茶盤堵〉。將「數板」部分置於劇首,為一般棚頭段之表演形式。

2.三腳採茶戲「棚頭」段之「數板」非置於劇首,亦即置於劇中。例如:鄭榮興「十大齣」之第六齣〈桃花過渡〉擔任棚頭段唸數板之角色,除了丑角外,還有旦角等。又如第十齣〈送金釵〉丑角在劇中有二段表演數板部分。將棚頭數板非置於劇首,是為一般棚頭表演形式外之變化方式,可使三腳採茶戲棚頭段表演更靈活,且富有變化。

(二)「幫腔」形式 [16]

在「十大齣」「棚頭」段演出過程中,開口說話之角色並不限於前場演員(丑角-張三郎),有時會有後台演員或者後場樂師也須幫忙應答,應答之模式分為兩種,一為「幫腔」,一為「搭腔(答腔)」,亦是「說」之特殊形式之一。

「十大齣」之「幫腔」演出模式,是當演出者(丑角)說了一句話,應答者(內白)則應以最後一個字。例如,鄭榮興「十大齣」之第四齣〈糶酒〉棚頭段之「幫腔」模式。

……

三十晚上出一個大月光,

內白:光!

丑唸:瘸手的跑去偷摘秧,

內白:秧!

---

16 同前註,頁 36、37。

丑唸：青暝來看到，

內白：到！

丑唸：啞巴講抓來碰，

內白：碰！

丑唸：請到跛腳去追，

內白：追！

丑唸：瘸手來抓到，

內白：到！

丑唸：駝背出來扛，

內白：扛！

丑唸：扛到屋後直直上，

內白：上！

丑唸：一夜沒睡就遊滿莊，

內白：莊！

丑唸：跑到廚房吃了三碗公的番薯湯，

內白：湯！

丑唸：打了一個大臭屁，

內白：屁！

丑唸：爆爛一個大醃缸來大醃缸。

「幫腔」[17]之演出模式是加重句尾字，並重述句尾末字，重述演員道白之

---

17 鄭榮興，〈臺灣採茶小戲及其特色〉《兩岸小戲學術研討會論文集》（2001 年 5 月），
　頁 36、37。

最後一個字，其作用有：一有加重語氣之作用；二給場上演員（丑角）在一長串道白中，有間歇喘息之時間；三在整個節奏形式表現上，也顯得較為活潑而有變化。若去掉內白應答之部分，由場上演員（丑角）一直唸下來，說白就會變成：例如徐進堯：第四齣〈糶酒〉【棚頭】[18]

　　（丑）記得真記得，記得舊年五月節。五月落大霜，六月落大雪。前堂凍死一隻龜，後堂凍死一隻鱉。三人扛不起，四人扛一側，扛也扛，扛到城門東。拿來秤，秤不起，拿來退，退不得，拿來剖，剖到三十六盆血，拿來食，食不得。人家朋友對我講，算來算去真真了不得與無了不得。三十暗晡出一隻大月光，癩手出來偷拔秧，瞎盲來看到，啞狗講捉來搒，喊到兩個跛腳就去追，喊到兩個跀腰就來扛，扛到山頂直直上，一暗晡無睡到天光，走去人灶下偷食人一碗番薯湯，人要同我捉去剝皮撐礱糠與無撐礱糠。

陳雨璋：第三齣〈糶酒〉[19]（賣酒）。（角色：張三郎及酒大姐）

　　〔鼓介，丑角登場〕，裝出清喉嚨聲；「嗯咳咳咳咳」，接著唸棚頭：「記得真記得，記得舊年五月節。五月落大霜，六月落大雪。前堂凍死一隻龜，（厥）後堂凍死一隻鱉。三人扛，（就）扛不起；四人扛，（就）扛一側；扛呀扛，扛到城門東。拿來秤，（厥就）秤不起；

18 徐進堯、謝一如，《臺灣客家三腳採茶戲與客家採茶大戲》（新竹縣文化局，2002年4月），頁28。

19 陳雨璋，《臺灣客家三腳採茶戲：賣茶郎故事研究》（臺灣師範大學音樂研究所碩士論文，1984年），頁72-75、109、110。

拿來退，（就）退不得；拿來犀，犀到三十六盆血；拿來食，（就）
食不得。朋友喊看，看也不中看。算來算去真真了不得嘛了不得。」
唸完此段還要講一段「三十暗晡出一個大月光。瘸手出來偷拔秧，
瞎子來看到，啞狗（啞巴）講捉來榜（打），喊到兩個跛腳就去追，
喊到兩個姑腰（駝背）就來扛，扛到山頂直直上，一暗晡沒睡逛滿
庄，走去人灶下偷食人一碗番薯湯，人要同捉去撥皮撐朧糠也無撐
朧糠。」

　　丑角唸法若此，大致上其缺點有：一、唸白之演員（丑角）沒有間歇喘息
之機會；二、觀眾沒有足夠時間，去回味演員所說的話；三、在一長串之說白
內容中，不容易分出段落；四、整個節奏形式更顯得平淡無奇。故棚頭段運用
「幫腔」之演出模式，可改正以上所說之缺失，故「幫腔」形式有其存在之特
殊作用。

（三）「搭腔（答腔）」形式

　　至於三腳採茶戲棚頭段「搭腔（答腔）」之模式，是由場上演員（丑角）
說一段道白（丑白），再由應答者（內白）答上一句話，或者數句，反覆應對
幾回，常藉著因字音相近而產生之訛義，而形成有趣笑料。
　　「十大齣」棚頭段之搭腔（答腔）形式主要表現於第五齣〈問卜〉、第八
齣〈茶郎回家〉與第十齣〈送金釵〉中，其「搭腔（答腔）」[20] 之模式是由一
人負責與場上演員互動對答。和場上演員（丑角）應答之人，多由後台演員擔
任，有時則由後場樂師負責，由後場樂師擔任「搭腔（答腔）」工作時，多由

---

20 鄭榮興，〈臺灣採茶小戲及其特色〉，《兩岸小戲學術研討會論文集》（2001 年 5
月），頁 37、38。

功力較深之一位樂師與場上演員對答，這位樂師並沒有嚴格之限定，他可以是打鼓佬，亦可以是琴師。有時候場上演員甚至會設計簡單問題，引發台下觀眾與之對答互動。「搭腔（答腔）」模式之作用，主要是藉著字音相近而產生之訛義或歧義，讓觀眾產生異想或遐思，相當具有舞台效果。

在「十大齣」之第五齣〈問卜〉棚頭段「搭腔（答腔）」中，因字音相近而產生訛義之處有：（1）「胡來」──就湊亂來。（2）「胡靈仙」──不是唬令仙。（3）「我今年三十六歲，算命有一百多年了。」──四代人都在算命，合起來一共一百多年。此屬於字義上的誤解。（4）「今日要出山」──出師要下山，不是去世要出山。（5）「如今我不是人了」──我不是普通的一般人，人人說我半仙。（6）「叛仙」──不是叛仙，是半仙。本段棚頭所運用因音近而產生訛義之技巧，就有六處之多。

而第十齣〈送金釵〉棚頭段「搭腔（答腔）」中，亦因字音相近而產生訛義之處有：（1）這是學堂，不是浴堂。（2）腳講，不是氣死。（3）老師，你怎知我是腐子弟？──日語六講，排行六你也知。（4）好來交官──你好扛上山了──我說和我開市叫交官。（5）淨筆管，套下去，哎喲！老師講話偷罵我。（6）拜託你做一個引路忙──你還半路死！（7）那你就鼻孔捏著直直去──我說擔頭挑著直直去。（8）溜腸頭（橋頭）──你會嘔腸油？（9）你就傷噹（上段）──老師生大病，要入院！（10）見去見踢，鬼敢去？－－我說挑去的貨色，加減都踢。（11）五更落霧──晨濛承蒙。（12）日後係癢，就入來坐玩－如有上下，經過要進來坐玩，待我擔頭挑來去。以上可見「搭腔（答腔）」形式特殊與靈活之表演特色。

（四）「道白」形式

所謂「道白」形式，是指三腳採茶戲棚頭段中丑角張三郎或其他角色之一人道白。主要由丑角張三郎一人道白，通常以「小子（或在下），張三郎……」

方式呈現，如鄭榮興「十大齣」之第一齣〈上山採茶〉、第二齣〈勸郎賣茶〉、第三齣〈送郎傘尾〉、第四齣〈糶酒〉、第七齣〈勸郎怪姐〉、第八齣〈茶郎回家〉及第九齣〈盤茶盤堵〉棚頭段等，皆有丑角張三郎之道白。此外，由於第六齣〈桃花過渡〉是外借而加入「十大齣」，故丑角非為張三郎，而是朱阿久之道白，為「不才，朱阿久……」。「道白」形式首先自報姓名，接著說明大意內容，主要交代主旨與動機。

　　而陳雨璋六齣三腳採茶戲「棚頭」版本中，皆有丑角張三郎一人道白部分，其內容即丑角自讚姓名、履歷、情懷等。

　　「道白」形式通常在丑角唸完棚頭段數板之後，其形式類似自報家門，為丑角先「自報姓名」→「交代主旨」→「說明動機」。丑角簡單扼要地說明來意與動機，為故事劇情作一開頭，延續故事劇情之發展，並得以承接正戲之內容。

（五）「台白」形式

　　所謂「台白」形式，是指三腳採茶戲棚頭段中角色演員間之相互對白。依角色別區分為：

　　1. 一丑二旦之三人「台白」：

　　（1）「一丑」為張三郎、「二旦」為旦甲張妻、旦乙三郎妹。如「十大齣」之第一齣〈上山採茶〉、[21] 第二齣〈勸郎賣茶〉、[22] 第三齣〈送郎傘尾〉[23] 棚頭段中皆為丑角張三郎與旦甲張妻、旦乙三郎妹之相互對白。此三齣之台白形式具有承上啟下之銜接作用，「承上」之棚頭段數板、道白等部分，而「啟下」

---

21 第一齣〈上山採茶〉台白部分，參照鄭榮興「十大齣」棚頭劇本內文。
22 第二齣〈勸郎賣茶〉台白部分，參照鄭榮興「十大齣」棚頭劇本內文。
23 第三齣〈送郎傘尾〉台白部分，參照鄭榮興「十大齣」棚頭劇本內文。

之棚頭段詞白部分，以帶引出正戲之上演。此三齣之台白內容方面，一丑二旦以日常口語相互對白，用語淺白、不多雕琢，並大致說明主旨大意，以作為正文、正戲之引言。

（2）「一丑」為張三郎、「二旦」為酒大姊旦甲徐花嬌、旦乙徐秀嬌。「十大齣」之第四齣〈糶酒〉棚頭段「台白」形式，為丑角張三郎與酒大姊旦甲徐花嬌、旦乙徐秀嬌之相互對白。其「台白」內容包括猜「謎語」、「對聯」、「歇後語」及「雙關語」等形式。如猜「謎語」——「上好老酒」之台白；「對聯」之內容形式：「風吹馬尾千條棉。水打桃花萬點紅。」「日進千香寶。時招萬里財。」其「對聯」有二：一為七字聯上聯「風吹馬尾千條棉」對下聯「水打桃花萬點紅」；一為五字聯上聯「日進千香寶」對下聯「時招萬里財」。劇中角色以輕鬆有趣之對白方式介紹對聯。另一種為「客家諺語」形式，在角色相互對答中運用客家諺語類之「針不離線，沒事不登三寶殿。」與「阿鳩鵲打更，要吃酒。」之「歇後語」等。又如「雙關語」形式，「九文九文」即為「久聞久聞」之雙關語等。

（3）「一丑」為朱阿久、「二旦」為旦甲桃花、旦乙金花。由於第六齣〈桃花過渡〉為外借而來，故「台白」為丑角朱阿久與旦甲桃花、旦乙金花之相互對白，其「台白」內容以調笑戲謔之「相褒」方式進行。劇中人物之台白運用因文字音近而產生訛義，形成有趣笑料，即「燒水（艄水）」、「要搭你的肚（渡）」及「你姓朱來名狗，豬狗！豬狗！」等。此外，亦有「歇後語」形式，如「你的頭顱結白帶，孝都孝。」「你的屁股攝紙煤，想人拂了。」「喉頭生蛾，堵到了。」「姑娘屁股頭吊冬瓜，大禍（貨）臨門了。」及「竹頭尾吊替身，假風神。」等。

2. 一丑一旦之二人「台白」：

（1）「一丑」為丑角張三郎、「一旦」為旦甲酒大姊。「十大齣」之第

七齣〈勸郎怪姐〉[24]之「台白」，為丑角張三郎臨行告別旦甲酒大姊之相互對白。

（2）「一丑」為丑角張三郎、「一旦」為旦甲三郎妻。第九齣〈盤茶盤堵〉[25]之「台白」，為丑角張三郎回家後，其妻（旦甲）盤問三郎茶錢何在之相互對白。

（3）「一丑」為丑角胡靈大仙、「一旦」為旦角林桃花。由於「十大齣」之第五齣〈問卜〉為外借而來，故〈問卜〉之「台白」[26]形式丑角為胡靈大仙與旦角林桃花之對白，或因音近義訛，如「是胡靈大仙，不是唬令仙。」「姓江，名宜巴，不是講你爸。」等，而產生有趣笑料，胡靈大仙與林桃花之台白充分展現詼諧逗趣之特色。

（4）「一丑」為丑角財子哥、「一旦」為旦角阿乃姑。第十齣〈送金釵〉亦是外借而來，而〈送金釵〉之「台白」，[27]則為丑角財子哥與旦角阿乃姑之二人相互對白，其中有因音近義訛部分，如「賣十歲（細）」、「講斷氣（句）」、「小殮（念）」、「拜託你嘔白一點。請你說明白一點。」等。運用台白來猜謎語，「什麼叫做步步跳？－繡花針。」「什麼叫做對面相？鏡子」「一寸長，夜夜放在你閨房，一夜用到光，只見短來不見長？蠟燭。」及「下不下，上不上，換阿乃姑的半中央——阿乃姑沒雙，我孤單，兩人湊一雙。——就是要換阿乃姑給你做老婆。」等。在「歇後語」部分，如「聽說漂亮的小姐好比棺材沒底——騙死人」等。其「台白」內容為以貨換貨、討價還價，輕鬆而有趣味。

---

24 第七齣〈勸郎怪姐〉台白部分，參照鄭榮興「十大齣」棚頭劇本內文。
25 第九齣〈盤茶盤堵〉台白部分，參照鄭榮興「十大齣」棚頭劇本內文。
26 第五齣〈問卜〉台白部分，參照鄭榮興「十大齣」棚頭劇本內文。
27 第十齣〈送金釵〉台白部分，參照鄭榮興「十大齣」棚頭劇本內文。

3. 陳雨璋三腳採茶戲棚頭版本之「台白」部分，主要由丑角三郎及旦角三郎妻、三郎妹之相互對白，以日常用語之對話方式呈現。[28]

（1）一丑二旦之三人台白：第一齣〈上山採茶〉、第二齣〈送郎〉及第五齣〈賣茶郎回家〉為丑角張三郎與旦角三郎的妻子及妹妹之三人相互對白。

（2）一丑一旦之二人台白：第三齣〈糶酒〉及第四齣〈勸郎怪姐〉為丑角張三郎與旦角酒大姐之二人相互對白。而第六齣〈盤茶、盤賭〉則為丑角三郎及旦角張妻之二人相互對白。

（六）「詞白」形式

所謂「詞白」形式，是在表演「十大齣」「棚頭」中所穿插之唱段，通常唱段是屬於外加部分，則為非必要條件，演員可視情況自由唱或不唱。例如第二齣〈勸郎賣茶〉之「山歌號子」，第四齣〈糶酒〉中所按之「十二月古人」與「瓜子仁」曲腔，演員可自由運用，可唱亦可不唱。又如第五齣〈問卜〉中之「老腔山歌」與「老時採茶」，在傳統〈問卜〉一齣中原無此段，此唱段是外加，演員可自由唱或不唱。此外，在第六齣〈桃花過渡〉中之「老山歌」及第十齣〈送金釵〉中之「賣什貨」，屬於不上板，亦即可唱、可唸。

第二齣〈勸郎賣茶〉棚頭段之「詞白」部分為【山歌號子】。【號子】[29]又稱【山歌號子】，通常一至三人唱，多半出現在小戲裡，且通常放在屬於「棚頭」段落裡，嚴格說來，其性質類似於念白、雜念仔，通常被視為道白，而不能算是正式唱腔。此棚頭段以【山歌號子】方式呈現，由張妻與三郎妹輪流對唱，質問三郎為何不出門賣茶之原因？三郎說明三個理由。

---

28 參照陳雨璋棚頭劇本內文。

29 詳見鄭榮興，《臺灣客家三腳採茶戲研究》（慶美園文教基金會，2001年2月），頁78、79

　　第四齣〈糶酒〉棚頭段之「詞白」部分為【十二月古人】。【十二月古人】[30]屬於小調。歌詞中丑角說明離鄉背井去外洋賣茶，並向顧客推銷各色茶。接著二旦唱【瓜子仁】，而【瓜子仁】[31]亦屬於小調。歌詞描述二旦之身分背景，及做生意、兜售物品之情形。【十二月古人】與【瓜子仁】之詞白相似處，同為描述做生意之事，差異在於兜售物品之不同，丑角賣茶，而二旦賣酒並賣菸等。棚頭段中之【十二月古人】與【瓜子仁】曲腔使用較為自由，完全由演員決定唱或不唱。

　　第五齣〈問卜〉棚頭段之「詞白」部分為【老腔山歌】與【老時採茶】。此【老腔山歌】與【老時採茶】是鄭榮興多加進去，演員不一定要唱【老腔山歌】與【老時採茶】，此兩唱段亦可直接略去。

　　第六齣〈桃花過渡〉之「詞白」，包括【撐渡船】、【老腔採茶】及【老山歌】等曲腔，皆非此齣不可或缺之唱腔，故演員可自由唱或不唱。首先以丑角唱【撐渡船】曲調為開場，但此齣不一定要唱【撐渡船】，其詞白主要為丑角，即船夫之自我介紹及單身欲娶妻之告白。接著二旦上場唱【老腔採茶】[32]又稱【老時採茶】，屬於採茶腔。此劇之二旦，一為張三郎妻桃花，一為張三郎妹金花，不過，姑嫂二人身分，亦可改為是妻妾，那麼情節便改成是兩人一起尋夫。二旦一上場，唱出當年送茶郎賣茶之心情，以及今日不見丈夫音信之憂慮與思念之情。可知，三腳採茶戲之演出角色可靈活調動，配合劇情需要作適當之安排。〈桃花過渡〉劇齣巧妙地運用專門用來相罵相褒之【老山歌】，以表現單身船夫與貌美之姑嫂二人用言語相互調笑揶揄，是以相褒之方式鋪陳進行。

　　第十齣〈送金釵〉棚頭段之「詞白」，安排【賣什貨】、【雜貨節】等唱

---

30 同前註，頁86。
31 同註30。

段,目的在凸顯丑角財子哥「賣貨郎」之身分與角色。【賣什貨】可唱、可唸,亦可不唱。在【賣什貨】歌詞中,丑角賣有各式各樣之雜貨,可供顧客挑選,並順便點出欲娶妻之心聲。丑角「一上場,賣貨郎張財子唱著【賣什貨】,來到學堂旁,學堂先生告訴他可以到阿乃姑家賣什貨,財子哥歡喜的唱【什貨節】,[33] 去到阿乃姑家。這是這一段唱腔主要的情節。」[34]

「十大齣」「棚頭」段演出形式之「數板」、「幫腔」、「搭腔(答腔)」及「道白」形式等,其內容或可與正戲故事劇情無關。但棚頭段之「台白」與「詞白」形式,則必定與正戲劇情內容有關,藉以帶引出正戲之上演。值得注意的是,[35]「棚頭」段雖為「十大齣」演出結構一部分,但有時三腳採茶戲表演,丑角可視演出狀況,來決定調動或表不表演「棚頭」段。故「棚頭」段之演出形式並未完全固定化,尚有許多可以調動的空間;而它卻隨著觀眾之高度認同,無形中構築某種觀賞心理慣性,成為「十大齣」演出內容之一部分。

> 客家「棚頭」原為非正戲,原本僅為正戲開始前,透過博笑的表演
> 手段來吸引觀眾進入劇場,進入正戲的一種簡單的演出形式,但因
> 其廣受觀眾歡迎與喜愛之故,卻逐漸變成了客家「三腳採茶」裡必
> 然不可或缺的成分。[36]

---

32 鄭榮興,《臺灣客家三腳採茶戲研究》(慶美園文教基金會,2001 年 2 月),頁 98。

33 【什貨節】即【雜貨節】。

34 鄭榮興,《臺灣客家三腳採茶戲研究》(慶美園文教基金會,2001 年 2 月),頁 100。

35 黃心穎,〈臺灣客家三腳採茶戲之「棚頭」初探〉《客家文化研究》通訊(2001 年 12 月,第四期),頁 65。

36 鄭榮興,〈淺談臺灣客家採茶戲之「棚頭」〉,《國立傳統藝術中心籌備處傳統藝術研討會論文》,1997 年。

戲劇「文學的功用，往往還得和實際演出的狀況互相結合，畢竟，戲曲演出還得考量到觀眾的情緒變化，而小戲更是深入民間，與人民有著密切的互動關係；如果內容本身和劇情相關性不大，顯然，是有著配合現實因素的設計與考慮的。」[37]「棚頭」段之內容，多為貼近人民日常生活之人、事、物，加以誇張化、趣味化，以達到輕鬆逗趣、吸引人之目的。儘管起初「棚頭」段之數板、幫腔、搭腔（答腔）及道白內容或可與正戲劇情相關性不大，但在「棚頭」段表演最後之台白與詞白部分，會將說白內容扯回，即言歸正傳，或再引說幾句與正戲相關的話之後，其後才接著開始後面正戲之演出。於是，從整齣三腳採茶戲來看，「棚頭」段內容與正戲劇情之間，二者並非完全無關，而三腳採茶戲表演「棚頭」最終之目的，即是要引出正戲之演出。

四、臺灣三腳採茶戲「棚頭」之定義

根據以上臺灣客家三腳採茶戲「棚頭」內容形式之分析與類型，可歸納出二個棚頭段之定義：

（一）「狹義之棚頭段」定義：

此法是從戲曲藝術表演者之角度而言，在三腳採茶戲棚頭段中，其主要不可或缺之結構為「數板」（敲仔板）形式，以場上演員一人（丑角）唸「數板」為其主要表演特色。故狹義棚頭段常定義為，「棚頭」即是「數板」，數板部分內容或可與正戲劇情故事完全無關，或有或多或少之相關性。而「十大齣」棚頭段皆有數板部分，數板之句數最少四句，至多則不限，其句式自由化，為

---

37 黃心穎，〈臺灣客家三腳採茶戲之「棚頭」初探〉，《客家文化研究》通訊（2001年 12 月，第四期），頁 65。

長短句，並多以韻文體裁表達，且多有押韻，丑角上場配合敲仔板節奏數板道白，易於朗朗上口。

（二）「廣義之棚頭段」定義：

此觀點是就學術研究者角度出發，從整個三腳採茶戲「棚頭」演出結構來看，包括「狹義之棚頭段」之「數板」形式，並搭配丑角與後台演員與後場樂師「幫腔」或「搭腔（答腔）」之特殊形式，以及「道白」、「台白」與「詞白」等多樣形式結合，靈活運用，更豐富「棚頭」「說」之表演方式。故完整之「棚頭」定義，應包括「數板」、「幫腔」、「搭腔（答腔）」、「道白」、「台白」與「詞白」等多樣形式結合，此為三腳採茶戲「棚頭」最廣義之解釋。

可知，廣義棚頭段並非僅單純指「數板」而已，就整齣三腳採茶戲演出結構來看，在三腳採茶戲「十大齣」表演形式方面，「棚頭」段形式之運用相當靈活變化。而探討棚頭段內容與正戲劇情間之關係，表演棚頭段用以銜接正戲故事劇情，二者在內容方面有相當之關連性。

五、結語

「棚頭」為臺灣三腳採茶戲重要特色之一。「棚頭」意謂在戲棚上演出一棚戲，而這「一棚戲的開頭」，即稱作「棚頭」；凡在正戲上場前之演出，皆可稱作「棚頭」，故客家三腳採茶戲之「棚頭」，即上演三腳採茶戲「這棚戲的開頭」，在三腳採茶戲正戲上演之前。廣義之三腳採茶戲「棚頭」形式，以「數板」為主，並搭配「幫腔」、「搭腔（答腔）」、「道白」、「台白」、「詞白」等形式組合而成。所謂「數板」——由前場丑角一人擔任，配合敲仔板節奏數板，數板句數最少四句，至多則不限，其句式自由化，為長短句，多為韻文體裁，且多有押韻，易於朗朗上口；「幫腔」——當前場丑角演出時先

說一句話，應答者（通常為後台演員或後場樂師等）則應以最後一個字；「搭腔（答腔）」──由前場丑角與後台演員或後場樂師等相互對答；「道白」──指丑角或其他角色之一人道白；「台白」──指演員角色（丑行與旦行）之間相互對白；及「詞白」──指表演「棚頭」中所穿插之唱段，通常唱段是屬於外加部分，演員可自由唱或不唱。演員表演「棚頭」可靈活運用這些形式，而表演「棚頭」之最終目的，即是要引出正戲之上演。

　　「棚頭」之內容包括客家俚語、諺語、師傅話、啦翻歌、令仔、雙關語及對聯等，多詼諧逗趣，充滿節奏韻律，或以相褒方式進行。「棚頭」有一個重要原則，儘管「棚頭」表演之「數板」、「幫腔」、「搭腔（答腔）」、「道白」形式，其或與正戲內容完全無關，或者有或多或少之關連性，但演員必須在「棚頭」表演最後之「台白」、「詞白」形式，要將「棚頭」內容牽引帶到與正戲相關的話語上，將「棚頭」與「正戲」之間，做一個巧妙銜接。等到「棚頭」表演結束，隨即是真正的好戲上場。

　　「棚頭」特殊之處，在於表演內容詼諧逗趣，與正戲內容作一巧妙銜接，且「棚頭」演出形式並不固定，演員可視實際演出情況，來靈活搭配，決定調動或表不表演「棚頭」。對整齣三腳採茶戲而言，「棚頭」是不可或缺的部分，更占有一席之地。

參考文獻

一、一般書目

李殿魁，2001，《傳統戲劇中的丑角》。宜蘭：國立傳統藝術中心籌備處。

邱慧齡，2000，《茶山曲未央：臺灣客家戲》。宜蘭：國立傳統藝術中心籌備處。

施德玉，1999，《中國地方小戲之研究》。臺北：臺灣學生書局。

徐進堯，1984，《客家三腳採茶戲的研究》。臺北：育英出版社。

徐進堯、謝一如，2000，《臺灣客家三腳採茶戲與客家採茶大戲》。新竹：新竹縣文化局。

莊　因，1986，《話本楔子彙說》，二版。臺北：聯經出版社。

鄭榮興，2001，《臺灣客家三腳採茶戲研究》。苗栗：財團法人慶美園文教基金會。

二、單篇、期刊論文

徐清明，1997、1998，〈真古琢：談「採茶戲棚頭」用字問題〉、〈當毒真當毒：談「採茶戲棚頭」用字問題 -2 -〉、〈記得真記得：談「採茶戲棚頭」用字問題 -3 -〉、〈生趣真生趣：談「採茶戲棚頭」用字問題 - 4 -〉。《客家雜誌》第 84、87、89、93 期。客家雜誌社。

陳運棟，2001，〈臺灣客家三腳採茶戲「棚頭」的表演藝術〉，《客家文化月：兩岸客家表演藝術研討會論文集》。苗栗縣文化局。

黃心穎，2001，〈臺灣客家三腳採茶戲之「棚頭」初探〉。《客家文化研究通訊》第 4 期。

鄭榮興，1997，〈淺談臺灣客家採茶戲之「棚頭」〉，《國立傳統藝術中心籌備處傳統藝術研討會論文》。

＿＿＿＿＿，2001，〈臺灣採茶小戲及其特色〉，《兩岸小戲學術研討會論文集》。

＿＿＿＿＿，2001，〈論三腳採茶十大齣〉，《客家文化：兩岸客家表演藝術研討會論文集》。

三、學位論文

陳雨璋，1985，《臺灣客家三腳採茶戲：賣茶郎故事研究》。國立臺灣師範大學音樂研究所碩士論文。

曹珊妃，2000，《「小梨園」傳統劇本研究：以泉州藝師口述本為例》。淡江大學中國文學研究所碩士論文。

謝一如，1997，《臺灣客家戲曲之流變與發展：從客家三腳採茶戲到客家大戲》。中國文化大學藝術研究所碩士論文。

蘇秀婷，1998，《臺灣客家改良戲之研究：以桃竹苗三縣為例》。國立成功大學藝術研究所碩士論文。

臺灣客家三腳採茶戲唱腔與二弦的運用：以「十大齣」為例 [*]

鍾繼儀

一、前言

「唱腔」是辨別戲曲種類的方法之一，而這也是劇種相互之間，不可能完全相同之處，甚至我們可以說，劇種間之所以可以分辨，是因為唱腔上的不同，當然每個劇種的特色不只有唱腔部分，但最具辨識度的，或許只有唱腔可作為通用的代表。而二弦又稱殼仔弦，在採茶戲的後場中，是文場的領奏，其樂器與唱腔的關係相當密切，而該如何演奏來搭配戲中所使用的唱腔，頭手弦該如何調定弦，其中有些制式化的規定，或是說，對於唱腔較好的安排等等，也是值得探討。

三腳採茶戲中的唱腔可說是客家大戲的唱腔原型，而從其原型探討，或許可以找到更貼近原始的答案，筆者在傳藝中心所出版的《三腳採茶唱客音：傳統客家三腳採茶串戲十齣》[1] 中，發現其所記錄的影像資料，正是早期客家三

---

* 本文原刊登於《關渡音樂學刊》，2016，24 期，頁 133-150。因收錄於本專書，略做增刪，謹此說明。作者鍾繼儀為國立臺北藝術大學傳統音樂學系傳統戲曲組碩士。

1 鄭榮興編著，2007，《三腳採茶唱客音：傳統客家三腳採茶串戲十齣》。宜蘭縣：國立傳統藝術中心。

腳採茶戲的表演型態，而主奏樂器也從早期的胖胡改為二弦（殼仔弦）的型態，故本文以三腳採茶戲中的「十大齣」為例，討論其唱腔在採茶戲中的分配與架構，並以筆者本身的實務經驗，討論「十大齣」中所使用到的唱腔在二絃上是如何搭配，同時也參考鄭榮興所著的《臺灣客家三腳採茶戲研究》以及〈臺灣客家採茶戲唱腔初探——以採茶腔「平板」為例〉，[2] 在該書及該篇文章中有著許多採茶戲的發展，以及大陸和臺灣的發展探討，最後也有「十大齣」的譜例，前者在探討三腳採茶戲的相關議題時，是非常重要的一本書籍，而後者的單篇期刊則帶給筆者更清晰地去談論定弦的相關議題。

　　除上述的書籍和文章以外，還有歐光勳的〈論客家「平板」唱腔板腔化的問題〉，[3] 在該文中談到板腔化的問題以及其他相關議題，雖然筆者主要探討議題仍著重於運用的部分，但板腔化的過程的確是需要拿來與此議題相輔相成的，故在該文中也提取了許多關於板腔化的概念與看法。以及劉佳佳所寫的《臺灣北管亂彈戲提弦伴奏研究——從謝顯魁所奏【二凡】曲腔看「托」的伴奏意涵》[4] 在該篇文章中提到許多田野的紀錄及名詞上的運用皆為筆者在談論二弦的定弦的參考方向。

　　另外，也將「十大齣」所使用到的唱腔分為〔採茶腔〕、〔山歌腔〕與〔小調〕三類，並以這三類唱腔個別討論其本身之差異，以及與二弦搭配上的差異。在章節上大致分為兩段探討，一方面從戲的角度出發，討論「十大齣」的構造以及所使用到的唱腔和使用的情形；另一方面從二弦的角度出發，討論二弦的

2 鄭榮興，2009，〈臺灣客家採茶戲唱腔初探：以採茶腔「平板」為例〉。《戲曲學報》6：國立臺灣戲曲學院：頁 141-172。

3 歐光勳，2004，〈論客家「平板」唱腔板腔化的問題〉。《臺灣戲專學刊》9：國立臺灣戲曲專科學校：頁 285-305。

4 劉佳佳，2007，《臺灣北管亂彈戲提弦伴奏研究：從謝顯魁所奏【二凡】曲腔看「托」的伴奏意涵》。國立臺灣師範大學民族音樂研究所碩士論文。

樂器構造和特色以及其與山歌腔、採茶腔的伴奏關係，分別探討兩者個別的特點以及搭配的運用。

二、臺灣客家三腳採茶戲

臺灣客家三腳採茶戲的起源大略有兩種說法，[5] 一是主張採茶戲為臺灣土生土長的劇種，這種說法可見於日人竹內治《臺灣演劇誌》（1943）所提：

距今大約一百多年前在茶產地的新竹地方所發源起，在當地的客家人（廣東人）系統的部落中上演。[6]

另一種則是主張從中國大陸所傳入的，這種說法可見於呂訴上《臺灣電影戲劇史》（1961）中所提到：

據傳說距今百年前，由廣東客人帶到臺灣來的一種歌謠戲。是以山歌（民謠）為基礎，所以具有粵調風格。[7]

無論何者的說法為真，我們都可以清楚地知道，採茶戲在臺已有百年以上的歷史，但現階段在中國和臺灣的發展卻有些不同。在中國，採茶與山歌是分

---

5 鄭榮興，2001，《臺灣客家三腳採茶戲研究》。苗栗縣：慶美園文教基金會：頁21。

6 譯文引自范揚坤，1999，〈把片岡巖打造成呂訴上：文獻中所見客家採茶戲史料與分別的一個初步探討〉，《海峽兩岸傳統客家戲曲學術交流研討會實錄》。南投縣：臺灣省文化處：頁25。原文參見濱田秀三郎，1943，《臺灣演劇之現況》。東京市：丹青書房：頁70。

7 參見呂訴上，1961，《臺灣電影戲劇史》。臺北市：銀華出版部：頁173。

開的兩種表演型式，採茶為戲，山歌為歌。也就是說，中國地區的採茶腔和山歌腔是以兩種系統區分開來，不合在一起使用。不過臺灣的發展卻不同，在十大齣中，我們可以很清楚的看到〔採茶腔〕與〔山歌腔〕交互運用在採茶戲中，並沒有區分哪些只能歌，或哪些可用於戲。而因本文主要討論臺灣客家三腳採茶戲，故中國採茶戲及山歌的發展部分暫且不作探討。

而客家三腳採茶戲中，所謂「三腳」這樣的名稱起源從何而來？回顧早期文獻資料，發現清乾隆年間（1736-1795）在陳文瑞《南安竹枝詞》中提到：

> 淫哇小唱數營前，妝點風流美少年。長日演來三腳戲，採茶歌到試茶天。[8]

除此之外，也有乾隆、嘉慶年間（1796-1820）成文，廖龍駒《牧園詩鈔‧錦江新正竹枝詞》提到：

> 市上新來三腳班，家家唱到即予鍰。彩燈童戲才搬罷，又抱笙竽出近關。[9]

從上述兩段文獻中，我們知道「三腳班」這樣小型的採茶戲演出形式以及這樣的稱呼，早在清朝時期就出現，在當時非常受歡迎。而這種屬於小戲的演出型式傳入臺灣後，依舊維持著「三腳班」的型態演出。所謂的「三腳」[10]一

8 轉引流沙，1999，〈採茶三腳班的形成與流傳〉，《海峽兩岸傳統客家戲曲學術交流研討會實錄》。南投縣：臺灣省文化處：頁 84。

9 轉引流沙，1999，〈採茶三腳班的形成與流傳〉，《海峽兩岸傳統客家戲曲學術交流研討會實錄》。南投縣：臺灣省文化處：頁 97。

詞，一般而言是指前場演員最多不超過三人，有時則是指「編制三人」，意思是說包括文武場（樂師）在內，僅有三人。以「落地掃」的表演形式演出，並不特別穿著戲服，也因為編制多不超過三人，所以除了以「三腳班」稱呼外，也有稱為「三腳戲」、「三腳採茶」、「三腳採茶戲」等。

　　鄭榮興認為臺灣客家三腳採茶戲大致可分為五個歷史階段，分別為「傳入期」、「發展期」、「賣藥期」、「隱沒期」及「再出發期」。[11] 就第三階段「賣藥期」的部分，或許可以做個簡單的延伸探討。此階段因為新興媒體發展，內台戲的藝人演出機會減少，因而開始接演野台戲，除此之外，也有受雇於電台或是藥廠的藝人們，通常他們白天錄製電台節目，晚上則到各個庄頭演出和賣藥，這樣的演出形式，被稱為「耍把戲（撮把戲）」。其表演的型態是「落地掃」的形式，沒有特別的戲服，表演多半為劇情較為簡單的戲齣，演出內容也不限於三腳採茶的劇目，也包括融合特技表演、歌舞團或是打拳等等。

　　而「賣藥」的表演型態則有自己的一套術語，[12] 原本的賣藥團，因為時局改變，加入了原本是職業三腳採茶戲的藝人們，也因為三腳採茶戲的編制小、成本低、機動性高，適合夫妻檔藝人共同行走江湖，如：曾先枝夫婦、[13] 鍾燕飛夫婦、陳振學夫婦等。其中曾先枝夫婦因此聞名，讓許多人誤以為他僅是江湖藝人，而不懂得三腳採茶戲。由此可見，在賣藥期的階段，因為採茶戲藝人

---

10 參見鄭榮興，2001，《臺灣客家三腳採茶戲研究》。苗栗縣：慶美園文教基金會：頁 58。

11 參見鄭榮興，2001，《臺灣客家三腳採茶戲研究》。苗栗縣：慶美園文教基金會：頁 110。

12 關於賣藥的行話部分，請參見鄭榮興，2001，《臺灣客家三腳採茶戲研究》。苗栗縣：慶美園文教基金會：頁 112。

13 參見鄭榮興，2001，《臺灣客家三腳採茶戲研究》。苗栗縣：慶美園文教基金會：頁 114。

到各個庄頭表演的緣故，讓內台式微的三腳採茶戲在其他地方有了更多的表演空間。

（一）臺灣客家三腳採茶戲中的「十大齣」

所謂的「十大齣」其實是以《張三郎賣茶》的故事為主體發展而成，但「十大齣」這樣的說法在中國未曾見過，從書中可以確定「十大齣」的劇目是在臺灣發展形成的。[14] 而「十大齣」其實又可以分為兩部分，如下：

1.《上山採茶》、《勸郎賣茶》、《送郎挷傘尾》、《糶酒》、《勸郎怪姐》、《茶郎回家》、《盤茶、盤堵》七齣

2.《問卜》、《桃花過渡》、《十送金釵》三齣

而這「十大齣」中，有一個奇特的現象，真正跟《張三郎賣茶》故事相關的只有第一部分的七齣，另外三齣跳脫此故事主軸，但表演形式依舊是三腳採茶戲的樣貌，角色依然不超過三人。以下分別簡單的敘述「十大齣」中第一部分以《張三郎賣茶》為主軸的劇目，其中故事大綱及角色和所使用的唱腔。

表1：《張三郎賣茶》劇目

劇目	角色	故事大綱	使用唱腔
上山採茶	張三郎（丑）、張三郎妻（旦）、張三郎妹（旦）	張三郎與其妻子和妹妹三人共同到茶園採茶之情景。	上山採茶、老腔山歌、東勢腔山歌、老山歌、十二月採茶[15]

---

14 參見鄭榮興，2001，《臺灣客家三腳採茶戲研究》。苗栗縣：慶美園文教基金會：頁66。

15 為鄭榮興在整理改編《上山採茶》時加入【老山歌】、【老腔山歌】、【東勢腔山歌】，使場面更加生動逗趣。參見鄭榮興，2001，《臺灣客家三腳採茶戲研究》。苗栗縣：慶美園文教基金會：頁71。

表1：《張三郎賣茶》劇目（續）

劇目	角色	故事大綱	使用唱腔
勸郎賣茶	張三郎（丑）、張三郎妻（旦）、張三郎妹（旦）	張三郎採茶返家後，卻無心出門賣茶，姑嫂二人決定一起勸其出門賣茶。	紗窗外、號子、[16] 汕頭山歌[17]
送郎挷傘尾	張三郎（丑）、張三郎妻（旦）、張三郎妹（旦）	姑嫂二人送張三郎前去賣茶，依依不捨的送了十里路，一路上叮嚀張三郎賣完茶要早點回家。	送郎（老）腔、送郎（新）腔（又稱【老時採茶】）、挷傘尾腔
糶酒（又稱《扛茶》）	張三郎（丑）、酒館姐妹（二旦）	張三郎賣茶賺了錢，到了酒館後，和酒大姊打情罵俏的情節。	十二月古人、[18] 瓜子仁、糶酒腔
勸郎怪姐	張三郎（丑）、酒大姊（旦）	多年未曾返家的張三郎，某日接到一封家書，催其返家，臨行前喚出酒大姊向其說明，酒大姊決定送張三郎一程，送的過程中，酒大姊唱「十勸」，張三郎唱「十怪」，最後唱【勸郎怪姐】作為完結。	老腔平板、[19] 勸郎怪姐

16 雖有山歌之名，但因為常被三腳採茶戲運用，故歸類為採茶腔。參見鄭榮興，2001，《臺灣客家三腳採茶戲研究》。苗栗縣：慶美園文教基金會：頁78。

17 傳統《勸郎賣茶》並無【汕頭山歌】此曲腔，藝人曾先枝僅記得有大鑼鼓伴奏，故用此曲替代。參見鄭榮興，2001，《臺灣客家三腳採茶戲研究》。苗栗縣：慶美園文教基金會：頁79。

18 傳統《糶酒》一劇中，並無【十二月古人】和【瓜子仁】。參見鄭榮興，2001，《臺灣客家三腳採茶戲研究》。苗栗縣：慶美園文教基金會：頁87。

19 部分唱段會改用【老腔平板·蘇萬松調】或是【平板】作為變化的演唱。參見鄭榮興，2001，《臺灣客家三腳採茶戲研究》。苗栗縣：慶美園文教基金會：頁88。

表1：《張三郎賣茶》劇目（續）

劇目	角色	故事大綱	使用唱腔
茶郎回家	張三郎（丑）、張三郎妻（旦）、張三郎妹（旦）	張三郎抵家時，在門口叫喚其妻妹，但二人因無法卻人來者身分，遲遲不敢開門，後來只好問起當年分別的情景，張三郎回答無誤，才得以了家門。	上山採茶、[20]老腔山歌、[21]陳仕雲
盤茶・盤堵	張三郎（丑）、張三郎妻（旦）、張三郎妹（旦）	張三郎回到家後，其妻問起賣茶的錢，張三郎支吾其詞，其妻惱怒，便盤問起三郎賣茶之經過，張三郎一急，便問妹妹起子在家中的情況，不料妹妹竟說起嫂嫂的是非，氣得嫂嫂跑回娘家，張三郎看情勢不妙，便到妻子家中將妻子揹回，一家團圓。	懷胎曲（又稱【懷胎老腔】，可用【老腔平板】替換）、渡船腔

　　以上為以《張三郎賣茶》故事為主軸發展的七齣三腳採茶戲，其中細節等下一段落做更詳細解釋，接下來整理另外跳脫此故事主軸的三齣採茶戲。

---

20 與第一齣《上山採茶》中所唱的同名曲調相同，但在過門和節奏部分做了變化，原為一句過門一次，變為兩句過門一次

21 傳統《茶郎回家》並未安排【老腔山歌】。參見鄭榮興，2001，《臺灣客家三腳採茶戲研究》。苗栗縣：慶美園文教基金會：頁90。

表 2：跳脫《張三郎賣茶》的三齣採茶戲

劇目	角色	故事大綱	使用唱腔
問卜	張三郎 （算命仙，丑）、 張三郎妻 （林桃花，旦）[22]	一名婦人，因為丈夫出門賣茶，在外多年尚未返家，某日便到街上找尋算命先生卜卦，詢問丈夫何時歸來。	老腔山歌、[23] 老腔採茶、 問卜
桃花過渡	張三郎妻、 張三郎妹、 船夫	姑嫂兩人到了渡船口想要渡河，便喊了船夫過來，船夫見兩人美貌，便要與他二人比賽唱山歌，唱贏則可以免費過渡，若輸則要給船夫做老婆，因此姑嫂二人便和船夫唱起山歌來了。	撐渡船、 老腔採茶、 老山歌、 桃花過渡 （又稱【撐船歌】）
十送金釵	財子哥（丑）、阿乃姑（旦）[24]	財子哥挑著雜貨到處賣，到了阿乃姑家，向其推銷物品，但見其長得美貌，有意追求她，為了讓阿乃姑開心，財子哥送了雜貨籠裡十件物品給阿乃姑。	賣什貨、 什貨節、 十送金釵、 海棠花

　　以上三齣為張三郎故事框架外的延伸，但若要與《張三郎賣茶》的七齣戲合演為十齣，則必須將人物角色更動，如原本《問卜》的林桃花變為張三郎妻

---

22 因《問卜》一劇原不屬於「張三郎賣茶」此系列，但此題材常被拿來借用。而原先劇中的小旦就稱為林桃花，自言其夫名為「江宜巴」，而不是「張三郎」。參見鄭榮興，2001，《臺灣客家三腳採茶戲研究》。苗栗縣：慶美園文教基金會：頁95。

23 原本的《問卜》一劇中，僅有演唱【問卜】而已，其他兩首為鄭榮興整編時加入的。

24 若結合到《張三郎賣茶》十大齣中，則變成張三郎妻子，而不是阿乃姑。參見鄭榮興，2001，《臺灣客家三腳採茶戲研究》。苗栗縣：慶美園文教基金會：頁100。

子，或者《桃花過渡》原本渡船的姐妹變成張三郎的妻子與妹妹，又或者最後一齣《十送金釵》的阿乃姑變成張三郎妻子等等轉化，就看該劇放置的位置，不過這些變化主要還是以是否能達到戲劇效果為主。

（二）十大齣中所使用唱腔及其使用情況

從上一段可以清楚看到「十大齣」每一段的故事大綱、角色及唱腔，但唱腔的運用與分配上，或許可以做一個初略的表格，將其分為〔採茶腔〕、〔山歌腔〕以及〔小調〕三類。[25]

表3：「十大齣」唱腔整理及分類 [26]

劇目	採茶腔	山歌腔	小調
上山採茶	十二月採茶	上山採茶	
		老腔山歌	
		東勢腔山歌	
		老山歌	
勸郎賣茶	紗窗外		
	山歌號子		
	汕頭山歌		
送郎挷傘尾	送郎（老）腔		
	送郎（新）腔		
	老腔平板		
	挷傘尾		

---

25 此分類方式是參考鄭榮興《臺灣客家三腳採茶戲研究》書中所定義之採茶腔、山歌腔與小調分類的曲調所整理。

26 參照鄭榮興，2001，《臺灣客家三腳採茶戲研究》。苗栗縣：慶美園文教基金會：頁102-104。

表3：「十大齣」唱腔整理及分類（續）

劇目	採茶腔	山歌腔	小調
糶酒	糶酒腔		十二月古人
			瓜子仁
問卜	老時採茶	老腔山歌	問卜
桃花過渡	渡船腔	老山歌	桃花過渡
	撐渡船		
	老時採茶		
勸郎怪姐	老腔平板		
	勸郎怪姐		
茶郎回家		陳仕雲	
		上山採茶	
		老腔山歌子	
盤茶・盤堵	老腔平板	懷胎曲	
	渡船頭		
十送金釵	賣什貨	十送金釵	
	什貨節	海棠花	

從表中可以看出，〔採茶腔〕使用的頻率相較於其他兩類來得多，筆者曾問過鄭榮興教授，如何分辨〔山歌腔〕與〔採茶腔〕，鄭榮興教授表示，可以調性區分，以〔山歌腔〕來說，整個曲調以三個音組成，也就是士（La）、上（Do）、工（Mi）三個音，以西洋樂來分析，這三音的組合是小三和弦，也可以說是小調的型態，但相對〔採茶腔〕的部分，雖然沒有特別常用的音型，但是大多音型的組合都趨向大調的型態，另外，也可以從名稱上區別，如「採茶」通常就是〔採茶腔〕，「山歌」通常就是〔山歌腔〕。而筆者提出了一個

疑問：「為何【上山採茶】一曲是〔山歌腔〕而不是〔採茶腔〕呢？」，鄭榮興教授表示，【上山採茶】此曲，在《上山採茶》一齣中，為採茶時演唱，故稱為【上山採茶】，此名和腔調無關，僅是因表演內容命名。由此可推斷，以調性區別其曲調的差異，或許是最無誤的方式。

除此之外，也可以從表 1 看到每齣戲所運用到的唱腔，其在〔採茶腔〕、〔山歌腔〕與〔小調〕上的分布，如〔小調〕在十大齣的應用上是相對較少的，僅有《糶酒》、《問卜》及《桃花過渡》有使用到，尤其後二者所使用到的小調正巧也是劇名，繼續追溯後發現，後二者在早期僅有演唱【問卜】和【桃花過渡】演完一整齣戲，[27] 並無其他的腔調，也由此可證，這兩齣戲碼為「小調系統」，而這樣以〔小調〕為主的戲碼，在「十大齣」中，是相對少的。另外，在〔採茶腔〕和〔山歌腔〕的部分，其使用次數可從表 3 中看出，〔採茶腔〕的部分是較為頻繁出現的，也由此可證，在「十大齣」的唱腔運用中，是以「採茶腔系統」為主的。

整理和分析「十大齣」的唱腔後，接下來要探討這些唱腔與文場領奏的關係，並且以鄭榮興教授的論點出發，[28] 試著討論出更多關於二絃是如何與這些曲調做搭配，以及調整定弦的運用。

三、十大齣中二絃的定弦

二絃[29]（又稱殼仔弦或椰胡）在客家戲曲後場為領導性的角色，其構造中，

---

27 參見鄭榮興，2001，《臺灣客家三腳採茶戲研究》。苗栗縣：慶美園文教基金會：頁 95。

28 參見鄭榮興，2009，〈臺灣客家採茶戲唱腔初探：以採茶腔「平板」為例〉。《戲曲學報》6：國立臺灣戲曲學院：頁 150-151。

29 此一名詞採用鄭榮興，〈臺灣客家採茶戲唱腔初探：以採茶腔「平板」為例〉文中所提到之說法，《戲曲學報》第 6 期：國立臺灣戲曲學院。

琴筒部分以小椰殼製成半圓形，前端蒙上梧桐木板，琴桿以堅木製成，琴馬則常用竹製，而琴弦部分多以鋼弦為主。在早期客家戲的後場樂器中，這項樂器並不是最重要的，早期的後場，領奏樂器為「胖胡」，其構造中，琴筒部分以大椰殼製成半圓形，前端蒙上梧桐木板，琴桿以堅木製成，琴馬則採用蚶殼架弦，琴弦部分多用絲弦，相較於二絃來說，此樂器較為低音渾厚，構造也類似二絃，琴筒部分一樣是使用椰子殼製作，不過胖胡的共鳴箱（椰殼部分）較大，而這兩者，其實就像是西洋樂器中小提琴與大提琴的構造一樣，體積越大則聲音越低，反之亦然。而鄭榮興也提到關於胖胡的重要性：「『胖胡』是三腳採茶戲最重要的伴奏樂器，又稱『胡絃』，在其他樂種裡又被稱為『大椰胡』……不僅是採茶戲重要樂器，也是客家八音主要的伴奏樂器。」

由此可知，胖胡在後場曾為主要的伴奏樂器，但為何現今所看到的型態，幾乎都是以二絃為領奏呢？從《臺灣文獻叢刊‧一二八臺灣通史‧卷二十三風俗志‧演劇》中得知：

> ……臺灣之劇，一曰亂彈；傳自江南，故曰正音。其所唱者，大都二簧西皮，間有崑腔……又有採茶戲者，出自臺北，一男一女，互相唱酬，淫靡之風，侔於鄭衛，有司禁之。

從文獻中得知，亂彈戲與採茶戲當時是並存在臺灣的，當中又以亂彈戲為時下最風靡之劇種，而既是最為流行，其他劇種想當然會模仿亂彈戲的唱腔以及音樂部分，無庸置疑的，亂彈戲福路系統中的領奏樂器殼仔弦（二弦），相繼被歌仔戲[30]和採茶戲使用，採茶戲因此受到影響，使原本胖胡為領奏的編

---

30 傳統領奏樂器為大廣弦。

制改變，將胖胡轉為二手，頭手弦變成殼仔弦，至此之後，此編制便延續至今。[31]

在亂彈戲中，殼仔弦代表者福路系統，吊規仔代表著西路系統，這樣的型態同時也表示頭手弦的定弦不同，如同西皮和二黃一樣，西皮為士（La）工（Mi）定弦，二黃為合（Sol）乂（Re）定弦，而後場樂師必須具備辨認該系統為何定弦的能力。相對的，在採茶戲中也有這樣制式的規定，但並不是這麼的嚴謹，在前一個段落中，我們談論了「十大齣」中的唱腔，而大略將所有的唱腔分為三類，分別是〔採茶腔〕、〔山歌腔〕和〔小調〕，由於小調部分大多來自於民間歌謠或是流行歌曲等，其來源較不固定，在分析上也缺乏基準，故暫且不論小調的部分。而〔採茶腔〕與〔山歌腔〕定弦，其前者為合（Sol）乂（Re）定弦，後者為士（La）工（Mi）定弦，為何會有這樣較為制式化的定絃產生呢？這個問題與劇種的唱腔路徑極為密切，無論是亂彈戲或是採茶戲，其唱腔和頭手弦的互動也值得討論，以下則分別敘述〔山歌腔〕與〔採茶腔〕在二弦上的運用。

（一）定弦與山歌腔之伴奏關係

前面談到二弦在〔山歌腔〕的部分，所調的定弦為士（La）工（Mi），而會形成這樣的定弦有個很大的原因就是所有〔山歌腔〕的曲調，都是由士（La）上（Do）工（Mi）三個音組成的，也因為這樣的組合，形成了這樣的定弦。在筆者自身學習的過程中發現，老師所示範的錄音中，有許多重複空弦的加花語法，這與筆者年幼學習二胡時，曾聽老師說過：「空弦的音色最好」的概念結合，這樣的論點也在實踐後發現，原來是因為空弦的需要，所以必須

---

31 此說法為某日與鄭榮興教授請益時的談話內容整理。

將定弦調至常用的音，以便在伴奏時可以常常拉到空弦。這也是為何要「因腔定弦」了。

　　除了定弦以外，在曲調部分，則以「十大齣」中有使用到的〔山歌腔〕舉例。〔山歌腔〕的過門大致相同，不是完全相同的原因，是由於〔山歌腔〕在客家大戲中，又從曲牌體發展為板腔體，在過門上也作了改變，但在此暫且不討論。若以五線譜寫出，其過門如下：

譜例 1：山歌腔常用過門音型

　　上圖的過門中，除了士（La）上（Do）工（Mi）三個音以外，還出現了一個偏高的六（升 Sol），其實它只是演唱者的經過音，因此山歌腔依舊還是以上述的三個音所組成，其演奏的加花型態的探討，或許可以根據實際經驗寫出一種加花型態，再來針對兩者作比較。

譜例 2：山歌腔過門加花

　　從譜例 2 中，我們可以看到幾乎在每一個小節中，都有加入了一些變化，無論是增加音符或是加入技巧（揉弦、打音）等等，這使過門在聆聽上就有了差異性。而此例只是筆者用自身的經驗寫出一份加花譜，但加花的詮釋因人而

異，並沒有一個固定的用法，故僅能大略討論其加花的語法運用。只是既然過門部分有加花譜，想當然在唱腔中也有加花的語法，不過其加花的方式有些不同，因為過門是演唱尚未開始的純器樂演奏，當歌者加入後，其演唱方式將影響著演奏二弦者。

　　若就歌者常態演唱的旋律，[32] 與筆者經驗所整理出的二弦加花譜來比較，或許可以看出一些端倪，以「十大齣」中的【東勢腔山歌】為例，[33] 作為歌者與二弦的比較：

譜例 3：歌者演唱【東勢腔山歌】之常態譜例

挑　擔　要　挑　（嗨　嗨）　竹　擔　竿　（呵　嘻　嘿）　中　央　挑　等

進入過門（以下略）

（妙　啊　妙）　上　工　尺　兩　頭　軟

---

32 歌者也可以隨自己經驗來變化唱法，因此就歌者而言，並沒有固定的唱法，但此處所比較的是一般常態性的演唱。

33 【東勢腔山歌】為十大齣中的第一齣戲碼，唱腔的長度較短，不必截段分析，故選擇此曲。

譜例 4：二弦演奏【東勢腔山歌】之加花譜例

　　從上面譜例 3 和譜例 4 中可以明顯地看到二弦加花譜的音符以及其他技巧類的增加，但若是仔細比對後會發現，其加花最重要的就是不可以影響歌者的演唱以及改變原本曲調的樣貌，所以可以看到大多數的加花都是在後半拍，以及沒有歌詞的部分，而加入的音通常也圍繞在骨幹音周圍，所以常出現的依舊是士（La）上（Do）工（Mi）三個音。當然，在後場中不只有二弦一樣樂器，其他樂器（如吹、彈類的樂器）加花語法會因為其樂器構造不同，所以加花譜相對的不同，如彈撥類樂器屬於「顆粒性」的音色，在伴奏上則可以於演唱時加花，較不容易影響歌者，但本文僅就二絃做探討，其他樂器暫且不論。

　　從上述的比較看來，〔山歌腔〕使用士（La）工（Mi）定弦，必有其原因，這兩音無論過門、唱腔或是加花，都非常頻繁的使用到，而設定其為空弦，則是為了讓二弦本身的最佳音色更容易出現，此結論就筆者本身經驗來與其做比較顯得太過於狹隘，但是若要以田野的方式採集更多藝人演奏山歌腔的紀錄，在時間上或許過於短暫，故本文僅做初淺的比較，往後若有時間將作更深入的探討。

（二）定弦與採茶腔之伴奏關係

　　〔採茶腔〕為三腳採茶戲中的主要唱腔，而二弦在演奏上的定弦為合（Sol）乂（Re），會有這樣的設定，其實與〔山歌腔〕的原理相同，其曲調在唱腔中常出現的音，便成為定弦。但事實上〔採茶腔〕為七聲音階系統，相較於〔山歌腔〕的主要音只有三個，前者相對多了許多變化，故在〔採茶腔〕的部分，並沒有像〔山歌腔〕中那麼確切的只使用士（La）工（Mi）定弦，雖然沒有「只」使用特定定弦，但卻可以提出「常用」的定弦，在後面的篇幅中將會再做相關的討論。而在鄭榮興〈臺灣客家採茶戲唱腔初探：以採茶腔「平板」為例〉一文中，就提到了關於定弦的種類：

表 4：二弦定弦表 [34]

名稱	正線	工士線 （西皮線）	六上線	反線	南線	反南線
線路 （定弦）	合 乂 （Sol-Re）	士 工 （La-Mi）	上 六 （Do-Sol）	乂 六 （Re-La）	凡 上 （Fa-Do）	乙 凡 （Si-Fa）

名稱	下四線	不合線
線路 （定弦）	工 乙 （Mi-Si）	工 五 （Mi-La）

　　從表 4 我們可以看到，除了正線合（Sol）乂（Re）以外，還有其他七種定弦方式，當然正線是最常使用的定弦，那為何會延伸出其他定弦呢？前面有

---

34 鄭榮興，2009，〈臺灣客家採茶戲唱腔初探：以採茶腔「平板」為例〉。《戲曲學報》 6：國立臺灣戲曲學院：頁 151。

提到，後場樂器其實不只有二弦，當其他拉弦樂器（如胖胡、低胡等）加入後，若所有拉弦樂器定弦都相同，相對的，音樂的旋律以及層次會顯得單調，故不能使所有後場中的拉弦樂器定弦都相同，因此有了以上的安排。換句話說，因為前段提到，空弦的使用頻率相對於其他的音來得多，若更改了空弦音，則每個樂器常使用的音則不同，在演奏的當下，則會出現不同的音程[35]豐富其唱腔的音樂性。舉例來說，若定弦的配置如下：

譜例 5：二絃與胖胡定弦比較

從譜例5可以看到，雖然二弦和胖胡的定弦不同，當兩者共同演奏空弦音，會不約而同地出現和弦音，這樣的現象也可以視為加花的一種。而對於定弦的運用，常見的就像是不換琴換定弦，這樣的處理方式可以很快速地移調，以便配合演員的演唱能力，但在「十大齣」的唱腔安排中，並沒有需要快速移調的段落，故在此處也不多加詳談，但可以舉出一個常見的例子，使這樣移調的運用的概念更加清晰：

---

35 兩個不同的音組合，則形成「音程」。

譜例 6：降 E 調二絃以士工定弦　　　　譜例 7：F 調二絃以合乂定弦

　　從上圖得知，從譜例 6 的降 E 調移為譜例 7 的 F 調，其音高不變，但改變了定弦，使二弦可以在短時間內移調，這樣的處理方式是現在客家戲曲後場伴奏中，常運用到的技巧之一，同時，這兩種定弦也是〔山歌腔〕與〔採茶腔〕的常用定弦，故舉出此例，供讀者能夠更清楚定弦的運用方式。而除了定弦的變化這個議題外，還有關於〔採茶腔〕與二弦的加花關係可以探討。其實原理與〔山歌腔〕相同，但我們舉〔採茶腔〕中【老時採茶】[36] 的例子來說明，以下為其過門的譜例：

譜例 8：【老時採茶】過門原版

譜例 9：【老時採茶】過門加花版

---

36 選擇【老時採茶】做〔採茶腔〕的分析，僅為該唱腔為「十大齣」中其中一首，筆者隨機挑選，並無特殊之因素。

　　其實從上圖可以看出，其加花方式與山歌腔有些不同，技巧方面並沒有山歌腔來得多，但音符部分的增加，卻是很明顯的，幾乎所有的八分音符都變成了十六分音符，而這樣的變化，跟採茶腔系統有著很大的關聯。由於採茶腔為七聲音階，相較於山歌腔的主要三音來說，採茶腔可以運用在加花的音和選擇相對的變多，因此在音符上的變化也增加許多，但就如前面所言，此例僅是筆者經驗累積所寫下，用來分析的確太過狹隘，但採譜工序繁複，短時間內實難有較全面的分析，故本文僅依筆者所寫下之加花譜與原本骨幹譜做簡單比對。

譜例 10：歌者演唱【老時採茶】之常態譜例 [37]

譜例11：二絃演奏【老時採茶】之加花譜例

從譜例 10 和譜例 11 我們看到兩個相同的唱腔，但在記譜上卻有所不同，不過就如前面我們所比較的〔山歌腔〕一樣，以不影響歌者及曲目原本的樣貌為原則，從這樣的基礎建構骨幹譜外的音符，形成加花。儘管〔採茶腔〕的七聲音階比〔山歌腔〕的三音有更多的選擇，但該考慮的不只是有空弦音，樂句與樂句的銜接也是加花的另一個重點，我們可以從〔譜例九〕發現，其十六分音符的音與音之間距離都不是太遠，這表示其加花音的主要功能為使樂句之間流暢的連結，故選擇何音為加花音，其觀念類似作文中的上下文是否有關聯的概念相同，而在音樂中，也就是前一樂句與後一樂句在銜接上的關聯性。另外該談到的，是關於採茶腔與二弦的搭配問題，其實這與〔山歌腔〕的概念相同，也就是前面所提到的同樣重點，不可以影響歌者的演唱以及改變原本曲調的樣貌，在加花的語法中，也盡量是以後半拍，或是歌者無歌詞時加花，故本段就不加談論關於歌者與二弦之間搭配的議題。

四、結語

在戲曲中，後場與前場的關係密不可分，雖然此次談論的僅有文場的部分，但其實武場也跟前場息息相關，鑼鼓與身段是環環相扣的，或許之後可以延伸出另一個題目為「鑼鼓的運用」來討論。而在此次的探討中，其實不難發現臺灣客家三腳採茶戲的發展充滿著其他文化的色彩，如亂彈戲、外江戲……等，採茶戲隨著時代的流行，吸收著對自己有利的元素，而各類不同劇種的融合，在文獻回顧時是經常可以見到的。

採茶戲經過了歷史的淬煉，發展出現今所見的「客家大戲」。雖然其形制與傳統三腳採茶戲有所差異，除了演員人數變多以外，也增加了許多舞台、燈光、音響的媒材，但唱腔部分依舊保存著傳統的〔山歌腔〕、〔採茶腔〕和〔小調〕，在這之中，〔採茶腔〕與〔山歌腔〕也發展出屬於板腔體的形式，並廣泛地運用在客家大戲中。

除此之外，後場的編制也不斷地擴大，從原本三腳採茶戲前場後場加總的「編制三人」，到變成客家大戲僅有後場就已經「十幾人編制」，這樣的轉變影響伴奏的音響效果，雖然豐富性增加，但卻流失掉一些古色古香。或許就像陳達的【思想起】總是能勾起聆聽者對於以往的回憶，但現在採茶戲的感覺卻回不到昔日，這沒有對錯之分，僅是筆者對於時代變遷的感慨罷了。

在筆者剛開始接觸客家戲曲的後場伴奏時，所運用的樂器是二胡，而後接觸到了二絃（殼仔弦），最後再到胖胡，在這樣一層一層的學習經驗堆疊下，筆者對胖胡的學習特別感到深刻，無論是其定弦的設定，如四度定弦工（Mi）五（La），又或是在樂隊中的角色定位，如在傳統編制中，唯一的低音樂器等。這些都令筆者感到學習胖胡具有特別的意義；另外，筆者在學習的過程中，也體認了定弦與唱腔的關係，因此才能在不斷的磨練和薰陶下學習到，什麼唱腔該搭配怎樣的定弦，什麼加花適合怎樣的樂句，進而在技術層面到達一定基礎

後，整理出本文所談論的內容。

　　雖然客家戲在演出形式和樂隊編制上有了改變，但唱腔與二弦上的關係卻從未改變，其加花語法依舊如同上述所說的一樣，秉持著相同的原則，也因為如此，身為後輩的我才能夠學習到「真正」的加花。其實強調「真正」原因，是因為許多人總是認為加花就是把原本的音值改變，這就叫做加花。簡單來說，部分人認為：「如果原本只有兩個音，就把它變成四個音就好了」，這是錯誤的觀念，加花不僅要考慮到定弦，也要考慮到樂句的銜接，但不可否認的，這樣的想法，的確是入門的必經之路，回想筆者當初的學習過程的確也是如此，從寫譜加花到靈活運用，是需要長時間的浸泡與練習的。

　　本文僅以「十大齣」中的部分唱腔做討論和分析，雖不夠詳盡和全面，但也試圖整理出二絃的加花語法以及二絃與唱腔之關係，或許之後除了文場與前場的搭配應用外，也可以延伸探討關於武場（鑼鼓）運用方面的議題，以獲得更全面關於採茶戲的研究與瞭解。

參考文獻

一、書籍

邱坤良主編，1981，《中國傳統戲曲音樂》。臺北：遠流。

徐進堯、謝一如著，2002，《臺灣客家三腳採茶戲與客家採茶大戲》。新竹：
　　新竹縣文化局。

許常惠、呂錘寬、鄭榮興合著，2002，《臺灣傳統音樂之美》。臺中：晨星。

鄭榮興著，2004，《臺灣客家音樂》。臺中：晨星。

_____，2001，《臺灣客家三腳採茶戲研究》。苗栗：慶美園文教基金會。

二、期刊論文

流　沙，1999，〈採茶三腳班的形成與流傳〉，《茶鄉戲韻：海峽兩岸傳統客
　　家戲曲學術交流研討會實錄》。南投：臺灣省文化處。

范揚坤，1999，〈把片岡岩打造成呂訴上：文獻中所見客家採茶戲史料與分別
　　的一個初步探討〉，《茶鄉戲韻：海峽兩岸傳統客家戲曲學術交流研討會
　　實錄》。南投：臺灣省文化處。

鄭榮興，2009，〈臺灣客家採茶戲唱腔初探：以採茶腔「平板」為例〉。《戲
　　曲學報》6：141-172。

劉佳佳，2007，《臺灣北管亂彈戲提弦伴奏研究：從謝顯魁所奏【二凡】曲腔
　　看「托」的伴奏意涵》。國立臺灣師範大學民族音樂研究所碩士論文。

三、會議或研討會論文

周錦宏、李殿魁、鄭榮興總編纂，2001，《2001苗栗客家文化月：兩岸客家
　　表演藝術研討會論文集》。苗栗：苗栗縣文化局。

財團法人中華民俗藝術基金會主編，2003，《2002兩岸戲曲大展學術研討會
　　論文集》。宜蘭：國立傳統藝術中心。

曾永義、沈冬主編，國立臺灣大學音樂學研究所編輯，2001。《兩岸小戲學術
　　研討會論文集》。宜蘭：國立傳統藝術中心。

四、網路資料

中央研究院漢籍電子文獻，2016／01／10，《臺灣文獻叢刊，一二八臺灣通
　　史，卷二十三風俗志，演劇，612、613》。HTTP://HANJI.SINICA.EDU.
　　TW。

客家三腳採茶戲的喜劇藝術及其文化意義 [*]

李梁淑

一、前言

　　三腳採茶戲是客家人重要的文化資產，也是昔日農村社會重要的娛樂活動之一，民間流傳「採茶入庄，田地放荒」的一句話，見證了此種歌謠小戲在客家地區的流行。據學者考證，臺灣的三腳採茶戲淵源自大陸原鄉，約在清末民初隨著客家移民傳入臺灣，原本只以「張三郎賣茶」系列故事為主要表演內容，後歷經民間藝人不斷的演出實踐、增刪潤飾，逐漸加入其他與賣茶無關的情節和人物，形成饒具特色、形式完整的十大串戲，且隨著觀眾審美品味的變遷，其演出風格也朝向劇情緊湊、喜感風格濃厚的方向發展。筆者好奇的是客家三腳採茶戲詼諧逗趣的風格是如何形成的？影響喜劇風格形成的要素有那些？是否隨著不斷的演出實踐而有不同的喜劇風貌？喜劇創造的意義與價值又為何？

　　目前學術界有關三腳採茶戲的研究，已累積了一定的成果，例如楊佈光、徐進堯、陳雨璋、鄭榮興等人的專著，已就三腳採茶戲的演出形式、體製、內容、曲調及發展歷史做了詳細考證和論述，然純就三腳採茶戲的喜劇表現立論

---

* 本文原刊登於《聯大學報》，2009，6卷2期，頁261-282。因收錄於本專書，略做增刪，謹此說明。作者李梁淑現任屏東科技大學客家文化產業研究所副教授。

似乎不多，以下就三腳採茶戲演出形式及藝術風格的研究成果檢討如下：

在藝術風格及演出形式上，鄭榮興在《臺灣客家三腳採茶戲研究》一書指出，臺灣三腳採茶戲與贛南採茶戲相類似，劇目多是反映民間生活情態，以喜劇或鬧劇的方式呈現，內容多輕鬆活潑而逗趣，反映了客家人風趣樂觀的一面，深具客族文化意義與庶民趣味。[1] 該書除考察清末至日治時期文化界及官方對三腳採茶戲的負面認識與批評之外，並述及演出風格的變遷，即以往農村時代以同樣曲調演唱大段唱詞、緩慢節奏進行的演出方式，[2] 往往讓現代的觀眾不耐煩，因此表演時便需要視情況調整長度，甚至以其他唱腔取代。此種情形可從現今流傳下來的幾個劇本得到印證，例如郭阿香提供的〈老採茶歌〉、[3] 徐進堯依據莊木桂口述所記錄的版本，幾乎都留下長篇大段的唱詞，在實際演出時卻未必一一照搬演唱，可見戲是活的，隨著時代的不同，演出的形式與風格也隨之變化，這個前提是研究喜劇風格流變必須考量的因素。

關於喜感風格的形塑，蘇秀婷〈由劇本文學及演出實踐探討客家三腳採茶戲之風格形成〉一文由劇目變遷、體製結構的發展探討了三腳採茶戲喜感風格的形成，她認為 1920-30 年代，三腳採茶戲在體製上產生了較大的變化：一是「相褒戲」的增加，即某些較悲苦的唱段，如〈嘆五更〉、〈苦力娘〉已不再演出，[4] 傳統占大篇幅的〈送郎〉唱段也逐漸縮短篇幅，[5] 而由小調改編發展

---

1 鄭榮興，《臺灣客家三腳採茶戲研究》，（苗栗縣：慶美園文教基金會，2001 年），頁 37、50。

2 例如傳統的演出中，〈上山採茶〉曾以同一旋律連唱「十二月採茶」；〈盤賭盤茶〉一折在時間允許時，可加唱張三郎向妹妹訴說賣茶經歷和見聞的「山歌對」，見鄭榮興，《臺灣客家三腳採茶戲研究》，頁 82、92。

3 郭阿香提供的〈老採茶歌〉分別收錄於《中原文化叢書（二）》，（苗栗縣：中原苗友雜誌社，1967 年），輯七「客家歌謠」，頁 12-17；《中原文化叢書（三）》，（苗栗縣：中原苗友雜誌社，1969 年），輯六「客家歌謠」，頁 1-12。

4 蘇秀婷，〈由劇本文學及演出實踐探討客家三腳採茶戲之風格形成〉，《臺灣音樂研究》，（臺北市：中華民族音樂學會），第 1 期，2005 年 10 月，頁 124-125。

而成的「相褒戲」大量形成且風行，如〈桃花過渡〉、〈送金釵〉、〈初一朝〉等，這類相褒戲以旦丑機智、逗趣的相褒來引發觀眾共鳴，角色行當上有花旦和精丑之發展，演出風格從原始樸實、平鋪直敘的方式趨向輕快、活潑與逗趣。二是「棚頭」體製擴大，以生活化及趣味化的題材、錯落有致的韻律，呈現活潑討喜的風格。[6]蘇文從既有文獻爬梳比對，詳細考訂了「相褒戲」、「棚頭」在喜感風格定調上的作用，論述極有見地，但卻忽略了原始戲齣可能存在的喜劇因子，即〈上山採茶〉、〈糶酒〉、〈酒娘送茶郎〉、〈盤賭盤茶〉等原始的「張三郎賣茶」戲齣在喜感風格的定調上有無作用可言？是否就只是「以樸實、平鋪直敘的方式呈現賣茶人家的喜樂、離愁」而已？假若各類「相褒戲」的風行說明三腳採茶戲朝短小精練、活潑輕快的喜感方向塑造，那代表觀眾的審美品味也是趨向詼諧逗趣的喜感風格，如此的審美品味勢必影響到原始的「張三郎賣茶」戲齣，使其為了符合觀眾的審美品味而在演出形式上推陳出新，塑造出新的喜劇風格。惜蘇文並未著力於此，本文擬就此點加以補充論述。

另外關於棚頭，鄭榮興〈淺談臺灣客家採茶戲之棚頭〉一文指出，棚頭本是在正戲開始前用來吸引觀眾加入劇場的演出形式，目的在插科打諢、博君一笑以聚攏人氣，[7]可見三腳採茶戲的「棚頭」表演，亦在喜感風格形塑上扮演著關鍵性角色，這方面已有陳運棟〈客家幽默文學作品的探討：以棚頭的創作為例〉一文，依據西方優越和卑抑、不調和與期待落空、解除緊張和壓抑三種

---

5 有關悲苦唱段縮短篇幅，可與徐進堯的記錄參看，他在「送郎出門」一曲後注解道：「本曲曲調是苦韻平板，已經很久沒人演唱，幾乎快失傳了，……原因是本曲又慢又長」，可見這類節奏緩慢又悲情的戲齣已漸不符合現代人的品味，因此幾乎要消失。參看徐進堯、謝一如，《客家三腳採茶戲與客家採茶大戲》，頁 21。

6 蘇秀婷，〈由劇本文學及演出實踐探討客家三腳採茶戲之風格形成〉，頁 121-125。

7 鄭榮興，〈淺談臺灣客家採茶戲之棚頭〉，《傳統藝術研討會論文集》，（宜蘭縣：國立傳統藝術中心，1996 年），頁 62-63。

幽默理論解釋棚頭的滑稽藝術，[8] 為研究三腳採茶戲的喜劇風格提供了良好的借鑑。

本文擬在前人的研究基礎上做進一步的考察，以現今流傳下來的幾個劇本及演出版本為討論對象，[9] 意圖從人物形象塑造、情節的安排、語言的表現各方面，考察三腳採茶戲的喜劇藝術，包含喜劇性來源、喜劇創造的技巧、喜劇美感的呈現及喜劇風格的流變等課題，並兼論客家人喜劇創造的文化意義。

二、喜劇人物形象

傳統三腳採茶戲的行當角色只有旦、丑兩種角色，尤以丑角人物為核心，不論是「張三郎賣茶郎」系列故事，或是後來衍生出來的〈桃花過渡〉、〈問卜〉、〈送金釵〉的戲齣，丑角都是劇情進行的主要人物。儘管他們扮演的行當角色不盡相同，性格也各不相同，卻都是喜劇氣氛的核心人物，有時表現為性格質樸的「憨丑」，有時是機智逗趣的「精丑」。當然旦角的喜劇性也是不可或缺的，從酒大姐、到相褒戲裡的桃花、金花（張三郎的妻子和妹妹）、阿乃姑，多少都具備喜劇人物的特質。以下依讀者接受認同的態度區分如下：

（一）否定型喜劇形象──以卑抑、笨拙為特質

在西方喜劇理論中，從亞里斯多德（Aristotle）開始便對喜劇人物的身分、地位作出了界定，亞里斯多德指出：

---

8 陳運棟，〈客家幽默文學的探討：以棚頭的創作為例〉，《客家研究輯刊》，（梅州：喜應學院客家研究所），2002 年第 2 期，頁 49-51。

9 本文以莊木桂與曾先枝傳承的版本為主要討論對象，莊木桂的版本主要依據徐進堯的記錄，見徐進堯、謝一如合著，《客家三腳採茶戲與客家採茶大戲》第一、二章，曾先枝的版本則依據鄭榮興《臺灣客家三腳採茶戲研究》及《三腳採茶唱客音：傳統客家三腳採茶串戲十齣》（宜蘭縣五結鄉：傳藝中心，2007 年）二書所錄劇本。同時，考慮到其他可能的演出形式，民間藝人提供的版本亦列入討論的範圍。

喜劇⋯⋯，係模擬惡於常人之人生。此間所謂「惡」，並非指任何
一種的罪過，⋯⋯是為「可笑」。「可笑」為「醜」之一種；可以
解釋為一種過失或殘陋，但對他人不產生痛苦或傷害。[10]

　　依據亞氏的定義，喜劇人物係指一種被誇張或卑抑的人物，遠落在一般人
的水平之下，譬如喜劇中的小丑，係經常被捉弄、擺布的對象，他經常被騙、
吃虧、丟醜以引起觀眾的發笑，有時也表現為被某一種癖性所支配以至於缺少
變通，不能適應環境而成為笑柄的人物。[11] 就審美情感而言，此類喜劇人物引
發的笑經常是否定的、批判性的，是為否定型喜劇形象。

　　以此特質來看三腳採茶戲的丑角，大約只有表現為「憨丑」時是卑抑化的，
以「張三郎賣茶」系列故事為例，在故事的開始，張三郎便是一個卑抑化的人
物，當妻子和家人摘完茶曬乾準備讓張三郎去賣時，他卻以父母年老、妻子太
年輕為理由而無意賣茶，所謂「捨不了嬌妻，做不了好漢」，沒能表現一家
之主的擔當，出外賺了錢之後又克制不了貪花的弱點，走到酒樓尋找花嬌女，
第一次見到酒娘便神魂顛倒：「大姐生來人才好，十分會來迷死人，⋯⋯緊看
大姐就緊入心」，在酒娘處住了幾年，賣茶的錢盡數被拿到空空，從社會責任
來說，張三郎在外流連有三年之久，期間不曾返家亦未寄錢回家，最後甚至又
嫖又賭花光所有盤纏與茶錢，分明是只顧風流不顧家、浪蕩成性的敗家子。最
具嘲諷意味的描寫是張三郎初次來到酒家那一段，大字不識一個的張三郎把酒
樓誤以為是大廟或狀元府，又把「上好老酒」的「上」解讀成耕田人淌穀用的

---

10 亞里斯多德（Aristotle）著、姚一葦譯，《詩學箋註》，（臺北市：臺灣中華書局，
　　1992 年），頁 62。
11 指氣質喜劇（comedy of humors）中的人物，見姚一葦，《戲劇論集》，（臺北市：
　　臺灣開明書店，1979 年），頁 82。

「⺜」，把「好」字看成男和女相擁，認定要讀成「暢」（ㄔㄤˋ）字（高興），又將對聯「日進千箱寶」、「時招萬里財」解讀成「一日愛燒一千擔草」、「情哥夜夜來」，整段對白充滿淫邪趣味，活畫出張三郎粗俗、笨拙又不解風情的憨傻形象。

　　再以其他丑角來看，他們的性格在某些層面也是「卑抑化」的，如〈問卜〉的算命先生胡靈仙是「八字排毋出」、「甲子歌背唔出」的半仙，〈桃花過渡〉的撐船伯是無家業的單身漢，〈送金釵〉的財子哥性子壞，若有人嫌貨不好就不賣，以致生意經常做不成，都是社會成就上表現低於常人。他們共同的特點是一見美色便神魂顛倒、色迷心竅，忘記了自己的角色與責任，甚至被騙或戲弄亦在所不惜。以財子哥來說，當他賣貨來到阿乃姑家，看到阿乃姑生得美貌，便不由自主地說：「阿乃姑，仰般你會生到恁靚？」後來不慎被戲弄把尿誤當茶喝也不生氣，還半解嘲半奉承地說：「𠊎就知哦，食到甜膆甜膆」，十足醜態畢露。[12] 最後為討阿乃姑的歡心，把貨擔裡的金釵、胭脂、水粉、包頭等什細都送給了阿乃姑，連裝什細的籠仔也全送給了阿乃姑，完全不顧家裡盤問及日後生計。而又老又醜的撐船伯，看見岸上欲渡河的桃花與金花姑嫂二人生得漂亮，便心生挑逗對方之意，因此以比賽唱山歌為條件，若對方贏得山歌比賽可免費渡河，輸了就要給他當老婆，未料山歌唱完，姑嫂二人假以結婚作餌，騙其拔去臉上鬍鬚後便溜走，撐船伯最後只落得人財兩空。[13] 至於算命先生胡靈仙，根本是個愛吃豆腐的好色之徒，一上場便自報家門：「看見婦人家，開容笑面目釘釘」，一心垂涎林桃花當妻子被拒後，自然連錢也沒賺著。財子哥

---

12 此處被戲弄的情節，曾先枝的版本略有不同：財子哥沿途賣貨都沒人招待喝茶，唯有阿乃姑好心問他要不要喝茶，被戲弄喝尿後以「𠊎就知哦，鼻到沒見奇，食到會做得」自我解嘲。

13 此處以結婚作餌、騙撐船伯拔去鬍鬚的情節，乃根據曾先枝傳承的版本，莊木桂的版本只演到相罵、唱山歌比賽結束，撐船伯讓二人渡河為止，並無此段詐婚情節。

不慎喝到尿時仍一心要與阿乃姑交情，撐船伯竟然聽信桃花、金花之言拔掉鬍鬚，胡靈仙見美色便忘了做生意，如此不合理、幾近荒誕的行為是否可能在現實生活發生？只能說財子哥、撐船伯、胡靈仙都是一種「誇張化」的人物，類似西方氣質喜劇中的角色，其間的人物完全為一種癖性所支配，失去了適應環境的能力，因此成為笑柄。

（二）肯定型喜劇形象——以機智、俏皮為特質

　　喜劇中的人物並非都是笨拙、被擺布的角色，例如浪漫喜劇中的人物，經常是機智的、靈敏的、伶俐的、調皮的，絕不是一種被貶低的人物，或者如風俗喜劇裡中機智又言語風趣的公子哥兒、紈袴子弟都不是卑抑化的人物，[14] 這類人物引發的笑往往是肯定的、讚許性的，三腳採茶戲亦不乏此類人物，尤以相褒戲裡的旦角為代表，例如〈糶酒〉裡的酒大姐、〈桃花過渡〉的桃花與金花、〈送金釵〉的阿乃姑，都是機智、慧點的人物，近似「花旦」的風格。[15] 酒大姐身為風月場中人，一上場便以「又賣燒酒又賣煙」、「小小生理愛現錢」表示身分背景，接著唱起「糶酒」：「好人好客到我家，哎喲客官哥，又沒檳榔又沒茶。……茶子樹上正閉目，檳榔樹上正開花」[16] 的客套語應對，既恭維了客人，也反映酒大姐機靈、圓活的形象。當張三郎問起第三等是什麼酒時，酒大姐又戲謔道：

---

14 姚一葦，《戲劇論集》，頁 83-85。

15 蘇秀婷認為，相褒戲以男女調笑、鬥智的劇情使人物性格更為立體，接近精丑、花旦的風格，見氏著，〈由劇本文學及演出實踐探討客家三腳採茶戲之風格形成〉，頁 124。

16 鄭榮興，《臺灣客家三腳採茶戲研究》，頁 225、227-228。

就係蓄著酒糯米酒，三個錢買十多斤，你若係毋會醉，我挺你就會
踆親，若是你食不忒，拿轉去乜好洗身。[17]

　　酒大姐開的玩笑話中含著些微的譏刺，她似乎老早看出張三郎的疑慮——
捨不得花錢，買便宜酒又擔心滋味不夠醇厚、太多吃不完等，因此以「踆親」
（搖晃）、「洗身」之類的趣語調侃他，展現其活潑俏皮的形象。〈桃花過渡〉
的桃花、金花相偕出外尋夫，遇見有意刁難的撐船伯，不但與之唱山歌鬥智、
逞口才獲得勝利，並把撐船伯戲弄一番揚長而去，此種憑藉著聰明機智擺脫窘
境的慧點，與「張三郎賣茶」系列故事裡性格質樸的茶郎妻、小姑形象十分不
同，[18]是從相褒戲中發展出來的、機智活潑的新喜劇形象。〈送金釵〉中，阿
乃姑見財子哥為人有趣，為了試探財子哥的心意而騙說沒錢要賒貨，當財子哥
提議要以貨換貨時，阿乃姑卻以「狗愛留來掌屋」、「雞公愛留來啼」、「雞
母子還細愛度子」來拒絕，終於換得財子哥說出想與之交情的真心話，贏得相
送十件貨物，末了阿乃姑與財子哥唱「送金釵」，只見阿乃姑不時以「落水乜
愛來」、「得病乜愛來」戲謔對方，活現阿乃姑活潑俏皮的形象。

　　張三郎、撐船伯、財子哥等人固然有好色貪花、粗俗笨拙及不善治生等卑
抑化的性格，卻不完全是插科打諢式的「程式化」人物，而是較生活化的、介
於阿丑及小生之間的角色，[19]他們在某些方面表現為機智、靈敏的形象，近於

---

17 徐進堯，謝一如，《客家三腳採茶戲與客家採茶大戲》，頁 29。

18 原始的「張三郎賣茶」故事裡的茶郎妻以質樸的賢妻形象呈現，這可從送郎時茶郎
　妻「洗淨手腳拜神明」，叮囑茶郎出門要照顧自己看出，〈桃花過渡〉是吸收小調
　發展起來的相褒戲，原本並不屬於賣茶郎故事系列，後來逐漸融入十大齣之中，劇
　情也逐漸落實成茶郎妻妹桃花、金花尋夫，不同以往的是二人改以機智活潑的形象
　呈現。

19 徐進堯、謝一如，《客家三腳採茶戲與客家採茶大戲》，頁 164。

「精丑」的風格，例如把茶錢輸光的張三郎，他明知理虧，卻在妻子盤問時反過來「城隍爺打報告」，數落起妻子急著討錢很沒情切，應該先端水讓丈夫洗澡，殺雞借酒款待後再到床上討錢不遲等等。而後妻子責備他沒良心，要走也沒放錢在家，張三郎大言不慚地說自己當年離家曾準備一袋（香袋）的米和一間（肩）的火炭，妻子問起茶錢下落，先是騙說「賣茶錢銀人借走，加三利息放到年」，又說「算來你哥贏大繳，贏个錢銀搭銀行」，其強辭辯解、虛誇不實的行為反應了張三郎機靈又應付裕如的一面。又如〈桃花過渡〉裡旦丑相互抬槓、鬥智所表現的形象，也是充滿機智和風趣：

> 撐船伯：厓娘講話眞啊眞體面，妳介老公臉扁扁。行起路來手長腳
> 　　　　又短，比厓撐船還過顚。哎呀囉的哎，……。
> 金花：撐船阿伯眞啊眞係憨，厓的老公厓無嫌。門樓壞忒樑啊樑角
> 　　　　在，荔枝皮皺肉清甜。哎呀囉的哎，……。
> 撐船伯：大佬縣官厓唔做，情願河邊撐船分你過。幾多姑娘厓沒愛，
> 　　　　中意你兩人來做老婆。哎呀囉的哎，……。[20]

　　這段唱詞呈現的不單是撐船伯的機智、風流，更是男女雙方風流才情、機智巧思的展現。[21] 這類相褒戲所表現的形象，有如浪漫喜劇裡的人物，以幽默風趣、機智俏皮的形象引起觀眾的讚賞，而非以貶低、笨拙的形象來引起讀者的好笑。

---

20 鄭榮興，《三腳採茶唱客音：傳統客家三腳採茶串戲十齣》，頁38。
21 蘇秀婷，〈由劇本文學及演出實踐探討客家三腳採茶戲之風格形成〉，頁110。

三、喜劇情節與喜劇情境

　　情節是構成戲劇藝術的重要成分之一，依據亞里斯多德的定義，完整的情節須包含起始、中段及結尾三個部分，而情節最能打動人的通常是「突轉」與「發現」，也即戲劇性轉折或矛盾衝突最烈的地方。[22] 三腳採茶戲在體製上屬歌謠小戲，情節泰半單純，角色也不多，然並不因此缺乏構成喜劇氣氛的諸多要素，無論是原始以大段聯章體歌謠來鋪陳敘事的表演型態，或者是晚近縮短唱詞篇幅、大量增加戲劇性對白的演出方式都可看出喜劇性的追求，諸如構成喜劇的行動、喜劇性發現以及喜劇情境的塑造等，以下分別就喜劇式形式的開展、喜劇情境的塑造兩方面論述之。

（一）喜劇形式的開展

　　諾思洛普・弗萊（Northrop Frye）《批評的剖析》論及喜劇形式開展的兩個方法，一是著重突出起阻礙作用的人物，二是突出表現喜劇性發現和言歸于好的場景。[23] 就前者而言，〈盤茶盤賭〉裡趁機挑撥的小姑、〈桃花過渡〉裡的撐船伯、〈送金釵〉的阿乃姑都可說是起阻礙作用的人物。在〈盤茶盤賭〉中，張三郎在妻子的盤問下支吾其辭，兩人鬧得不可開交。張三郎心生一計反而盤問起妻子在家行為，小姑乘機撒謊說嫂嫂在家與人不軌的事，使得二人的衝突再生波瀾，導致三郎妻一氣之下離家出走幾至不可收拾的地步。〈桃花過渡〉一折中，撐船伯扮演阻礙桃花與金花二人尋夫的關鍵人物，他看見欲渡船的桃花、金花二人漂亮便故意刁難，以賽唱山歌為籌碼，若唱不贏，便得給撐

---

22 董健、馬俊山，《戲劇藝術的十五堂課》，（臺北市：五南出版社，2008 年），頁 114-122。

23 諾思羅普・弗萊（Frye, Northrop）著，陳慧、袁憲軍、吳偉仁譯，《批評的剖析》，（天津市：百花文藝出版社，1998 年），頁 203。

船伯做老婆，如此便將劇情導向男女相罵、互相鬥口才的相褒戲碼，增添戲劇的衝突性。〈送金釵〉一劇中，賣貨的財子哥聽說到阿乃姑家做生意的都能賣完，於是興沖沖地來到她家，沒想到阿乃姑這個也有，那個也不缺，好不容易買了幾尺花布又說要用賒的，幾乎讓財子哥放棄了這項生意，當財子哥提議以貨換貨時，又遭到阿乃姑「狗愛留來掌屋」、「雞公愛留來啼」的刁難，阿乃姑可說是阻礙財子哥順利將貨賣出的人物，也使情節有起伏轉折之致。

其次，喜劇通常有一個愉快的結尾，其關鍵就在喜劇的發現（comic discovery），即清除阻礙主人公願望實現的障礙，形成喜劇行動的契機。[24] 例如張三郎本因家貧無奈而出外賣茶，未料將所賺的錢盡數花光，在妻子的盤問下兩人爭吵起來，最後以喜劇收場的關鍵就在於張三郎的及時悔悟與認錯。妻子離家出走後，張三郎自己要煮三餐，歷經家裡沒人照顧的尷尬，終於內心覺悟，發現自己賭錢的不該，小姑也承認自己是說謊，於是阻礙夫妻二人團圓的障礙（張三郎的不認錯、小姑的中傷）清除，形成喜劇行動的契機，張三郎想出將妻子揹回的賠罪方式，二人言歸于好，蘇珊‧朗格（Susanne Langer）：

> 喜劇動作是主人公生活平衡的破壞與恢復，是他生活的衝突，是他憑藉機智、幸運、個人力量甚至幽默、諷刺或對不幸採取的富有哲理的態度取得的勝利。[25]

同樣憑藉著幸運與機智獲得圓滿結局的還有〈送金釵〉和〈桃花過渡〉，

---

24 諾思羅普‧弗萊（Frye, Northrop）著，陳慧、袁憲軍、吳偉仁譯，《批評的剖析》，頁 193-194。
25 蘇珊‧朗格（Langer, Susanne. K.）著，劉大基、傅志強、周發祥譯，《情感與形式》，（臺北市：商鼎文化，1991 年），頁 383-384。

原本財子哥出門賣貨多少都能成交一些，不料來到阿乃姑家卻處處碰壁，就在無可奈何準備放棄時，忽然想起阿乃姑說自己還沒結婚，於是向她提出沒錢就以貨換貨，甚至以貨換人的方式來交易，終於不虛此行，獲得阿乃姑的芳心。桃花和金花尋夫的過程中遭到撐船伯比賽唱山歌的刁難，在雙方比拼山歌、相罵似乎沒輸沒贏之後，二人急中生智，假以結婚作餌騙撐船伯快快上岸結婚，上岸後便聳惠撐船伯將臉上鬍鬚拔除，以免被別人誤以為是阿公，待撐船伯依言拔去鬍鬚，二人隨即溜走，順利完成渡河，繼續尋夫的旅程。

　　喜劇總是以言歸于好、如願以償的結局作結束，所有的不愉快和衝突都在最後化解消逝，以〈盤茶盤賭〉為例，張三郎因為輸光賣茶錢百般辯解，又盤問起妻子在家情況，惹得妻子惱火，一氣之下跑回娘家，落得張三郎獨自打理生活，最後結束在揹老婆回家的難堪中：

> 丑：千差萬差自己差，賣茶錢子亂亂花，賣茶錢子花到忒，空身撲手轉回家。
> 丑：輔娘走忒轉自家，灶頭鍋尾愛偃摸，丟忒頭生無人供，連忙趕到竹頭下。
> 丑：千差萬差自己差，千怪萬怪怪自家，低言細語拐不轉，不得奈何捉來揹。
> 丑：棚下阿哥笑洋洋，敢係笑偃揹輔娘，朋友弟兄莫相笑，各人有妻愛提防。[26]

---

26 徐進堯、謝一如，《客家三腳採茶戲與客家採茶大戲》，頁 78。

　　張三郎出醜、丟臉的不過是沒人料理生活的不便，以及揹老婆回家、低聲下氣賠罪的難堪而已，最後夫妻二人團圓收場，並未鬧到離婚，甚至某些演出版本中，張三郎受挫的程度更輕，只不過是到後門罰跪了事而已，[27] 正如蘇珊‧朗格：「喜劇中的危險不是真正的災難，而是窘迫和丟臉。因之比悲劇輕鬆愉快。」[28] 其他〈桃花過渡〉、〈送金釵〉的主人公也說不上遭遇什麼傷害或災難，因而大致呈現著活潑輕快的基調。

（二）喜劇情境的塑造

　　整體而言，三腳採茶戲除了少數表現出門、離別愁緒的戲齣如〈送郎挷傘尾〉、〈酒娘送茶郎〉較為悲情之外，大部分都是活潑輕鬆的喜劇。其中扮演喜劇情境渲染的關鍵角色是「相褒」段，這類「相褒」情節基本上是以旦丑相互嘲罵、戲謔或調情來製造喜感，融入之後能使原本較為傷感的戲齣轉化成喜劇。例如〈桃花過渡〉本是演述張三郎數年未歸，了無音訊，妻妹相偕尋夫的故事，以莊木桂口述的版本來看，傳統的表演似乎是把「尋夫歌」一氣唱完的，越到後來，這首充滿心酸悲傷的調子一般只唱到「二想」為止，接下來的情節便導向桃花、金花與撐船伯詼諧鬥智的相罵相駁為主，沖淡了原本的悲情氣氛。此種以旦丑你來我往相罵、鬥智的「相褒」形式，早在原始戲齣〈勸郎怪姐〉、〈盤茶盤賭〉裡已有精彩表現，後來受到觀眾青睞逐漸成為三腳採茶

---

27 在莊木桂傳承的、名為〈討茶錢〉的版本中，張三郎的受挫程度更輕，妻子識破張三郎把錢花光後罵道：「做人講个，牛到係牛，牽到江西乜係牛；剝牛皮乜係牛，煮牛肉湯又乜係牛；做皮鞋又乜係是牛，無愛問你了。」徐進堯、謝一如，《客家三腳採茶戲與客家採茶大戲》，頁 51。新竹縣客家三腳採茶戲據此版本演出，並結束在茶郎妻扭著張三郎的耳朵：「來去哪，來去後背慢慢同你講哪」，即到後面罰跪了事。參考新竹縣客家三腳採茶戲發展學會，《客家三腳採茶戲專輯》，（臺北市：行政院文化建設委員會，2001 年），曲目 8。

28 蘇珊‧朗格著，劉大基、傅志強、周發祥譯，《情感與形式》，頁 404。

戲的表演重心，[29] 並且隨著時代的演變而有不同的風貌，例如日治時期的〈最新解勸盤賭歌〉：

> 烏歸王八少年亡，賣茶整得真排長，汝愛何袍涯來做，仰班拿錢去
> 打爽。
> 歪貨表子講奴才，講到件件做得來，做个鞋子杉豬兜，做个帽子杉
> 貶蓋。
> 高毛絕代少年亡，自家孝賭罵埔娘，姻袋肚兜任汝格，衫褲鞋薆任
> 汝穿。
> 歪貨表子歪貨之，討到汝來討衰裡，六月天公無蚊帳，零風雨雪無
> 領被。
> 高毛絕代天壽死，奈時行嫁無領被，行嫁做有三頂帳，奔汝賭博當
> 了裡。[30]

又，郭阿香提供的〈老採茶歌〉在此句後尚有大段互相嘲罵的唱詞：

> 丑：歪貨之來歪貨之，當初不該娶到你，算你命下帶八煞，田地奔
> 　　你敗了裡。…
> 丑：前生燒了斷頭紙，今生娶個歪貨娘，雞仔畜到像禾必，豬仔餵
> 　　到似竹槓。

---

29 蘇秀婷，〈由劇本文學及演出實踐探討客家三腳採茶戲之風格形成〉，頁 123-125。
30 〈最新解勸盤賭歌〉，頁 3。原文引自「臺灣大學典藏數位化計畫」之「楊雲萍收藏歌仔冊」，網址 http：//140.112.114.21/newdarc/darc/index.jsp，2008.09.09。

旦：前生燒了到頭香，今生嫁倒無好郎，良田屋舍變盡了，無錢就
　　喊嫁輔娘。

丑：表子唔使㑚靴排，當初係你甘願㑚，山頭嶺尾思過定，唔使媒
　　人愛騰㑚。

旦：千差萬差自己差，千怨萬怨怨奴㑚，王孫公子都不嫁，嫁你孤
　　毛打採茶。[31]

可知夫妻相罵向來是〈盤茶盤賭〉這齣戲的高潮之處，只不過社會環境改
變，移墾社會的辛酸、跌股之事不再適合拿來當做訕笑取樂的對象，輕視戲子
的觀念也改變了，這些具有特定時代內涵的喜劇性唱詞遂走入歷史，只有嘲笑
妻子笨拙的情節被保留下來。而這種以大段相互數落、謾罵唱詞來表現衝突的
方式，在莊木桂和曾先枝的時代已有了改變，即唱詞大幅縮減，戲劇性的對白
大量增加，如張三郎教妻子以極少的柴火米糧度日、嘲笑妻子拙於針黹等，以
後者為例：

三郎妻：你就知你哺娘介針黹最好，樣般沒留轉來畀㑚做，工錢畀
　　　　別啥賺淨淨，你呀實在閒敗家。

張三郎：到裡下來，你也沒顧㑚面子，㑚也沒顧你面子，講到你介
　　　　針黹樣樣都會，同㑚做一領衫，做到打褶袋。做一頂帽子
　　　　像鍋蓋，做一雙鞋蟾蜍嘴，做一只煙袋十過只嘴，一堆煙
　　　　沒奈好袋，畀㑚打一下巴掌，你還記得嗎？[32]

---

31 郭阿香，〈老採茶歌〉，收入《中原文化叢書（三）》輯六「客家歌謠」，頁9-10。
32 鄭榮興，《三腳採茶唱客音：傳統客家三腳採茶串戲十齣》，頁51。

　　曾先枝、莊木桂的版本都在這段對白後面加進「捉貓愛看貓嫲」的笑話渲染喜感，[33]使整段對白都聚焦在嘲笑婦女不擅長「針頭線尾」的笨拙之上，它的喜感係建立在特殊的客家社會文化背景，係「社會的美對非社會的醜之間的一種對比」，[34]因此能久演不衰廣為觀眾接受。而〈老採茶歌〉的「雞仔畜到像禾必」二句，其實也是以嘲笑婦女不擅家務的笨拙來製造喜感，甚至「嫁你孤毛打採茶」的自嘲也是當時為博君一笑所製造的諧謔，只不過在現代戲劇張力的考量下，此種游離情節主幹、刻意增飾的嘲罵唱段便顯得不合時宜而遭到了刪減。

　　再以表現離別的〈酒娘送茶郎〉來看，歷來演出時著重渲染的是二人依依不捨的離情，在現代卻可以透過「反諷」手法的巧妙運用，使悲情的送別戲展現喜感。劇情本是講述張三郎在外流連數年未返，忽一日家中來信催返，酒大姐獲知消息決定送三郎一程，二人遂唱起「送茶郎回家」相互道別起來：

旦：二送茶郎出店門，丟別酒娘亂紛紛，平平白白講愛轉，離別酒
　　娘會失魂。

丑：酒娘送偓出店門，同妹恁好愛奔裙，日夜兩人共食飲，別人恁
　　好無偓恁蕉雲。[35]

---

33 莊木桂和曾先枝的版本都加進了這段「捉貓愛看貓嫲」的笑話，即張三郎不甘妻子的數落，翻出舊帳，嘲笑妻子做煙袋用飯匙做樣品，做好煙袋飯匙卻剝不出，丈母娘聽了便罵：「死老嫲，阿姆不係被單肚袋等不得出，你會分偓打死」，原來丈母娘縫補棉被由裡到外反把自己縫在被裡出不來，此故事依丁乃通中國民間故事的分類屬第 1405 型「拙妻做被子」的笑話故事，見氏著《中國民間故事類型索引》，（武漢市：華中師範大學出版社，2008 年），頁 254。
34 姚一葦，《審美範疇論》，（臺北市：臺灣開明書店，1992 年），頁 263。
35 徐進堯、謝一如，《客家三腳採茶戲與客家採茶大戲》，頁 35。

在傳統的演出中，無論是曾先枝或莊木桂的版本，酒大姐總是呈現情深義
重的形象，非但贈盤錢、衣裳給身無分文的張三郎，更義正辭嚴勸張三郎收拾
放蕩的心、顧家方是正理，然晚近的演出卻一改往常，突破了程式化的表演。
在新竹縣客家三腳採茶戲發展學會的演出版本中，〈酒娘送茶郎〉一劇以反諷
的結尾予人意外「突轉」喜劇效果，就在二人唱完幾段難分難捨「送茶郎回家」
之後，酒大姐忽以事忙無閒為由，拒絕再送一程，張三郎要求再送一程，酒大
姐與張三郎又唱了幾段「勸郎怪姐」後有如下對白：

> 酒娘：三郎哥，我想送你送到恁遠來囉，𠊎愛轉哩。
> 三郎：你愛轉，拿兜錢分𠊎做所費，無愛仰仔轉？
> 酒娘：三郎哥，閒失禮，𠊎早晨頭攏攏摠摠，煞沒帶到錢呢，三郎
> 　　　哥，你慢行才過，行到半夜過，𠊎愛轉哩，拜拜！
> 三郎：哀哉，千差萬差係𠊎張三郎差，底酒娘這待幾冬，一兜錢分
> 　　　她拿到空空，今晝日轉去愛仰般佬輔娘交代正有通？唉，時
> 　　　到時當，沒米煮蕃薯湯，恁樣行等都愛轉哩，轉哩！[36]

酒娘此時翻臉不認人的虛假無情，與先前十分不捨的情深義重形成反諷，
而張三郎茶錢花光又借不到盤纏回家，只好以「時到時當，無米煮蕃薯湯」自
我安慰，如此的安排與傳統大抵結束在分離的悲傷情境中十分不同，原本觀眾
所期待的悲傷情境，在張三郎的一句自嘲中化解緊張而顯得輕鬆不少，全劇因
而結束在充滿嘲弄意味的喜劇情境中。

---

36 本段對白文字依據新竹縣客家三腳採茶戲發展學會，《客家三腳採茶戲專輯》曲目
　8〈酒娘送茶郎〉整理。

四、喜劇的語言表現

　　戲劇語言通常分為「肢體語言」和「文字語言」兩種，前者指肢體動作，後者指用文字和說話來傳達意念與感情，[37] 三腳採茶戲歷經了落地掃、內台、賣藥各時期，在語言藝術上也隨著時代改變而越益精進，特別是過去農業時代以大段唱段展現唱功實力的演出方式，已讓現代觀眾感到不耐，在縮減長篇唱詞之後，戲劇性的對白越形重要，所占的分量也較以往為多，往往是表現喜感風格的關鍵所在。本節專就「文字語言」的喜劇表現立論，包含了棚頭、正戲的說白兩部分，大致上可以分為誇張、殘陋、機智、乖訛的言詞幾方面。

（一）誇張膨風之語

　　這類語言大多出現在三腳採茶戲的「棚頭」表演之中，「棚頭」原本僅為正戲開始前，以博笑的表演手段吸引觀眾入場的表演形式之一，後來廣受觀眾的喜愛，逐漸成為演出內容的一部分。[38] 棚頭的內容多半與戲劇情節無關，主要以誇張、反語來描述一些不可能的現象，形成不合邏輯的語言組合或意象博人一笑，例如〈糶酒〉一開始，主角張三郎上場唸了一段數板：

> 記得真記得，舊年五月節。五月就落大霜，六月就落大雪。前堂凍死一隻龜，後堂凍死一隻鱉。拿來送，送不動……。拿來殺，殺到三十六盆血……。三十暗晡出一隻大月光，瘸手个，走去偷拔秧，摸目來看到，啞狗講抓來碰，喊到跛腳去追，瘸手來捉，孤腰就來扛。[39]

---

37 黃美序，《戲劇的味道》，（臺北市：五南出版社，2007 年），頁 474。
38 鄭榮興，〈淺談臺灣客家採茶戲之棚頭〉，頁 63。
39 鄭榮興，《三腳採茶唱客音：傳統客家三腳採茶串戲十齣》，頁 23。

　　這段數板以誇張之辭形容龜和鼈的大，又把現實生活中的事物顛倒過來說，形成類似民間歌謠「拉翻歌」的滑稽趣味，即以不可信的說法製造膨風效果而引人發笑，巧合的是大陸和臺灣都把這種唸唱歌謠叫做「涎古」或「膨風歌」。[40] 可見棚頭善用民間文化元素來製造諧謔。同樣誇張、不可信的說法也見於相褒戲之中，例如〈桃花過渡〉的相罵比賽：

　　旦：山歌小調𠊎無，相罵𠊎專長。

　　丑：你相罵恁會，無聽說塚埔的人給我罵死淨淨。

　　旦：恁樣毋算會，人死出山孝子分𠊎罵到齒齒哭。[41]

　　此間的比拼相罵其實也是一種吹噓，都是利用誇張、不合邏輯的語言，造成詼諧逗趣的喜感。

（二）殘陋的言詞

　　「殘陋的言詞」（deformed words）在三腳採茶戲中使用得相當廣泛，凡屬語言的笨拙、錯誤、多餘、重複、粗俗等均屬之，在與精緻的、文雅的語言對比之下，便顯得可笑。[42] 例如算命先生胡靈仙的自白：

---

40 大陸地區流傳的童謠〈涎古〉：「涎古，涎古，灶背有只白須虎，撲目看到，啞佬一吼，……十人扛唔不動，百人扛唔轉，一只蟻公扛得轉。」可見民間把不可信的講法稱為「涎古」，其敘述手法實與「拉翻歌」同類，見羅可群，《廣東客家文學史》，（廣州市：廣東人民出版社，2000 年），頁 337-339。又，這類說唱在臺灣又稱為「膨風歌」，參見胡萬川主編，《龍潭鄉廖德添客語專輯（二）》，（桃園市：桃園縣立文化局，2006 年），頁 69。

41 徐進堯、謝一如，《客家三腳採茶戲與客家採茶大戲》，頁 79。

42 姚一葦，《審美範疇論》，頁 230-231。

頭擺祖上算命，算命就算命，唔會賺錢，……後來偓就沒共樣了喲，
就去灶頭山，籠床洞，拜一只甜板大仙，學了三年久，今本日師徒
滿，愛來出山囉！……[43]

　　算命先生按理應是神機妙算的人物，但「灶頭山」、「籠床洞」、「叛仙」
等分明是以粗俗本色語自述其「卑抑」的性格，算命學成後要「出師下山」卻
說成一般人視為禁忌語的「出山」（死人出殯），顯見其用語錯誤、笨拙的說
話，而「胡靈大仙」被唸成「唬令大仙」（吹牛大王），「半仙」錯唸為愛吃
板的「叛仙」，十足貶抑的意味。三腳採茶戲也經常以諧音、錯唸或錯聽他人
語言的方式製造諧謔，〈桃花過渡〉寫桃花、金花來到河邊渡河，於是高聲呼
喊「艄水」，三人的對白如下：

金花：喂！艄水呀！
撐船伯：喂！燒水沒，冷水一大河。愛食妳就食，唔食偓也沒奈
　　　　何。……
桃花：愛搭你介渡。
撐船伯：啊！愛割偓介肚呀。哎！偓愛妳介大腸頭炒酸醋。[44]

　　此處「艄水」錯聽成「燒水」，「搭你介渡」聽成「搭你介肚」正是充分
運用諧音讓劇中人物錯聽對方言語，造成雅正與卑俗相對比的趣味。〈送金
釵〉也通篇是錯唸、錯聽他人語言形成的滑稽趣味，例如把「上一個段」錯聽

---

43 鄭榮興，《三腳採茶唱客音：傳統客家三腳採茶串戲十齣》，頁28。
44 鄭榮興，《三腳採茶唱客音：傳統客家三腳採茶串戲十齣》，頁35。

成「傷當」（病重）；財子哥喊「賣什細」，阿乃姑錯聽成「賣世小（小孩）」，阿乃姑說「稍唸畀倨聽」，財子哥錯聽成「小殮畀倨聽」，不論是有意曲解或無意誤聽，都將人們平時壓抑不想說的不吉利、禁忌語召喚出來，形成令人錯愕的效果。這類言詞的滑稽建立在客家話特殊的意涵與語音之上，往往無法翻譯、具無可取代的喜劇效果。

（三）機智的言詞

　　機智的言詞與卑抑的言詞不同，此種語言往往是出人意表，具高度的知性成分，它之所以引起發笑是由於出人意外與戲謔的成分，可使對方感到尷尬，是謔而不虐的妙語或俏皮話，[45] 例如〈糶酒〉裡酒大姐的戲謔性言詞、〈桃花過渡〉中桃花、金花與撐船伯一來一往機智性的相褒、互罵即是。其次，機智的語言也是理性的，出自一種靈敏迅速的反應，為一種思想與語言的遊戲，[46] 三腳採茶戲來自民間，在人物對話中大量運用民間語彙，劇中人經常以俗諺、歇後語或隱語來機智應對，例如撐船伯說桃花唱山歌好比「老虎食蚊，口氣按大」，自己則是「牛角唔尖唔過河」有備而來的；胡靈仙自嘲垂涎美色是「狐狸打蚊——有呷沒吞」；財子哥不相信阿乃姑真的沒錢時以「按好介娘婆，會沒鳥窩？」來表示質疑，當他不確信阿乃姑是否真心時便用「今介人棺材沒底——會溜死人」的歇後語來表示，機智性的語言代替謾罵化解了人們彼此之間可能存在的敵意或忿怒。又如財子哥以隱語「步步跳」（繡花針）、「對面相」（鏡子）方式把貨唸給阿乃姑聽，是俏皮的文字遊戲語。最難啟齒的是，財子哥想與阿乃姑交情（不只是精神上的愛，更有求歡之意），一時不好說出口便以「鈴仔」的方式來表達，先是說要換「上不上，下不下」介「半中央」，

---

45 姚一葦，《審美範疇論》，頁 233。
46 姚一葦，《審美範疇論》，頁 233。

次則以「洗得，曬唔得」、「穿得挑唔得」來暗示對方，財子哥在此以機智性的謎語表白了自己的慾求，卻不陷對方難堪之境。這類俏皮機智、近似文字遊戲的俗言妙語，以其生動活潑的趣味性廣為大眾喜愛。

（四）乖訛的言詞

西方學者論笑和喜劇的起源有所謂「乖訛說」，即我們根據尋常事理所起的期望如此，而結果卻不如此，如康德所說：「笑是由於一種緊張的期待突然轉變成虛無而來的激情」，[47] 這類乖訛的言詞用在人物對白中，所能達到的效果（笑果）十分迅速，例如〈茶郎回家〉的對白：

> 丑：阿哥無在時你吃麼個仰般會恁肥呢？
> 妹：阿哥，偓仰般可憐你知嘸？當初你出門無放錢在屋下，無錢好
> 　　買菜，偓想到雞嫲畜恁多，偓兩三日就劚一隻來煮雞糜吃。[48]

張三郎離家多年一回家就聽妹妹哭訴沒錢買菜如何可憐，原本心中興起的不安、憐憫與同情，卻在接下來的敘述之中化歸虛無——既然有雞粥可吃就不能說是可憐，妹妹完全是虛誇罷了。又如阿乃姑向財子哥表白真心的話：

> 好，介你聽等。天在上，地在下，偓阿乃姑跪在地泥下，偓今本日
> 愛撈財子

---

47 康德（Immanuel Kant）原著，鄧曉芝譯，《判斷力批判》，（臺北市：聯經出版社，2004 年），頁 197。
48 徐進堯、謝一如，《客家三腳採茶戲與客家採茶大戲》，頁 42。

哥兩啥交情，偓係有騙你呀，……偓到阿嫂介菜園過，正畀佢介蔥仔尾尖尖撈偓刺死去。[49]

原本財子哥要阿乃姑註誓，期待的是聽到一番莊重、真心的誓詞，未料阿乃姑真的跪在地上註誓，但細按內容「被蔥尾刺死」根本是不可能、不合邏輯的事，感覺像是玩笑話，形成一種期待與事實發生不符合的「意外感」。這類乖訛的言詞在〈問卜〉、〈送金釵〉中用得相當廣泛，在一問一答之中形成出人意外的突兀感，引起觀眾的發笑。

五、喜劇的文化意義

三腳採茶戲源自大陸原鄉，自清末民初傳入臺灣後便受到民眾的歡迎，儘管當時文人學士多以「淫狎」、「淫靡」貶抑這種鄉村小戲，日本當局也多次禁演之，[50] 三腳採茶戲依然以各種形式活躍於農村社會，所謂「愚夫婦以其醒心娛目，多喜觀之」，[51] 無論是早期以陣頭、落地掃的形式作業餘演出，到後來的內台演出以及與賣藥相結合的表演，都曾風靡一時，說明三腳採茶戲一直扮演著重要的角色，不但以詼諧逗趣的表演滿足大眾自我教化、自我娛樂的藝術需求，達到「寓教於樂」的效果，更在一定程度上寄託了個人或族群的理想願望，因此為庶民百姓喜聞樂見，具有久演不衰的生命力。

---

49 鄭榮興，《三腳採茶唱客音：傳統客家三腳採茶串戲十齣》，頁 62。
50 鄭榮興，《臺灣客家三腳採茶戲研究》，頁 48-50。
51 鄭榮興，《臺灣客家三腳採茶戲研究》，頁 48-50。

（一）寓教於樂的作用

　　從喜劇性的產生來看，喜劇的對象通常是現實中反面或腐朽的現象，或是人性中乖謬背理又自以為是的東西，正因它們與社會發展規律或先進社會的審美理想不適應、有矛盾，因之「引起人們以嘲笑的形式來加以譴責」，然而喜劇並非僅止於嘲笑取樂而已，喜劇中笑的目的還在於「使人擺脫個人缺陷和社會弊端，使人擺脫庸俗行為和低級趣味」，[52] 也即借嘲諷達到匡正教化之效果。從三腳採茶戲聚焦的對象得知，喜劇性集中表現在對貪花好賭、放蕩成性，或已屆成家之齡卻事業無成、不正經做頭路者的嘲笑之上，例如張三郎、撐船伯、胡靈仙等。其中又以張三郎為代表，想必當時像賣茶郎那樣出外做生意賺了錢，卻又禁不起誘惑又嫖又賭、輸光錢財的情形不在少數，例如民初流傳於大陸原鄉的〈過番歌〉：

> 身邊存有銀多少，朋友兄弟就行前，朋友又來湊賭博，兄弟又喊食茶烟。……
> 幾多貧人學富樣，唔知家中斷火煙，因為家貧往番地，有錢唔想轉唐山。……
> 家中書信催人轉，緊過如同出票般，心中思想來歸屋，麼錢想轉又過難！……
> 又想叔任借盤費。誰知開口靠人難。早知麼錢咁辛苦，唔該嫖賭枉使錢！[53]

---

52 [蘇] 奧夫相尼柯夫，拉祖姆內依主編，《簡明美學辭典》，（新北市：駱駝出版社，1992 年），頁 81-83。
53 羅香林，《粵東之風》，（臺北市：東方文化，1928 年），頁 278。

在生活艱困的客家原鄉，莫不以勤儉持家為尚，貪花嫖賭都是必須再三戒之的行為，無奈人性的弱點便是禁不起誘惑，一旦賺了錢就想風流快活，終致潦倒異鄉大有人在，張三郎「自家好賭罵輔娘」的形象想必是相當有代表性的，因此能得到廣泛的共鳴。例如〈盤茶盤賭〉一劇丑角所唱：「棚下阿哥笑呵呵，人人笑𠊎捱老婆，棚頂總是𠊎自家，棚下比𠊎還過多。」這段唱詞暗示了張三郎是當時出外謀生客家人的寫照，同樣的情形說不定也發生在台下觀眾身上，具有深刻的諷諭意義。就觀眾的接受心理來說，在看到張三郎花光錢，落得妻子回娘家的可憐境遇後，覺得自己比劇中人來得優越，不像張三郎那樣「一堆錢使淨淨」，因而愉悅地笑了，然在笑過之後，觀眾若能連帶領略戲中寄寓的意義和教訓，警惕自己別成為「千差萬差」的張三郎，那未嘗不是一種啟迪，因此具寓教於樂的功能。

再者，民間小戲中的世理人情與處世方法，成為人們最容易吸取的經驗，能有效解決各種家庭愛情問題。[54] 例如〈盤茶盤賭〉一劇結尾強調：「人講公婆係公婆，床頭打來床尾和」、「有理大事化成小」的事理，又如〈勸郎怪姐〉雖是充滿諧謔的對唱，卻可見小戲藉著人物之口規諷世間男子莫貪花、戒嫖賭：「勸郎介言語紙包起，人到四十七、八歲，肩難挑來手難提，哥正哥，今唔收心等何時。」從一勸唱到十勸都是勸戒人以家庭和諧、事業為重之意。後者如〈桃花過渡〉中，撐船伯因貪愛女色被戲弄拔光了鬍鬚，落得人財兩空，看著二人的嘲笑離去自嘆：「嘿喲！這老人唔好想嫩嬌娘，兩撇鬚被溜到光光光。」〈問卜〉一劇中胡靈仙垂涎張三郎妻子林桃花，要她牽著他走江湖，被林桃花以「佢人美色佢人緣，從旁何必苦垂涎，勸君自守家常飯，不害相思不損錢」相拒等，可知三腳採茶戲蘊涵豐富的人情事理，頗具啟迪人心之作用。

54 張紫晨，《中國民間小戲》，（杭州市：浙江教育出版社，1989 年），頁 18。

（二）理想美的追求

從題材來看，三腳採茶戲大多是輕鬆活潑的生活小戲，從張三郎一家人上山採茶的勞動生活，到張三郎出門賣茶、上酒家、夫妻爭吵的生活經驗，以及後來衍生出來的故事，將觸角擴及撐船、算命、賣雜貨各種做生意的小行業，可說是反映了現實生活的各個方面，因此具有濃厚的鄉土氣息。然而三腳採茶戲不只是反映現實，也體現了人民對美好、幸福的憧憬。例如「十二月採茶」：

> 正月採茶是新年，同郎牽手入茶園，茶頭樹下同郎說，一心同郎結
> 姻緣。
> 二月採茶茶生芽，同郎牽手去採花，百花採來滿身戴，小妹愛戴海
> 棠花。
> 三月採茶茶葉青，姑嫂上山採花心，百花採來頭上插，阿哥有意妹
> 有情。
> 四月採茶茶葉長，同郎牽手入間房，雙手按開綾羅帳，鴛鴦枕上好
> 風光。[55]

這組歌謠是〈上山採茶〉的主旋律之一，表現客家人一邊勞動一邊唱山歌的愉快情景，其中寄寓了人民對美好婚姻生活的想望。即便是以夫妻爭吵為表現重點的戲齣，也體現了對理想美的追求，例如日治時期的笑科劇〈夫婦評笑〉，該劇應是脫胎自三腳採茶戲〈盤茶盤賭〉一劇，內容為一對夫妻互相嫌惡，夫抱怨妻子懶惰、醜老卻又愛打扮，妻子辯稱面貌父母生成，打扮後不比

---

55 徐進堯、謝一如，《客家三腳採茶戲與客家採茶大戲》，頁 17。

別人差，一頓相罵數落後，最終結束在揹老婆回家、言歸於好的場景裡，[56] 莊木桂傳承的版本也有〈夫妻相駁〉的相褒小戲，同樣是以夫妻互相嫌惡開始，一個抱怨對方又醜又愛漂亮，一個怪對方捨不得花錢打扮妻子，不同的是，最後丈夫依妻子「著該短袖衫並著裙，電頭那毛，下背穿該就高踭鞋」的建議，買回化粧品和衣裳打扮妻子，並且認同妻子「人要打扮才會兩面光」的看法，末尾以二人打扮得勢仔架架，計畫著一起坐遊覽車遊賞風光結束。[57] 可知相同的戲碼，也會隨時代不同而注入新的內容，〈夫妻相駁〉代表客家人對現代美好生活的嚮往。張紫晨：

> 在一切民間文學藝術中，吉慶、祥瑞、美好都成為追求的目標。民間小戲中常常有理想美的體現。[58]

　　最具理想美色彩的是〈送金釵〉，據毛禮鎂研究指出臺灣的〈送金釵〉一劇乃吸收了贛南採茶戲〈賣雜貨〉的內容發展而成，[59] 不同的是，贛南的阿麻姑是存心騙貨，貨郎最後空手而回，臺灣的阿乃姑是試張財子的愛心，最後張財子以貨相送，二人結了同心。臺灣〈送金釵〉的劇情是：張財子（取財源茂盛之意）因家貧賣雜貨為生，年三十尚未娶妻，經常翻山越嶺去賣貨，跑斷了腿也不見得做有生意，後經老師指點來到阿乃姑家，接下來的情節發展則捨棄

---

56 行政院客委會，「臺灣客家音樂網」，網址 http：//music.ihakka.net/web/04_admire_index.aspx。2009.03.25。

57 徐進堯、謝一如，《客家三腳採茶戲與客家採茶大戲》，頁 94-99

58 張紫晨，《中國民間小戲》，頁 16。

59 毛禮鎂，〈江西《賣雜貨》之流變及與臺灣採茶《送金釵》之比較〉，《中華藝術論叢》，（上海市：上海辭書），第 5 輯，2006 年 1 月，頁 261-263。

了贛南採茶戲〈賣雜貨〉「騙貨」之結局，改成財子哥為討阿乃姑之歡心，相送十件貨物作結束，傳統的演出會在此接唱情意綿綿的〈打海棠〉，代表二人憧憬著未來的幸福。

綜合上述，三腳採茶戲反映了現實生活，也表現著人民超越現實的渴望，畢竟民間文藝來源於生活，它所追求的「並非簡單再現生活，而是帶著強烈的主觀感受和對美好未來的憧憬來表現生活」，[60]從〈夫妻相駁〉到〈送金釵〉特別可以看出這種理想美的追求。

六、結論

客家三腳採茶戲是客族人值得驕傲的文化瑰寶。它植根於生活，搬演的都是人民最熟悉不過的生活經驗，在農村普遍缺乏娛樂的時代，成了人民擺脫沉重負擔、獲得娛樂消遣的最佳選擇。作為一種在客家農村有廣泛影響的民間小戲，最終朝向輕鬆活潑的喜劇形式發展，其間影響喜劇藝術風格形成的因素，不獨在劇目及體製結構的變遷，尚包含了喜劇題材的選擇、喜劇人物的塑造、情節結構的安排、語言的藝術等各方面：

從喜劇的對象來看，喜劇總是有一套社會規範作為訕笑人物的準則，客家人以勤儉持家為尚，不善治生或外出做生意而所營不遂、社會適應不良之徒，成了最佳的喜劇題材來源，例如浪蕩成性的張三郎、不正經算命的半仙胡靈仙、老是賣不出貨的張財子等。在喜劇意識的探照下，一切人事的醜拙鄙陋成了嘲笑取樂的對象，觀眾看著劇中人出醜、被騙、笨拙的各種行為，感到自己

---

60 劉守華，〈民間文學與通俗文學〉，《口頭文學與民間文化》，（北京市：中國文聯出版社，1989 年），頁 18。

優於劇中人物，因而愉悅地笑了。喜劇既以他人醜拙鄙陋之事為賞玩對象，隨著時代的變遷，評判美醜的標準也就不同，因此移墾社會無衣無被的窮酸與難堪在現代社會不復成為喜劇對象，唯人性中貪花好賭、虛誇不實之類的弱點永遠是喜劇嘲諷的主題。喜劇感也因文化差異而不同，那些建立在特殊客家文化背景之上的喜劇笑，只有處於同一社會文化背景的觀眾才能發笑，因此嘲笑妻子笨拙的情節相傳不歇。

　　三腳採茶戲喜感風格的形塑，除了棚頭體製的擴大、劇目上相褒戲的增加與成為表演重心諸種因素之外，尚與喜劇情節的衝突、喜劇情境的渲染、巧設喜劇發現的契機、言歸於好的愉快結局有關。其中尤可注意的是「相褒」情節的運用與體製結構的改變，這類以旦丑相互嘲罵、戲謔來製造諧謔的形式，在傳統戲齣已有精彩表現，後來受到觀眾青睞成為渲染喜感、轉化悲情氣氛的最佳選擇，也因此發展出機智活潑的喜劇新形象。在體製結構的變遷上，從以大段聯章體歌謠來鋪陳敘事的演出方式，逐漸走向精簡唱段、增加大量戲劇性對白的方式來展開情節，劇情因此更為緊湊、富戲劇張力。越是到了晚近，為了符合現代觀眾的審美品味，往往在演出中注入現代生活的內涵，並試著突破傳統程式化的表演，讓悲情的戲齣結束在反諷式的嘲弄情境中，打造了新的喜劇美感。

　　就喜劇的語言表現而言，三腳採茶戲的喜感很大程度是建立在「文字語言」的運用上，即數板、人物的唸白或對白之中，而非身段、動作之類的肢體語言。三腳採茶戲運用大量民間文化的元素，例如以拉翻歌、膨風歌、笑話、相罵、猜謎製造滑稽趣味，或在適當的情境、場合運用生動活潑的民間本色語，例如俗諺、歇後語、隱語、謎語來推動劇情發展、塑造機智鮮活的人物形象，或是以違反常規組合的語言，例如誇張膨風、不合邏輯的敘述，錯聽或誤會曲解他人言辭來製造突兀乖訛的效果，特別是那些建立在客家話特殊意涵、語音

之上的詼諧往往無法翻譯，一旦轉譯便失去了趣味，它們是呈顯喜劇藝術的重要手段。

　　喜劇創造的意義與一切戲劇表演的目的並無不同，一在於娛樂，一在於寄託，三腳採茶戲在表現形式上以活潑逗趣的喜劇為趨向，代表人的心理都是接近詼諧謔浪的，尤其是終日為生計打拚的庶民百姓，更需要透過輕鬆活潑的喜劇獲得消遣和滿足，並且觀眾在笑過之後多少希望能有回味的空間，或者是獲取意義和教訓，或者是人情事理的啟迪，因此「寓教於樂」成了戲劇習見的主題模式，也只有在滿足了精神的愉悅之後，其寄託才能達到目的。三腳採茶戲的受歡迎，不僅在於它根源於人民熟悉的現實生活，可以寓教於樂，更因為其中寄寓了人民對美好、幸福的追求和憧憬，此一想像能帶給觀眾極大的滿足，因此長久以來為百姓喜聞樂見，具有不衰的生命力。

參考文獻

丁乃通，2008，《中國民間故事類型索引》。武漢：華中師範大學出版社。

毛禮鎂，2006，〈江西《賣雜貨》之流變及與臺灣採茶《送金釵》之比較〉。《中華藝術論叢》5：261-263。

行政院客委會，2005，臺灣客家音樂網：音樂鑑賞。http：/music.ihakka.net/web/04_admire_index.aspx。

亞里斯多德（Aristotle）著，姚一葦譯，1992，《詩學箋註》。臺北：臺灣中華書局。

胡萬川，2006，《龍潭鄉廖德添客語專輯（二）》。桃園：桃縣文化局。

姚一葦，1979，《戲劇論集》。臺北：臺灣開明書店。

_____，1992，《審美範疇論》。臺北：臺灣開明書店。

徐進堯、謝一如，2002，《客家三腳採茶戲與客家採茶大戲》。新竹：新竹縣文化局。

徐天有，1934，〈最新解勸盤賭歌〉，《臺灣大學典藏數位化計畫：楊雲萍收藏歌仔冊》。http://140.112.114.21/newdarc/darc/index.jsp。

張紫晨，1989，《中國民間小戲》。杭州：浙江教育出版社。

陳運棟，2002，〈客家幽默文學作品的探討：以棚頭的創作為例〉。《客家研究輯刊》2：49-51。

康德（Immanuel Kant）原著，鄧曉芝譯，2004，《判斷力批判》。臺北：聯經出版社。

黃美序，2007，《戲劇的味道》。臺北：五南出版社。

新竹縣客家三腳採茶戲發展學會，2001，《客家三腳採茶戲專輯（有聲CD）》。臺北：行政院文化建設委員會。

奧夫相尼柯夫、拉祖姆內依主編，1992，譯者不詳，《簡明美學辭典》。臺北：駱駝出版社。

董健、馬俊山，2008，《戲劇藝術的十五堂課》。臺北：五南出版社

劉守華，1989，《口頭文學與民間文化》。北京：中國文聯出版社。

鄭榮興，1996，〈淺談臺灣客家採茶戲之棚頭〉，《傳統藝術研討會論文集》，頁 62-63。宜蘭：國立傳統藝術中心籌備處。

＿＿＿＿＿＿，2001，《臺灣客家三腳採茶戲研究》。苗栗：慶美園文教基金會。

＿＿＿＿＿＿，2007，《三腳採茶唱客音：傳統客家三腳採茶串戲十齣》。宜蘭：國立傳統藝術中心

諾思洛普・弗萊（Frye, Northrop）著，陳慧、袁憲軍、吳偉仁譯，1998，《批評的剖析》。天津：百花文藝出版社。

謝樹新，1967，《中原文化叢書（二）》。苗栗：中原苗友雜誌社。

＿＿＿＿＿＿，1969，《中原文化叢書（三）》。苗栗：中原苗友雜誌社。

羅香林，1928，《粵東之風》。臺北：東方文化。

羅可群，2000，《廣東客家文學史》。廣州：廣東人民出版社。

蘇秀婷，2005，〈由劇本文學及演出實踐探討客家三腳採茶戲之風格形成〉。《臺灣音樂研究》1：99-129。

蘇珊・朗格（Langer, Susanne. K.）著，劉大基、傅志強、周發祥譯，1991，《情感與形式》。臺北：商鼎文化。

大戲篇

山歌並採茶：
採茶戲曲外來音樂元素的吸收、內化動態過程 [*]

范揚坤

一、演唱採茶

> 採茶悉係粵人爲之，其所唱音調皆作粵語，名曰山歌。粵人聞于耳
> 即了于心，是以喜觀採茶甚于喜觀他劇。風傳近日東勢角內某庄無
> 夜不演採茶，聞每到演唱之時，則紅男綠女擁擠不開，多則數千人，
> 少亦數百輩，皆翹首側耳，至採茶罷唱始各歸家云。
>
> 〈演唱採茶〉（1900.07.14）[1]

　　回到歷史事件發生當下的視域之內，再加上其他史料的參照，可以知道如
「東勢角內某庄」內的客家民眾，對於欣賞演唱採茶的愛好，不只是種孤立
的現象事例。由前引〈演唱採茶〉一則報導，可以知道「採茶」的演出，在

---

* 本文原刊登於《臺灣戲專學刊》，2005，11 期，頁 435-461。因收錄於本專書，略做
　增刪，謹此說明。作者范揚坤現任國立臺南藝術大學中國音樂學系助理教授。
1 見〈演唱採茶〉，《臺灣日日新報》（1900.07.14）第四版。第 660 號。另按，原文
　無句讀，引文所見斷句標點，為筆者所加。

1900 年前後期間，已經活躍於臺灣某些地方。

　　以當年本地客庄人士的藝術欣賞趣味而言，對於戲曲的接受與選擇，觀看「演唱採茶」不是唯一的選項，也不僅是聊備一格，無關緊要的選項之一。從此文獻所述，已得見有：「喜觀採茶甚于喜觀他劇」的比較性現象。這種「作粵語」以客家話為舞台語言的「採茶」，由於能使「粵人聞于耳即了于心」的語言優勢，所以在當時能有一定程度的吸引力，攫取了許多客家人的視線與行動支持，從而成為一種時興的劇種，以致於有地方能有「無夜不演採茶」風尚，進而成為地方新聞報導材料。

　　再者，透過這則文獻，對照今日日漸形成的客家戲曲研究成果，對採茶劇史已知內容，我們於文獻所見，乃至於所解讀的學術評價，雖或不妨視作一份足以更進一步補充採茶戲歷史光華的接受史文獻，證明客家採茶戲進入一個活躍階段的年代。依此認知與文獻所錄見聞本身於當代研究的作用，即成為一種補充，提示採茶戲發達於臺灣本地的時間，遠比我們所知的要來得更早一些。其次，在音樂部分，可確知主要是以「作粵語，名曰山歌」的型態存在。但是，除了語言的優勢，這項新興的表演在當時究竟還有哪些魅力？

　　甚至於，此時以「作粵語，名曰山歌」型態存在的「採茶」，在舞台上的面貌，特別是音樂上的發展，及其對於劇種的源流變遷與各個階段的影響，如果不再嘗試其他資料的補充，單從這樣的一份文獻，實際上是看不出來的。

二、梨園別種

　　昨有友自桃園來者，談及該處邇來採茶戲最盛行，一連演唱月餘，
　　男女幾乎若狂。噫！採茶戲起於粵庄游手好閒不事生業之浪蕩子，
　　且皆年小俊童，脫鬚眉之氣。效巾幗之妝，斜插簪釵，濃施脂紛。

所唱者，俚俗之曲；所演，狎褻之端。固不足以悅人觀而動人聽也，
第庸耳俗目偏以此為新奇，幾不啻先睹為快矣。然事關淫戲，未免
為人心風俗之害，有地方之責者。究，亦不得聽其沉迷莫返也。

〈梨園別種〉（1898.08.24）[2]

　　相較於〈演唱採茶〉出現的時間點，稍早幾年，另有一篇〈梨園別種〉報導文獻出現。這是一篇作者由友人自他鄉（桃園）見聞所引起的短文。當臺灣成為日本殖民地的第四年間，閱報時人可見作者於報導中指稱：這種源起於「粵庄」的「採茶戲」，是由一群「游手好閒不事生業之浪蕩子」所編作。看來，這位出生及成長於前清時代的記者，對於從事這個時興演出活動的表演者，其人品印象雖不甚了了，對於演出的活動本身，卻仍能保有一些基本的認識。這種可能源於生活日常印象的認知能力之所在，正與前引文獻同述及，見觀眾每每熱切「翹首側耳，至採茶罷唱始各歸家」的景況，在劇種的藝術表演生態發展成果，有其連帶關聯。

　　可見採茶的演出，此際已有能力創造出「一連演唱月餘」榮景，且在此前後連續的幾年間，無消褪的可能跡象。又，即如〈梨園別種〉文內所說明，當時舞台，演出者「皆年小俊童，脫鬚眉之氣，效巾幗之妝，斜插簪釵，濃施脂紛。所唱者，俚俗之曲。」[3] 由這時的觀者描摹於戲臺上所見場景，更進一步讓我們注意到，當時這類以「年小俊童」為伶人，翻反陰陽，在舞台上扮飾「巾幗之妝，斜插簪釵，濃施脂紛。」的女性角色，唱出「俚俗之曲」風貌。[4]

---

2 〈梨園別種〉，《臺灣日日新報》（1898.08.24）第五版，第 94 號。另按，原文無句讀，引文所見斷句標點，為筆者所加。
3 見〈梨園別種〉，《臺灣日日新報》（1898.08.24）第五版，第 94 號。
4 目前的研究多以為採茶戲早期的三腳採茶演出，最初只是落地表演形式，然見 19 世

　　至此，由文獻所見，這時期所謂的「採茶」，與今日民間戲臺上演出，以中高齡女性為主要演員所組合採茶戲面貌，並不太相同。其次，由「年小俊童」扮飾優伶的演員組成模式，與同時代其他，如亂彈、四平、高甲、梨園各劇種，於戲行界所見買賣童伶俗例，看來似乎相去不遠，但演出更受到觀眾歡迎。除此之外，雖加上「作粵語」唱「名曰山歌」的「俚俗之曲」就會是理由的全部嗎？為何又這許多「庸耳俗目偏以此為新奇」致使「每到演唱之時，則紅男綠女擁擠不開。」翹望戲臺上「年小俊童」唱「俚俗之曲」。

　　至於這時候以「作粵語，名曰山歌。」型態存在的「採茶」，在舞台上的面貌，特別是音樂上所見「俚俗之曲」的發展，對於劇種日後的源流變遷間的異同關係。以及之於不同階段所具有影響力的可能性，今天如何評估？是否真有更具體的資料，可供作為認識基礎？這樣的設問，不由今日可見的結果為張本，而在於文獻所發生當時代以來，期間的連續性過程。不在於根據可確知事件隨時間順序的連續鋪陳，而在於其間的歷史移轉過程中，藝術內容完成連續性開展進程的可能步驟。

三、演唱山歌

　　稻里有採茶戲，來自中路。其演唱時與梨園不同，蓋惟憑優旦唱山

　　歌之調，信信道出。手捧煎茗請諸，來觀之遊子或磧以銀幣銅鈑，

紀末年刊載〈演採茶戲〉一文，已有「近臺中有採茶戲前來臺北一昨夜在稻津教堂後搭枰開演」之說，這也是目前所能見，三腳採茶在搭設的戲臺上的演出記錄。見《臺灣日日新報》（1898.07.10）第六版，第56號。

各憑意氣而爭先著，遂彼此分群成隊。清歷時禁絕已久，何今日復
有舊調翻新也耶。

〈演唱山歌〉（1901.05.08）[5]

　　見 1901 年另刊載一報導文獻，記錄 20 世紀初，有演出活動擴張到臺北地
區 [6] 的採茶戲演出團體，以「手捧煎茗」的「優旦唱山歌之調」，於演出間與
戲臺下觀眾直接互動，並藉以贏取觀客賞金。從中，當年所謂的「採茶戲」演
出的內容，至此愈加明顯，並補充了前引文所以用〈梨園別種〉為標題的觀點
之所在。正如〈演唱山歌〉提及「其演唱時與梨園不同」及其續後對於演出內
容的描述，說明演員與台下觀眾積極的互動情況，確實可見與其他傳統戲曲的
演出形式，甚至於今天我們所看到的採茶戲演出形式，均有著種種的出入。

　　再次回顧通篇文字所記錄，對於這種「採茶戲來自中路。其演唱時與梨
園不同，蓋惟憑優旦唱山歌之調，信信道出。手捧煎茗請諸，來觀之遊子或
磧以銀幣銅鈑，各憑意氣而爭先著……」諸般內容，針對其表演形式與風貌的
描述析讀，閱讀文獻者，實際不能從中看出作者於文中述及所謂的戲劇情節。
換言之，當時的採茶戲於每一次的演出過程中，未必然沒有劇情的鋪排，但其
中的劇情，或演出內容的戲劇成分，顯然不是真正吸引觀眾的因素。至少在當
時以衛道者自居的人士心目中，採茶戲演出的「傷風敗俗」，所據似乎以「阿
旦工於邪說」緣故，才得以致令「惹得遠近人民爭先，來觀者絡繹不絕」進而
影響民風。[7] 正因「採茶旦其搬演頗近於狎，致男男女女受其所迷。」[8]

---

5 見〈演唱山歌〉，《臺灣日日新報》（1901.05.08）第四版。第 902 號。另按，原文
　無句讀，引文所見斷句標點，為筆者所加。
6 文中所謂「稻里」，即指臺北當時的大稻埕地區。
7 見〈演採茶戲〉，《臺灣日日新報》（1898.07.10）第六版，第 56 號。

至於 19 世紀末另一文獻〈禁採茶戲〉一文，對於「打採茶」演出者、演出形式與內容，可見有更細緻的描述：

> 今有一班無賴子，係出粵人。扮成一丑一旦模樣，在棚歌舞，名曰打採茶。以其歌舞後，旦自執杯奉茶下棚清（請）客。有一二知趣者近前接飲，或贈之銀圓、或錫（賜）之物品。即以銀物編出一歌，無非奉承酬答之詞，一則曰情郎哥，再則曰情郎哥。直俟聞者意亂神迷，手舞足蹈，若視為親我愛我，恨不得傾囊以付。愚孰甚焉，查此陋習。惟中壢及一派客人庄最為盛行，近因流入臺北。偶從枋橋經過，亦欲逞其藝術，粧得七嬌八媚異樣生新，擬在在慈惠宮搭棚演唱。先時來觀者男婦殆數百人，後被街長聞知，恐其敗俗傷風，出為阻擋，遂乃中止，眾皆一哄而散云。[9]

可知議者所謂「工於邪說」的「優旦唱山歌之調，信信道出」間，在演出的呈現手法上，本即不以劇情取勝。反之，主要是在與觀眾互動過程，憑由觀客提供曲題（「旦自執杯奉茶下棚清（請）客。有一二知趣者近前接飲，或贈之銀圓、或錫（賜）之物品。即以銀物編出一歌……」）透過即興的臨場創作，以贏取賞金、酬物以及觀眾的擁護。其次，由「在棚歌舞」再到「執杯奉茶下棚清（請）客……以銀物編出一歌」，形成一種兩階段的演出模式。演出過程前段，表演者以丑、旦兩種角色在戲臺（「在棚」）上演出歌舞，藉歌舞吸引觀眾後，再進入以「旦」負責臨場即興演唱的部分。整體說明了當時這類演出

---

8 見〈熱鬧未休〉，《臺灣日日新報》（1898.12.24）第六版，第 495 號。
9 見〈禁採茶戲〉，《臺灣日日新報》（1898.07.19）第五版，第 63 號。另按，原文無句讀，引文所見標點，為筆者所加。

分成兩階段基本形式構造的可能性。此一演出模式與內容上兩階段基本形式構造，實際上，即三腳採茶形式的〈扛茶〉劇目演出。亦即另一三腳採茶齣〈糶酒〉的衍生劇目。

　　本文討論至此所處理內容的範疇，除了對應時空關係上的出入，大部分皆為今天對於採茶戲歷史研究與說明認識的一部分。如上所見，所有更進一步的文獻舉例，不過只為進一步補充此一範圍內的歷史知識。但也正因為在歷史的追溯與整理的知識研究上，有關採茶戲各階段的發展，係由前一世紀 80 年代起，展開回溯至今，[10] 短短不過 20 年間，所探索臺灣自早期三腳採茶以降至當代戲曲生態等種種發展歷程，雖有不容小覷之成就，但不論就時間點與歷史進程階段斷限，就不同歷史階段實際的藝術內涵，就藝術形式與風格的遞嬗，仍有許多可待補白之處。

　　換言之，透過如文前從文獻本身的追索，即不難注意到，三腳採茶，特別是其中如〈扛茶〉演出型態的風行，出現於歷史舞台具體的時間點，其實比我們今日所知的時間點，還要早上許多年。至少透過〈禁採茶戲〉（1898）的報導，可知〈扛茶〉的演出型態在前清之時已然在臺出現，並且曾遭到禁演，所以有「清歷時禁絕已久」之說。同時，這篇報導，可能是目前對於三腳採茶〈扛茶〉齣演出型態出現時代，最早的文獻記錄之一。

　　其次，所見不同文獻的報導，皆提醒我們得以更進一步注意，這種時興與台下觀眾直接互動的演出形式及其表演內容，在 19 世紀末到 20 世紀初年間的活動情況，流行與演出影響所及的區域範圍，並不僅限於我們今日所認知的客

---

10 其中專論，依發表（出版）順序，如《客家三腳採茶戲的研究》（徐進堯，1984）；《臺灣客家三腳採茶戲：賣茶郎之研究》（陳雨璋，1985）；《臺灣客家戲曲之流變與發展：從三腳採茶戲到客家大戲》（謝一如，1997）；《臺灣的客家戲》（黃心穎，1998）；《臺灣客家改良戲之研究》（蘇秀婷，1999）；《苗栗縣客家戲曲發展史》（鄭榮興，1999）；《臺灣客家三腳採茶戲研究》（鄭榮興，2001）。

庄，如北部桃竹苗三客家縣市。採茶於當時代的發展與變化，也可能遠超過今日所能想像。故而，不論就藝術所影響範圍，或可能受到影響的來源，即無單一化或靜態化的可能。故此，對於藝術品種的分類，根據地理位置進行描述，將採茶戲依流行地域區分，[11] 可說是最初階的一種認識與系統性歸納。但若在知識的建構上，僅依此一簡單的歸納原則建立樂種，甚或孤立其與周邊文化圈，在文化的互動以及交叉影響的可能性，即以單一條件在邏輯上建立「認知為真」的概念，一旦反應在具體的音樂文化現象研究脈絡，即無法瞭解採茶戲與其外部環境，在活動力以及藝術元素吸收，所曾經經歷的事實。

又就藝術內容的本身而言，當時這類以「年小俊童……效巾幗之妝……所唱者，俚俗之曲。」（〈梨園別種〉，1898），「粵人為之，其所唱音調皆作粵語，名曰山歌。」（〈演唱採茶〉，1900），「唱山歌之調」（〈演唱山歌〉，1901）的描述，皆可能併作為進一步思索某些實際演出內涵的相關線索，特別是在曲目、曲體，乃至於曲文內容的發展與變遷。

四、就臺灣戲劇而言

> 新劇即歌劇也。此原為嚴禁中之採茶戲而改造者也。其未改造以前，僅於地方祭典出為燦行而已。至於十數年前，大博群眾稱贊之香山小錦雲九角戲解散後，斯時島內，復無翻新戲劇。而苗粟等處之粵人，乃組織採茶戲改名歌劇，到（處）開演，往觀者趨之若鶩。就中男女藝員，醜態淫放，為此鬧事。頻觸於耳。且口白過於粗野，

---

11 例如王耀華《客家藝能文化》（1995：24-28）所表列有關採茶戲的分類方式。

歌調亦似鄭聲。其敗壞風俗，有紙墨難盡之概，故受民眾排斥，且
當局亦當爲之禁止。因之逐漸改善，至有新奇布景，亦有巧妙機關，
而成臺灣一種新興之歌劇。雖然如是，猶不能脫其俗氣。此非更加
講究，以期完善，則難解消群眾之排斥，豈無孤城落日之嘆哉。

張淑子〈就臺灣戲劇而言〉（1943.03.06）[12]

　　從 19 世紀末到 20 世紀中葉，採茶演出在數十年間所產生的激烈變革，其
中點滴，在缺乏足夠細節性的實際史料，可作為檢視與輔證的情況下，原非任
何隻字片語的短章即可以說得清楚其中脈絡。又，即使在同一時期內的發展，
就今天所知，也只能析解出一種概約傾向性的認識。

　　從政治、社會的外在影響作為原因，說明、解釋採茶戲如何從早期「旦自
執杯奉茶下棚清（請）客……以銀物編出一歌」的「打採茶」形式，從三腳採
茶進入到「組織採茶戲改名歌劇」的「新劇」、「歌劇」（改良採茶）歷史階段，
自是一種極為容易理解的切入角度。早在 20 世紀 40 年代，當時已有從中看出
政治、經濟對於藝術作用的見解。但若更進一步，在極短的歷史時間內，這類
客家劇團如何在演出實踐過程，確立藝術本身在變與不變的藝術價值判斷。這
類外部因素即不容易解答文化內部的思考與作為。

　　再就文獻本身的線索可以發現，差距不遠的不同時代報導文獻間，對於三
腳採茶活動的描述，前後也有些微的變化。三腳採茶形式的演出活動，從前一
階段動輒連演月餘，觀眾少則數百人，多則千人的榮景，到「未改造以前，僅
於地方祭典出為燦行」的變化，不難想見，當時期採茶戲劇運動內部對於藝
術內容表現的可能性，由於外部現實的挑戰，相對也必然面臨一些瓶頸有待突

---

12 見〈就臺灣戲劇而言〉，《臺南新報》（1943.03.06）第八版，第 11550 號。

破。所謂社會衛道者、執政者的壓制或嚴禁,只是一個補充性的誘因,引導藝術表演在內容上,嘗試跳脫原本的局限,轉入另一個新時期的發展階段。

文獻此處所透露,由 19 世紀晚期、20 世紀初的一段盛期,到進入當時世紀中葉,採茶劇衍流歷史所面臨兩階段轉換之間的幽微轉折過程,實際上是以往的研究尚不曾注意到的一段灰色的模糊空間。亦即,從三腳採茶完全轉入到改良採茶的歷史階段,原本「優旦唱山歌之調,信信道出,手捧煎茗請諸……」的演出形式,於 20、30 年代,已然遭遇市場機制的挑戰與質疑。因而乃有其時如張淑子稱「大博群眾稱贊之香山小錦雲九角戲解散」的空隙,由「苗栗等處之粵人,乃組織採茶戲改名歌劇」趁機而起,為採茶戲的藝術發展,以「歌劇」為名,轉入到另一個新的歷史階段。

換言之,當視野重回到 20 世紀初期,是以此時已然能有蔚為風尚的「採茶」,從今天於事後回溯劇種整體歷史變遷與發展脈絡的觀點來看,這個時期或當未必是「採茶戲」劇種史最初起點,但於當時代演出報導所見記錄,有如「風傳近日東勢角內某庄無夜不演採茶」到「流入臺北……在慈惠宮搭棚演唱。先時來觀者男婦殆數百人……」,再到「閩籍僻壤,亦被其風」[13],觀眾與演出活動互動頻繁的現象,間接提示劇種演出內容所能呼應觀眾熱情的藝術表現力與實力,顯然正處在已見有初步發展的階段。至少如前引各篇文獻所描述綜合整理,可知採茶戲演出發展的情況得以蓬勃,有其表演形式本身別出一格,與眾不同的優勢。其次,在語言、音樂部分,有其令人可親的特色。至少,在形式與內容上得以讓觀眾「以此為新奇」凡此皆為風靡一時的原因。

---

13 據《臺灣日日新報》(1910.04.01)第五版,第 3576 號。載惡鄭聲氏〈鶯啼燕語〉投書謂:「粵籍有採茶之戲。最為淫穢。然愚夫婦以其醒心娛目。多喜觀之。遂至閩籍僻壤。亦被其風。近日稻艋各處。已有為此絃歌者。……」可見當時採茶戲的風行,已然流傳到閩南語群聚落,如稻艋(按,今北市大同區及萬華區)等各處。

由於這段屬於採茶戲早期歷史階段成就，在演出內容上能夠獲致外界的肯定，以至有能力影響當時代觀眾「喜觀採茶甚于喜觀他劇」的藝術口味，進而在整個發展歷程上形成一重要的歷史關鍵時期。從維持市場與觀眾接受度的角度分析，基於維持發展能量的主觀需求，當這個劇種在進入新的歷史階段後，即仍有必要維持部分，特別如前一時期受到一般民眾歡迎的藝術元素，另加上新的刺激因素與表演元素。此即不論就前引張淑子文，甚或今日仍可由分析得見：以通俗易解甚至於稍微大膽、鄙俚的生活性語言為舞台語言表現，採取源自常民民歌、小調音樂文化的前期三腳採茶階段特色內容為基礎，進而在原本的成就基礎上補充加入新的表演元素，例如，劇目的補充、戲劇性的加強、音樂應用的擴張與組織。進而另藉助如用以補充劇情表現的舞台技術、設施，以「有新奇布景，亦有巧妙機關」彌補原本稍嫌貧弱的戲劇性。[14] 至於觀眾點題，隨題即興互動的演出形式，於此一時期後，即逐漸在舞台上消失。由觀眾與演員的互動即興表現，在戲劇節奏的制約，轉成為台上表演者彼此的協調關係。

因此，從歷史的角度觀察，今天所見客家採茶戲曲之所以在音樂上顯現其多元樣貌，其實來自於如前述這樣一種有機的過程，隨著歷史發展的過程，根據市場機制與生存法則，陸續由外納入形成積累的動態性成果。2000 年根據日治時期唱片有聲資料整理與復刻，所出版的《發現臺灣歷史的聲音》，早年參與客家三腳採茶的藝人之中，多位擅長八音的現象，此一線索背後的深層意義，即八音音樂與其表演者對於三腳採茶表演形式與內涵豐富過程，可能存在著重要的影響力。此一影響力，論者至今尚未深刻的考掘。忽略了身為歷史碎

---

14 採茶戲此一時期開始強調舞台技術、設施，主要應受當時期中國來臺劇團所引領風潮的影響。相關研究，請參見《日治時期中國戲班在臺灣》（徐亞湘，2000）所析論。

片的線索，其本身背後可能與現存藝術現象本身在歷史聯繫上的牽連。[15] 其次又必須瞭解，這種歷史性成果的生成，不在於理論先行的導引，也不由預先整體的藝術設計，而在於演出實踐過程之中不斷的試探，再經由深化與篩選過程，逐漸內化成劇種的內部結構。[16]

換言之，從 19 世紀末年起，整個劇種的音樂體系內涵，即不能視為一種共時性的表演知識，而是一種歷時性的動態過程的反應。但此一動態過程，雖說總是藉由外部力量得到歷史的推進，藝術表現深化的能力，卻總有一核心的審美標準為核心基底，隱然可辨。同此一基底，並在其藝術總體發展過程，與局部變遷中，扮演至為關鍵的內化作用力。

再者，由於劇種內部的音樂資產，或傳自不同來源，或經於不同歷史階段，漸次進入表演體系。所有的音樂元素，在發生、吸收、內化的連續性動態過程之中，實際透過不同的作品，不同時空下的演出實踐。在這樣的歷史脈絡背景之下，再從實際演出內容分析，即可以發現作品的內部藝術元素在結合與對應關係上，部分已然與傳統的藝術形式與美學體系合而為一，部分則仍處於磨合，甚或只是扞挌般地與既有並置。但無論如何，這些紛複的音樂現象最終共同構成了今日的採茶戲曲音樂文化。

---

15 對此，以歷來參與採茶戲劇運的表演者為例，至今仍常見多非純由經歷採茶戲演出團體完整技藝訓練，而是出自其他劇種（如四平、亂彈、歌仔）、樂種（如八音、北管）的表演者，於劇團乃（至）於發展風潮中的關鍵性地位。此類人物，早期代表者，如何阿文、卓清雲、巫石安、梁阿才、官羅成等人。以身處採茶劇界外緣，卻對表演內容具有影響力者，如以江湖賣藥說唱聞名的蘇萬松最富代表性。

16 這點與當代三腳採茶表演藝術復原、重建，明顯可感受有理論先行趨向的特色，顯然大異其趣。又，此一實踐過程的特徵雖有漢族戲曲大傳統的共同背景特質，同時更須注意採茶戲文化內部其中，對於外來、新興表演元素尤有高度興趣的特色在臺灣本地發展的結果。亦即由外自內，從吸收到內化此一動態性過程表現的特質。

五、歌舞採茶

> 目前在市面上能買到的「採茶戲」的錄音帶，大致可分為四類：一
> 類是小調對唱加上對白的，如「打海棠」、「十送金釵」、「桃
> 花過渡」。一類是用山歌自編歌詞唱「賣茶郎故事」的片段，如「綁
> 傘尾」、「送郎」。一類是以「平板」自編歌詞唱民間有名故事，
> 如「薛平貴征西」、「梁山伯與祝英台」、「三娘教子」或是勸誡
> 劇，如「勸夫」、「勸賭」。一類是以「平板」自編歌詞笑鬧劇……
> 這四類都是以丑、旦對唱形式為主，但是以第四類的笑鬧劇最多。
>
> 　　　　　陳雨璋〈臺灣客家三腳採茶戲的源流〉（1985）[17]

今天我們所理解有關採茶戲的音樂風格與特徵，從以歌舞即興為主的小型
節目，到形成集戲劇、舞蹈、音樂共同組織為一整體，結構更為複雜的表演體
製，其實已然是某種程度的歷史結果與反應。屬於劇種當中的藝術魅力所在，
由不同元素組織而成的「藝術效果」[18]各部分，在改良採茶時期所加入，引自
劇種外部的藝術元素，由於距今的歷史時間較為接近，也由於其中內化的調整
完成，易見仍有不足處，斧鑿的痕跡亦相對比較明顯。但前期三腳採茶的內容，
則不易追查。同樣，此中整體音樂現象最不可知，或說難以理解的部分，其實
又在於各種新的音樂材料進入採茶戲之際的篩選機制，演出實踐的機制及歷史
遞變的過程表演、編創者如何從音樂之中建立選擇、適應、調整、內化。

---

17 見《臺灣客家三腳採茶戲：賣茶郎之研究》（陳雨璋，1985：13-4）。
18 筆者所謂的「藝術效果」，非單指臨場或片段、即興性質的孤立式表現，同時也包
　　含音樂、劇情、劇場整體結構性的表現規劃。

　　從陳雨璋論文對於三腳採茶的研究與觀察，80 年代的採茶戲曲有聲出版在沒落的環境中，仍維持有相當數量的出版品。[19] 當時這些出版品類型無論是「小調對唱加上對白」、「用山歌自編歌詞唱〈賣茶郎故事〉的片段」、「以『平板』自編歌詞唱民間有名故事」，甚或「以『平板』自編歌詞笑鬧劇」，所共同構成當時採茶戲曲出版文化音樂內涵與範圍，從歷史的觀點理解相關手法與藝術特徵，在相當程度上，都一再反應著 20 世紀中葉之前更早時期的採茶戲，特別是三腳採茶階段最盛時期以來的音樂發展。如「小調對唱」、「山歌」、「平板」。

　　當我們回顧文前所引各篇文獻，其中對於音樂的描述，最常見者，即有「山歌」之說。又如「一丑一旦……在棚歌舞，名曰打採茶」之說，必須考慮表演者在多日連演其間所以能推陳出新，維持觀眾興味得以不輟之需要。藉由音樂的補充，特別是時興歌謠的學習與演唱，無疑會是相對簡便的吸收方法。此當即採茶戲至今日仍保持相當數量的小調曲目之原因所在。亦即其後所以有「九腔十八調」之說成形的可能源頭之一。於此可見，即使是外緣或表面的文化知識、現象，仍有其作為分析線索的可能性，提供論者分析、思考採茶戲所吸納音樂來源，及其當時與現實表演環境的關聯性。亦即，外部的音樂元素進入採茶戲，成為其表演體系內容的一部分，不當僅限於改良採茶的歷史階段，三腳採茶在 20 世紀初期，事實上也有類似的現象。即隨著演出活動於各區域的流動，不同時期、不同地區的時興歌謠小調，未必相互重疊。

　　再者，當表演者每每需「以銀物編出一歌」回應觀眾點題，表現即興的文

---

19 當時市面上流通的有聲出版品，相當一部分均係來自於 1950、60 年代「美樂」、「鈴鈴」等唱片公司所出版的唱片。此處另涉及有聲出版對於客家音樂戲曲保存、發展的議題，本文此處僅作背景說明，不作詳論。詳另見《流轉‧發聲：鈴鈴、美樂與遠東唱片目錄彙編》（范揚坤，2017）。

思之際，如【平板】一類平腔、順穩，且適於編入歌詞的歌謠體曲調，即有其
方便性。事實上，這種今日通稱以【平板】為名的歌體曲調，舊稱本即為【採
茶】。由此即可見當代採茶戲曲文化其中一部分音樂內容，實際上仍繼續回應
著早期「打採茶」演出型態的音樂發展歷史。此即筆者所以認為，在採茶戲曲
的音樂發展歷程之中，有一部分相對成熟的內容，實際上已然內化為整體採茶
戲曲音樂內涵的一部分。

　　同時，此一吸收與內化行為原則，不始於劇種任何個別階段，必須視為一
種通則，對應各時期戲曲本身的音樂發展，並對於其時的藝人而言皆然。因此，
各時期所用音樂，即使有吸收自外來的音樂元素，當反覆於其後不同階段，以
相對穩定的風貌繼續呈現，即應已形成內化，構成採茶戲戲曲音樂內涵與傳統
美感經驗的一部分。換言之，採茶戲曲今日所見於音樂上的種種表現，是在民
歌謠體與板式戲曲的結合過程與趨勢間，經實踐上的反覆辯證，所逐漸形成的
藝術知識與能力。因此，在未來的下一個階段，劇種其中如音樂等種種藝術內
涵對於歷史過去的取捨，所根據的同樣包含今日的經驗與藝術理解。

　　當代對於採茶戲曲中有關外來元素的吸收、內化動態過程，一般研究者目
前主要集中於改良戲時期的關注。此一觀察，對於改良戲當時期的面貌，自然
有其相當程度的準確性。但此一傾向，同時即意味著以三腳採茶階段之種種，
視為整體採茶戲曲歷史源頭的意識，進而以其中「賣茶郎故事」劇目為臺灣三
腳採茶戲的起始點。[20]

　　又因「賣茶郎故事」劇目而有「十大齣」概念與說法。此一概念在研究資
料中出現，始於徐進堯（1984）、陳雨璋（1985），其後再有其他各家的說法。

---

20 目前所整理三腳採茶戲齣的茶郎故事，不論演出長度的長短，或各家說法分別，其
　中各齣的分畫基本可見有一致的情節脈絡。其中劇情的大要，約莫演：以種茶為生
　的張三郎離鄉、賣茶、離家期間，個人與家庭皆分別經歷過一些事情。

一如陳雨璋論文對於三腳採茶戲以「賣茶郎故事」及其相應戲齣、音樂,為採茶戲史初期發展面貌的定調,[21] 其後各家大體亦依循此一思考脈絡推演。晚近論者如黃心穎,謂:

> 三腳採茶戲藝人從「賣茶郎」故事開始演起,由於受到大眾的歡迎,除了傳統的「賣茶郎」故事以外,藝人又推陳出新,加以改良,促成了更多的小戲戲碼……。[22]

惟,包括筆者之前的討論,似乎均忽略了可考歷史文獻,自 19 世紀末以降,對於「賣茶郎故事」、「十大齣」,甚或其中局部內容,均不見報導,此中對於歷史研究所透露的訊息。從前人如風山堂、連橫、片岡巖、竹內治……,及見諸於《臺灣日日新報》等報刊各篇報導文獻皆然。

文獻之於今日研究知識認知,兩者間的衝突來自「賣茶郎故事」及其演出型態的事實存在,更由於在今日與早期三腳採茶歷史階段,因改良採茶階段出現所隔出的歷史距離而構成的疏離。即從今日所謂「賣茶郎故事」的三腳採茶演出型態而言,[23] 其內部不論就劇情、音樂,仍有出現順序的歷史問題。且此中發展順序,透過音樂比對各齣,即相當容易看出,茶郎故事劇情的擴張、音樂的變遷,實在與戲劇本身的劇情順序、時間,無對應之關係。

甚至於,若與前引文獻所報導內容相參照,尤應注意,日治初期所報導三腳採茶演出型態,與茶郎故事等戲齣,彼此之間可能是在同一歷史背景下,於

---

21 參見《臺灣客家三腳採茶戲:賣茶郎之研究》(陳雨璋,1985:10-12;32-41)。

22 參見〈隴西八音團所藏「採茶」抄本初探〉《隴西八音團抄本整理研究》(黃心穎,2004:92、32-41)。

23 即陳雨璋之後各家所整理、分析、重建有關三腳採茶表演的藝術內容。

同時期陸續發展而成的可能性。亦即，表演者於演出進行期間，如何藉由情節的串合，合理地將演出由戲台上的歌舞，聯繫到之後以茶請觀眾，進而再以贈物為題連續即興演唱，最終得以透過劇情的說服，讓演員回到舞台上，結束一天的演出節目。再者，在同一地點連續多日的演出活動，如何不使觀眾明顯覺得演出模式的千篇一律，似乎只能透過不同的齣題或基本情節，達到建立相近的表演流程，並說服、吸引的目的。

「賣茶郎故事」系列各齣，從音樂的角度理解，同樣也存在有源自於非劇種本有的藝術元素可能性。若以外來音樂元素如何進入到三腳採茶戲領域，為討論的議題，則學術研究對於「十大齣」一詞的相關爭議，即有其構成為分析工具的可能性。

另由於「賣茶郎故事」、「十大齣」概念與說法，有其隱然被視為臺灣三腳採茶戲起始點的學術推理意涵，因而其中三腳採茶諸戲齣之中，在學術知識上的爭議，乃集中於「賣茶郎故事」究竟應為哪幾齣？或所謂「十大齣」應由哪幾齣所構成？[24] 其次，即使「十大齣」在內容上所包含各齣可能性的說法眾說紛紜，但在大體上，確實仍有部分較為確定的核心戲齣。姑且不論是否真有「十大齣」一說，這幾齣在不同的學者研究論述中均有述及的戲齣，在彼此的組合關係上，本身即有可進一步詳查之處。但初步從各齣之中所用音樂情況來看，使用小調為主，或源自山歌曲體[25] 但可見為三腳採茶戲基礎唱腔，如【採茶】、【山歌】的變形與發展類型的唱腔，凡此類戲齣，其實已可見應屬於稍晚才能出現的歷史產物。其中最可能者，如〈糶酒〉、〈勸郎怪姐〉、〈桃花過渡〉、〈賣雜貨〉，又可從中看出三腳採茶形式構造發展進程的痕跡。

---

24 將「賣茶郎故事」及其中「十大齣」關係，提出分析比對者，除鄭榮興（2001）進行過各家的比較，晚近黃心穎又據新竹范（彭）家隴西八音團所藏「採茶」抄本所見，再次提出不同的見解。

25 如鄭榮興所歸納分屬【山歌腔】、【採茶腔】等各種唱腔。

　　再就現象的推理與詮釋而言，所謂「十大齣」說法所以眾說紛紜，其中各種可能的原因之一，可能在劇種原生環境的文化圈內本即無此說，只是學者為便於歸納與分說，所提出的一個統整性名詞。其二，也有可能是「十大齣」之下各齣，只是齣題顯現不同，但其內部所統攝的情節關係彼此間仍有其一致性。又或者雖有此說，但說法本身形成時間其實並不長，致使仍不足以在原生態圈的內部形成共識。但不論原因為何，筆者認為，一旦我們可以將「賣茶郎故事」、「十大齣」概念與說法，與三腳採茶歷史源頭關係的意識，解套脫勾，不但可以解決文獻上所以只見如〈扛茶〉齣「一丑一旦……在棚歌舞」「……歌舞後，旦自執杯奉茶下棚清（請）客。……以銀物編出一歌……」卻不見張三郎賣茶故事的難題。同時又不必陷入以劇情關係、順序，即〈上山採茶〉到〈茶郎回家〉、〈盤茶〉，到〈送金釵〉、〈桃花過渡〉各齣三腳採茶劇目在其歷史中，孰先孰後的因果關係。某種角度來看，這似乎正像是另類「蛋生雞或雞生蛋」的邏輯性難題。唯有釐清不必要的糾纏之後，進而才可以從中探索音樂、唱腔在不同戲齣中所顯現的歷史線索，以助於析理 20 世紀初期三腳採茶戲音樂的發展。

六、山歌採茶

　　臺灣的採茶戲唱腔，已經將「採茶腔」系統與「山歌腔」系統，都在戲曲中穿插使用，儼然已經合流了。尤其原來不歸屬於採茶戲曲的山歌民謠，經過藝人的改編、加工後，已成了三腳採茶戲的基本唱腔系統之一，後來更發展出【平板】、【山歌子】等新的曲腔，使用於採茶大戲中，這段演變的歷程是相當值得注意的。

　　　　　　　　　　鄭榮興〈臺灣客家三腳採茶戲研究〉（2001）[26]

如上引論述，學者鄭榮興認為，三腳採茶戲齣中主要唱腔，除部分屬小調類之外，其餘各種唱腔曲調，透過分析，皆可分別歸納於「山歌腔」與「採茶腔」兩類中。換言之，三腳採茶戲大部分的唱腔，都可說是由前述二腔所衍生出來的發展，甚至於「【平板】、【山歌子】」，則是這些發展衍生的不同唱腔中，相對屬於比較後期的成品。亦即三腳採茶從【採茶腔】、【山歌腔】為起始，依演出需要，歷經多元之變化，終再有〔【採茶腔】→【平板】〕、〔【山歌腔】→【山歌子】〕的變體。

參考鄭氏針對三腳採茶戲唱腔音樂內涵的分析與見解，若用於討論三腳採茶唱腔音樂發展歷史構造的分析範疇，即能藉以將源自於客家民歌的「山歌腔」與「採茶腔」曲調，看作為三腳採茶音樂資產之中最底部的源頭，之後再增添出其他的發展，則採茶戲曲音樂元素發展，首先是先在【山歌腔】與【採茶腔】基礎上進行發展，進而再有其他方向的音樂元素吸納、內化，形成音樂內涵擴張的動態性發展歷史。

惟，此處的分析工具所掌握，其實僅能在單一方向上看出線索，處理如曲調比較分析的議題最為便利。在以戲齣為作品單位的內容與歷史發展關係，則必須另藉助於其他線索的結合。此即筆者於前節所論及，探索劇種藝術內容於歷史間的發展軌跡與關係，須根據當時期歷史文獻所記錄、描述的演出形式，作為認識與分析的基礎線索，方能夠具體地看出。

亦即對採茶戲音樂的歷史發展與認識，至少需兼採藉由各種文獻所描述各時期演出現象，以及現存演出的音樂內容、知識現象，則前引鄭榮興所提出的分析工具，才能顯現在歷史研究範疇的力道。以本文所討論三腳採茶為例，前者即如曲譜文獻，或如文獻中所見描述三腳採茶結合「歌舞」與「即興歌唱」

---

26 見《臺灣客家三腳採茶戲研究》（鄭榮興，2001：134）。

兩階段形式的特徵；後者，另如以鄭榮興針對其中各齣音樂（唱腔）部分的分類關係為特徵，進行分析後所歸納完成的分析原則，經相互補充之後，方能有比較清晰的面貌。進而，才能涉及三腳採茶不同戲齣的組合關係，以及藝術本身特別是外部元素的引入，由吸收、發展到內化的整體過程。

以下由三腳採茶劇目之中的〈賣雜貨〉[27]所見為例說明：

〈賣雜貨〉一齣，所演劇情大要內容：賣雜貨的貨郎（丑／財子）穿街過巷兜售貨物，於途間遇一精明的婦女（旦／阿乃姑）向貨郎問售，兩人因買賣發生一連串的對話情節，甚至於打情罵俏，貨郎終因存心不正，非但占不了便宜，還賠上身上的貨物，空手離去。由劇情入手，可見本齣大致可分為兩個段落，前段為貨郎財子出場至遇阿乃姑為止，後段則是兩人見面後展開互動到劇終。

就劇情結構本身而言，這齣戲顯然十分單純。另若再從音樂分析的角度來看全齣，相對亦然。以唱腔的安排為例，〈賣雜貨〉一齣其中，依《臺灣客家三腳採茶戲研究》所錄劇本，其中唱腔使用依序分為：【賣雜貨】、【雜貨節】、【送金釵】、【打海棠】。所用曲調，其中【雜貨節】實為【賣雜貨】節用而成，故仍可看成前者之一部分或延續（其中與語言隔開）。【送金釵】與【打海棠】的關係，不論劇情或音樂都是連續的銜接關係，屬於尾段的安排。故而在演出的構造上，全部主要只有兩個唱腔段落，其間，另作為兩段之間的過渡性段落，則是丑、旦二人插科打諢的情節。[28] 以此，其整體劇情所結合唱腔、

---

27 〈賣雜貨〉一齣的題名，亦有記為〈送金釵〉或〈十送金釵〉，前者可見依劇情主線命名，後者則是依劇情結果稱名。當然，也可以說兩者分是根據其中之一的主要曲調為名。此外又有〈賣什細〉、〈賣什貨〉等戲齣題名，詞義同〈賣雜貨〉。本齣分析所據文本，主要根據《臺灣客家三腳採茶戲研究》（鄭榮興，2001：287-302）附錄 1「『十大齣』劇本」所整理內容。

28 為避免說白、對白在音樂性上過於單調，如鄭文所附錄〈送金釵〉（即〈賣雜貨〉）劇本可見，此處間，即又插入唱念性質的【數板】以為潤色。

說白的段落構造，即呈現如下：

{〔歌〕〔對白〕〔歌〕}

若進而根據演員於舞台活動關係，再詳加細分，則可見：

{〔獨歌〕+〔對白〕+〔（獨歌）+（插白）〕+〔（對歌）+（對歌）〕}

　　換言之，這一齣戲在整體基礎構造上的呈現，雖有兩個角色，音樂卻是建立在其中的貨郎（財子哥）一人之上。透過以財子為主的音樂表現為基礎，再藉由劇情的鋪排，達到形式的擴張，從而建立起整體組織在內容上的立體感。

　　從歌舞為結構的架構組織條件來看，表演的段落關係，前段以至於中段的鋪陳雖含歌、白，但演出長度屬於比較彈性的部分，後段則顯然較前段更具歌舞性質的演出效果，至於整體構造所共同表現的特徵，即如「一丑一旦……在棚歌舞」型態，故而在早期的整個節目演出過程，此一齣目應屬於開始或作為全部節目終了前應用的段落。

　　又，根據學者鄭榮興所提出的分析與歸納，認為【賣雜貨】屬於【採茶腔】，【送金釵】則為【山歌腔】。[29] 亦即，判斷【賣雜貨】是由【採茶腔】發展而出，【送金釵】則為【山歌腔】發展而出的變化型曲調。對此，單從旋律的走向與調式特徵本身的分析而言，自無疑義。然而，若再進一步查考其他音樂曲譜文獻，卻可見【賣雜貨】可能並不只見於客家，如日治時期出版的

---

29 見《臺灣客家三腳採茶戲研究》【賣什貨】、【送金釵】相關分析。（鄭榮興，
　 2001：35、182、182-3）。

十三音曲譜集《典型俱在》（1928）「詞曲小調之部」、「雜錦之部」，《同
聲集》（1933）「雜錦之部」，[30] 以及晚近問世《漳州曲藝集成》（2003）其
中所蒐「南詞唱本」、「南詞小調」部分，[31] 另又可見有收此一樂曲的曲譜、
曲詞。採茶、十三音、南詞，客、閩、正音，從樂種以及樂種的流傳或使用的
語言差別關係，綜而可看出【賣雜貨】所流傳，在跨地域、跨樂種的歷史與文
化特徵。再根據前引三書所錄曲譜參照分析（如「譜例 1」），可見四個版本
（即含三腳採茶齣所用【賣雜貨】）相互之間雖互有出入，但從旋律的骨幹構
造到修飾性的細節轉折，差異相差不大。依此，另從曲詞來看，則明顯可以看
出，採茶〈賣雜貨〉所用【賣雜貨】曲詞內容，與其他版本相較，如以《典型
俱在》所見疊合段落處為例，也相去不遠，只是用於三腳採茶〈賣雜貨〉內容
的曲詞，可見應為小調【賣雜貨】全部曲詞前段的節引。

　　綜合前引三種曲譜文獻所見整理，這些不同出處的【賣雜貨】，似乎應為
同一來源，並為一流傳於許多地方語言區域中的雜譜類小調歌曲。而非三腳採
茶所特有。也正因為經歷不同路線的流傳，使得彼此間的音樂內容在細節甚至
於長度上，多少都有些出入。以此所得，再參據鄭榮興於分析三腳採茶音樂所
建立之分析模型：

　　〔【採茶腔】→【賣雜貨】〕／〔【採茶腔】→【…】〕／〔【採茶腔】
　　→【平板】〕

---

30 昭和 8 年，臺南樂局以成書院出版《同聲集》「附錄雜譜」（頁 33）。昭和三年，
　嘉義友聲社樂局出版《典型俱在》「詞曲小調之部」（頁 140）、「雜錦之部」（頁
　83）。又《同聲集》所錄【賣雜貨】，只收樂譜，不錄曲詞。
31 《漳州曲藝集成》「南詞唱本」、「南詞小調」（2003：56、269）。

　　此處，即可見由於這些曲譜文獻的出現，僅於〈賣雜貨〉一齣、【賣雜貨】一曲為事例，乃隨之產生一歷史源頭來處的可疑。換言之，此處所見的【賣雜貨】調，或許並非是三腳採茶戲曲內部原生的音樂，而是劇種在發展過程間，吸收、內化為劇種其中的一部分。然，以此證明鄭氏分析【賣雜貨】是否誤解，顯然效果有限，意義並不大。誠如筆者前文所交代，以其分析手法檢視【賣雜貨】音樂特徵，確實可以看出與【採茶腔】曲調之間，構造上的疊合之處。反而在針對歷史研究的角度而言，從曲調實際於戲齣內應用的情況，曲調分析的結果，到參照文獻曲譜所見不同區域同有此曲流傳的現象，正共同形成了一值得理解與分析的事例。

　　亦即從曲譜文獻以及曲調分析的角度，可見得原本屬於歌謠小調的【賣雜貨】之於三腳採茶而言，雖始於外來的音樂元素，當進入與戲曲演出結合成為其中一部分內容之後，即必須在風格上與戲曲本身的藝術特徵產生聯繫，才能夠融於其中。形成表現而非構成干擾。

　　就戲臺上的戲劇性效果而言，〈賣雜貨〉一齣本身的音樂構成，若全以【賣雜貨】調，或只用【送金釵】調為內容，首先的問題在於單一化的音樂曲調，將過於單調，不能成之為戲，不能由音樂提供、補充演出所需的戲劇性變化與轉折，故而必須另有安排。因此，才會需要又有【送金釵】與【賣雜貨】調的補充與對比。因為【賣雜貨】的旋律調式可令人聯想到【採茶腔】，是以利用與在音樂曲調的風格上近於【山歌腔】的【送金釵】調，並以此形成劇情前後間的對應關係。自此，可以發現在三腳採茶戲曲音樂的基礎對比色彩觀念，至少在這一齣劇目中，所依據的根據，即建立在【採茶腔】與【山歌腔】之間。其次，有別於【賣雜貨】與【送金釵】在全齣中，以腔體旋律調式的差異性為對比關係，〈賣雜貨〉後部，接於【送金釵】調的【打海棠】調，在情節與音樂關係上的運用，重心不在對比性的效果，而在於延續自【送金釵】調展開的

劇情，形成一連續性過程的擴張。從而在歌舞的表現過程中，逐漸達到高潮的效果，最終結束全齣。故而，後段音樂的接續關係與安排，所以選擇【送金釵】調以及【打海棠】調，主要由於兩曲調的調式色彩皆同屬於【山歌腔】，以腔體旋律調式的一致性為基礎，延展音樂與劇情。如同前段以【雜貨節】作為【賣雜貨】調的延伸。

透過旋律的走向與調式特徵關聯分析，再到整體表演內容的結構關係，〈賣雜貨〉由一開始【賣雜貨】調作為建立音樂的展開，於過程其中的可變對應項，即成【送金釵】，並以【十送金釵】作為變化、調整的根據。至此，〈賣雜貨〉中的【賣雜貨】調在整體劇情、音樂的展開過程，便成為一個起點，隨著劇情鋪陳，貨郎的貨物不斷交到阿乃姑之手，由【送金釵】起的歌舞，乃成為整個藝術結構的高潮。此亦〈賣雜貨〉題名，另所以有人稱之為〈送金釵〉，在藝術結構焦點關係上的原因。

從分析所見的大致情況來看，可以進一步支持【賣雜貨】腔始於外來音樂元素，在進入三腳採茶之後，因為與【十送金釵】結合為一戲齣的兩個基本結構，在音樂的風格上，【十送金釵】以【山歌腔】為基礎，結合【賣雜貨】本身的風格特徵，展開加工組織，使得二曲在風格上得以得到對比性的統一。之後才又有從【賣雜貨】所衍生的【雜貨節】，從中發展而成，再成為〈賣雜貨〉一齣其中的部分，補充其內容，最終成為今日所見風貌。因此，【賣雜貨】所以在音樂曲體分析上容易被誤認為屬【採茶腔】變體。

再者，從〈賣雜貨〉的唱腔設計，可見三腳採茶的音樂中，【採茶腔】與【山歌腔】之間，存在著作為對比色彩的關係。換言之，此一內容的存在，除了表現其本身內部的音樂特色，同時也說明了三腳採茶至發展出〈賣雜貨〉一齣的歷史階段，已經能更有意識地進行音樂設計，並試圖與其劇情產生有效果的結合。從歷史的因果論辯證關係來看，當三腳採茶被視為是採茶戲曲史早期

的發展階段之際，〈賣雜貨〉無疑應是這個階段的發展歷史間，在音樂劇情設計技巧相對比較成熟的時期中所編創的「新齣」。除外再從劇情的情節在曲文、音樂結合，與小調【賣雜貨】的曲詞相對照，同樣可以發現，三腳採茶〈賣雜貨〉齣與漳州南詞所傳同名曲文間，或有雷同，但在音樂的鋪陳上，即有相當程度的出入。[32] 前二，再與十三腔譜本《典型俱在》所錄分別，則戲曲與俚謠小調，用詞與情節安排間的差距，又有更加明顯的區別性。

　　換言之，這齣〈賣雜貨〉，不論是否可以看作為「十大齣」其中之一，其表演內容的音樂設計，不論基於劇情需要或因所吸收小調而得的靈感，借取【賣雜貨】小調內容，原初面貌本即與客家文化多有出入，音樂內容上，則自然地利用其本身的曲調特徵，結合三腳採茶戲表演特色，貼近民間日常生活，並透過音樂設計形成內化性的運用，構成為戲曲內在本身的音樂氣質。

七、山歌對採茶

　　嫂愛羅裙妹愛衫，做人阿哥心愛平，作衫要作潮州親親樣，又愛十
　　字街頭請裁縫。

〈送郎〉（2004）[33]

---

32 漳州南詞所唱〈賣雜貨〉，除用【賣雜貨】外，另有用【送情郎】、【進蘭房】、【鮮花調】等民歌小調，不論就音樂內容或風格而言，皆與三腳採茶所演有大異其趣的效果。

33 見〈隴西八音團所藏「採茶」抄本初探〉所整理新竹范（彭）家家傳大正5年（1916）抄本所錄〈送郎〉曲詞整理。《隴西八音團抄本整理研究》（黃心穎，2004：164）。

「一個民族所具有的時空觀念,反映著該民族走過的歷史行程,也反映著該民族曾經遷移或定居的地域環境等等。」[34] 在這樣一種理解基礎之下,我們才能夠進一步討論,關於採茶戲,特別是三腳採茶戲齣中,所特別常見一些與目前社會生活樣態多有出入,卻又不是傳統古典戲劇的劇情,在戲劇、音樂內容的根源與路徑。

歌謠與戲曲之間在音樂文化傳統上的歷史辯證關係,始終是採茶戲曲發展歷史值得繼續深入探討的議題之一。但就目前所知的採茶戲基本知識而言,粗淺地說,前述兩者間在本地客家音樂歷史上的關係,彼此經常呈現互為因果的作用角色。在彼此的歷史進程、文化內容擴張發展的過程中發生作用。正因為如此,彼此間的知識內容與認知,才會多所混淆,看出各有夾入屬於另一方的文化知識與藝術內涵的評論。

就藝術發展,史學的研究方法與視野而言,採茶戲的研究,目前為止,對於藝術內容、本質研究所顯現的重要特徵之一,即,歷來主要集中於客家民歌與客家戲曲文化之間的糾葛關係。這層糾葛實際上又不在具體論述章節的書面上呈現,而在一種心理狀態,一種在歷史脈絡與近程上因為某種的疊合關係所造成的糾葛。此一心理狀態的作用,主要由於兩者在音樂層面的具體現象上,有著相當程度近似性。各自之間在曲目、曲調、歌詞中,又多有密切關係。一如劉新圓研究【山歌子】民歌的論文(2003),針對客家歌謠有聲出版作品的分析,提到有一大類內容在曲詞情節上可歸納於「擬戲曲類」,[35] 此說與文前引陳雨璋討論 80 年代客家戲曲有聲出版情況,除了研究進行時間的出入之外,二者所針對對象、範圍,似乎沒有太多的變化,卻分別可以從採茶戲以及客家

---

34 山口修(紀太平、朱家駿、仲万美子、橘田勛 譯),《出自積淤的水中》(1999:65)。
35 見,劉心圓《山歌子的即興》(2003:38-39)。

民歌的角度切入，即可視為此一心理狀態作用的側影。

　　如【賣雜貨】、【瓜子仁】一類小調，至今仍經常被誤認為屬於客家專有的民謠。但此一認知實際上卻忽略，這些小調在漢族文化圈的流傳歷史已久，之所以在客家音樂文化中出現，乃由於種種可能的途徑。其中之一的可能，或由於戲曲表演等職業藝人的傳遞流播。即便如此，不論於鳥瞰歷史脈絡與拾掇歷史線索的經驗，最早作為引入傳播非客家音樂文化的職業藝人，從來不應是採茶戲藝人。甚至，最早從事採茶戲表演藝人中，最為核心的分子，反多是擅長客家八音的樂人。因而這些外來的音樂經驗，應當是在客家生活區域中活動的大戲表演者，甚或是八音樂人所引入而來在本地發展。但在 1900 年前後，當採茶戲成為客家生活圈地區之中最流行的戲曲表演類型之後，客家的歌謠文化，即由採茶戲的風行，另有一番風貌。證諸文獻所錄，本地早年的報刊早有「自該採茶演後，一唱百和，山歌因而載道，甚至有效顰者」[36] 之說。採茶戲曲與山歌歌謠文化，於當時後起，即日益交叉影響，終至難以分辨。

　　如本節開始所引用曲文，抄本記錄該段唱詞前，有一句「小旦由人口才」記錄，[37] 用作提示表演者於此處可自由發揮。可見日治時期當時，三腳採茶對於藝人在說白即興表現的彈性與自由。但劇情、音樂的構造，卻也在同一實驗過程中逐漸成為一種意識。前引抄本的出現，說明了 20 世紀初期的三腳採茶，曲文關係逐漸有定著傾向的現象，即為一例。對於〈賣雜貨〉齣可見以【賣雜貨】、【送金釵】的音樂對比組織關係，則另為一例。對於後者而言，【賣雜貨】、【送金釵】的關係，既如前分析所見，【賣雜貨】調雖為外來的音樂元

---

36 見〈東施效顰〉，《臺灣日日新報》（1900.04.26）第四版，第 593 號。
37 見〈隴西八音團所藏「採茶」抄本初探〉所整理新竹范（彭）家家傳大正 5 年抄本所錄〈送郎〉曲詞整理。《隴西八音團抄本整理研究》（黃心穎，2004：164）。

素，但在【採茶腔】與【山歌腔】的構造關係下，即自然地內化為三腳採茶的一部分。換言之，【採茶腔】與【山歌腔】成對的集合與對應關係，在某種程度上，即構成三腳採茶劇種體系下的一組具體架構關係，成為其中統合形式的方法之一。依此，即使是外來音樂元素，亦可以透過此一音樂的組織方法，內化於劇種內涵之中。

　　由此，我們觀察到一個三腳採茶由崛起至發展過程，在藝術手法上，在吸收素材的態度上，如何通過實踐成長，在「庸耳俗目偏以此為新奇」的觀眾間尋求認同，無不可見從事者在作品演出本身的思索與用心，至於時論者以為「所唱者，俚俗之曲；所演，狎褻之端；固不足以悅人觀，而動人聽也。」[38]則不妨另以歷史的眼光，思考藝術與藝術（道德）批評者所以產生落差的關鍵。

---

38 〈梨園別種〉，《臺灣日日新報》（1898.08.24）第五版，第94號。另按，原文無句讀，引文所見斷句標點，為筆者所加。

譜例 1： [39]

賣雜貨

39 【賣雜貨】此處分析譜例所用版本及原始記譜類型，說明如下：（1）《臺灣客家三腳採茶戲研究》（鄭榮興，2001），五線譜。（2）《典型俱在》「詞曲小調之部」，工ㄨ譜、曲詞；「雜錦之部」，工ㄨ譜（友聲社，1928）。（3）《漳州曲藝集成》（于建生，2003），簡譜。（4）《同聲集》「雜錦之部」（以成書院，1933），工ㄨ譜。

參考文獻

山口修，紀太平、朱家駿、仲万美子、橘田勛譯，1999，《出自積淤的水中》。
　　北京：中國社會科學出版社。

于建生，2004，《漳州曲藝集成》。漳州：漳州市文化與出版局。

王耀華，1995，《客家藝能文化》。福州：福建教育出版社。

江武昌，2000，《發現臺灣歷史的聲音》。臺北：國立傳統藝術中心籌備處。

洪惟助，黃心穎、孫志文、陳怡伶、陳怡如編著，2004，《隴西八音團抄本整
　　理研究》。臺北：臺北市政府客家事務委員會。

范揚坤主編，2017，《流轉・發聲：鈴鈴、美樂與遠東唱片目錄彙編》。宜蘭：
　　國立傳統藝術中心。

徐亞湘，2000，《日治時期中國戲班在臺灣》。臺北：南天出版社。

陳雨璋，1985，《臺灣客家三腳採茶戲：賣茶郎之研究》。臺北：國立臺灣師
　　範大學音樂系研究所（未刊）。

鄭榮興，2001，《臺灣客家三腳採茶戲研究》。苗栗：財團法人慶美園文教基
　　金會。

劉心圓，2003，《山歌子的即興》。臺北：文津出版社。

以成書院，1933，《同聲集》。臺南：臺南樂局以成書院。

友聲社，1928，《典型俱在》。嘉義：友聲社樂局。

不錄作者，〈演採茶戲〉，《臺灣日日新報》（1898.07.10）第六版。第 56 號。

＿＿＿＿，〈禁採茶戲〉，《臺灣日日新報》（1898.07.19）第五版。第 63 號。

＿＿＿＿，〈梨園別種〉，《臺灣日日新報》（1898.08.24）第五版。第 94 號。

＿＿＿＿，〈熱鬧未休〉，《臺灣日日新報》（1898.12.24）第六版。第 495 號。

＿＿＿＿，〈東施效顰〉，《臺灣日日新報》（1900.04.26）第四版。第 593 號。

＿＿＿＿，〈演唱採茶〉，《臺灣日日新報》（1900.07.14）第四版。第 660 號。

＿＿＿＿，〈演唱山歌〉，《臺灣日日新報》（1901.05.08）第四版。第 902 號。

張淑子，〈就臺灣戲劇而言〉，《臺南新報》（1943.03.06）第八版。第 11550 號。

試論客家大戲（改良戲）之興起與發展 *

劉美枝

一、前言

　　客家先民自二、三百年前從大陸移墾入臺後，在臺灣落地生根，並漸漸發展出具臺灣意象的客家風俗、習慣、藝術與文化。其中，客家大戲在臺灣發展形成，與歌子戲相同，是受當時社會風尚、政治經濟等因素影響，在小戲的基礎上發展為大戲，成為臺灣重要的本土戲曲劇種；故客家大戲與歌子戲在臺灣戲曲史上的地位相當。然而，客家人在社會中屬於隱性族群，致客家大戲的能見度不高，甚為可惜。基於此，本文透過相關文獻、有聲出版品及田野資料的爬梳，試圖釐清客家大戲的發展與變遷歷程，以期呈現其歷史樣貌。

　　客家戲曲依演出形式與內涵，可分為二大類：其一，屬於小戲性質的三腳採茶戲，民間稱之「三腳採茶」；其二，大戲性質的戲曲，藝人多稱為「改良戲」。本文探討的主題是客家大戲，然其與三腳採茶戲的發展密不可分，故先從三腳採茶戲的流傳談起，接著再探討採茶大戲的興起與發展。

* 本文原刊登於《臺灣戲專學刊》，2002，第 4 期，頁 79-108。因收錄於本專書，略做增刪，謹此說明。作者劉美枝現任國立臺灣戲曲學院、國立空中大學兼任助理教授。

二、三腳採茶戲之流傳

三腳採茶戲屬於小戲性質，演員腳色少，敷演之故事情節簡單，表演形式粗曠，對白俚俗，音樂純樸，具有濃厚的鄉土風味。三腳採茶戲的演出雖難登大雅之堂，但卻蘊涵人民最深刻、最底層的感情，其表演藝術的精髓，往往也成為客家其他曲藝的養分來源；而對客家族群來說，更是一個重要的珍貴表演藝術。

臺灣的三腳採茶戲，據傳已有百餘年歷史，然受限於文獻資料的匱乏，對其流傳情形所知有限。以下透過資料的分析，嘗試勾勒其面貌。

（一）流傳年代

三腳採茶戲傳入臺灣的年代，並無文獻記載，現在僅能從相關資料粗略推敲之。

1. 相關文獻

與臺灣客家人相關的戲曲演出活動，首見於《饒臺縣志》：

清道光 10 年（1830），饒平漢劇團於臺灣南投鹿谷演出。[1]

從這筆資料，我們無法得知饒平漢劇團來臺演出之緣由及演出情形，但可解讀到一些訊息：（1）當時鹿谷一帶或許有來自大陸饒平的客家先民，從原鄉聘請戲班來臺演出；（2）清道光 10 年之後，並無饒平漢劇團來臺演出的訊

---

[1] 饒平漢劇團來臺演出的資料，引自臺北市政府教育局主辦之「臺北市公私立國民小學九十年度九年一貫客家語種子教師研習」中，羅肇錦教授講述「客家語語言源流、類別演變與特色」之課堂內容。據羅肇錦教授之研究，從鹿谷靈光寺主祀慚愧祖師之客家信仰等文化現象顯示，集集、國姓、員林一帶有許多早期的客家先民聚集。

息，且臺灣並無漢劇劇種，可知此劇種雖曾於道光年間來臺演出，但未在臺生根、流傳；（3）客家大戲形成於日治時期，饒平漢劇團對客家大戲應無直接影響，而饒平漢劇團與臺灣其他大戲劇種如亂彈戲、四平戲是否有關連，則尚待考證。

　　早期文獻中，與三腳採茶戲相關的記載，多見於日治時期的報刊，如《臺灣日日新報》明治 31 年（1898）7 月 10 日：

> 近臺中有採茶戲前來臺北一昨夜在稻津教堂後搭枰開演惹得遠近人民爭先來觀者絡繹不絕……採茶戲亦有傷風敗俗只阿旦工於邪說故來觀者或與銀圓或送物件……云看燈看戲看迎神每有存心看婦人……[2]

同年 7 月 19 日：

> 今有一班無賴子係出粵人扮成一丑一旦模樣在棚歌舞名曰打採茶以其歌舞後旦自執茶杯奉茶下棚清客有一二知趣者近前接飲或贈之銀圓或錫之物品旦即以銀物編出一歌無非奉承酬答之詞一則曰情郎哥再則曰情郎哥……惟中壢及一派客人庄最爲盛行近因臺北偶從枋橋（按：今板橋）經過……新擬在慈惠宮搭棚演唱先時來觀者男婦殆數百人後被街長聞知恐其敗俗傷風出爲阻擋遂乃中（按：終）止眾皆一哄而散云[3]

---

2 引自徐亞湘，《臺灣日日新報與臺南新報戲曲資料選編》，宇宙出版社，2001，頁 3。
3 引自徐亞湘，《臺灣日日新報與臺南新報戲曲資料選編》，宇宙出版社，2001，頁 3-4。

　　上述二則報導描述三腳採茶戲的演出情形。採茶戲的搬演，又稱「打採茶」,[4] 由二、三人分飾旦、丑腳色，載歌載舞，時而穿插「扛茶」的表演。「扛茶」甚具特色，是旦腳捧茶請觀眾飲用，觀眾回贈銀圓等物品，旦腳即席以受贈物品為題歌唱之。「扛茶」的表演，考驗藝人的反應與技藝，與觀眾互動性強，甚得常民百姓的喜愛，使得「來觀者男婦殆數百人」或「惹得遠近人民爭先來觀者絡繹不絕」。採茶戲雖受歡迎，但演出多涉男女情愛，衛道人士視為傷風敗俗而出面干預。值得留意的是，採茶戲此時盛行於中壢等客家地區外，也在臺北、板橋等閩南庄流行。

　　採茶戲藝人以江湖賣藝方式遊走各地，也間接傳播了客家戲曲音樂，如《臺灣日日新報》明治 43 年（1910）4 月 1 日的訊息：

> 粵籍有採茶之戲，最為淫穢。然愚夫婦以其醒心娛目，多喜觀之。遂至閩籍僻壤，亦被其風。近日稻艋各處，已有為此絃歌者，特未扮演耳。[5]

　　從這個記載，看到採茶戲的演出「醒心娛目」而受到常民喜愛，包括「閩籍僻壤」之地，臺北大稻埕、艋舺更出現「為此絃歌者」；絃歌，指以絃樂器的胡琴伴奏歌唱之。這條訊息相當重要，透露採茶戲流播至閩南地區，採茶戲的歌謠小調也受閩籍觀眾青睞，進而「絃歌」傳唱著。[6]

---

4 「打採茶」之名稱，今仍沿用，參見鄭榮興，《苗栗縣客家戲曲發展史：田野日誌》，苗栗縣立文化中心，1999，頁 39 之田野訪談紀錄。

5 轉引自徐亞湘，《日治時期中國戲班在臺灣》，南天書局，2000，頁 37。

6 若比對客家歌謠與閩南歌謠，會發現部分曲目的曲調、歌詞類似，有論者見此現象，認為客家歌謠受閩南歌謠影響，然據《臺灣日日新報》1910 年 4 月 1 日的記載，卻

　　除了報刊的報導，明治31年（1898）出刊的《安平縣雜記》、明治34年
（1901）風山堂《臺灣慣習研究會》〈演員與演劇〉、大正7年（1918）連橫《臺
灣通史》、大正10年（1921）片岡巖《臺灣風俗誌》及昭和18年（1943）竹
內治《臺灣演劇之現況》〈臺灣演劇誌〉等也有三腳採茶戲的相關記載，[7]所
述不脫《臺灣日日新報》對三腳採茶戲演出情形之描繪。

　　明治31年（1898）三腳採茶戲已流播至閩南庄，則三腳採茶戲在客家庄
流傳的時間應該更早。成書於昭和18年（1943）竹內治《臺灣演劇之現況》〈臺
灣演劇誌〉提到三腳採茶戲的源起年代：

> 距今大約一百年多年前在茶產地的新竹地方所發源起，在當地的客
> 家人（廣東人）系統的部落中上演。[8]

　　若以昭和18年為推算年代，「距今大約一百年多年前」為1843年以前，
即清道光年間。另外，民國50年（1961）出版的呂訴上《臺灣電影戲劇史》「採
茶戲」條，也有類似記載：

是臺北大稻埕、艋舺地區的福佬人傳唱客家採茶調。因此，客家歌謠與閩南歌謠的同
名曲目關係，是值得再深入探討的課題。筆者收錄於《茶鄉戲韻：海峽兩岸傳統客家
戲曲學術交流研討會實錄》的〈臺灣客家小調曲目初探〉一文，對客家小調與閩南民
歌之關係，有初步探討，可參考之。

7 本文不贅述。對這些文獻進行深入分析與探討，可參見范揚坤，〈文獻中所見的客
　家採茶戲史料與分別的一個初步探討〉，《苗栗縣客家戲曲發展史：論述稿》，苗栗
　縣立文化中心，1999，頁6-36；蘇秀婷，《臺灣客家改良戲之研究：以桃竹苗三縣
　為例》，成功大學藝術研究所，1999，頁26-27。

8 譯文引自范揚坤，〈把「片岡嚴」打造成「呂訴上」：一段描述客家採茶戲文字的變
　遷考〉，《茶鄉戲韻：海峽兩岸傳統客家戲曲學術交流研討會實錄》，臺灣省政府文
　化處，1999，頁184。

採茶戲現在是散布在臺灣的新竹、中壢、桃園、平鎮一帶，據傳說
距今百年前，由廣東客人帶到臺灣來的一種歌謠戲。是以山歌（民
謠）做基礎加上簡單的動作表演，所以具有粵調風格。[9]

民國50年（1961）的「百年前」，即清咸豐11年（1861）以前。合觀這
兩筆三腳採茶戲在臺流傳時間的資料，竹內治〈臺灣演劇誌〉「距今大約一百
年多年前」的清道光23年（1843），與呂訴上《臺灣電影戲劇史》「據傳說
距今百年前」的清咸豐11年（1861）相差18年，這18年的差距，對文獻以「距
今大約一百年多年前」、「據傳說」之概數指稱，意義不大。竹內治〈臺灣演
劇誌〉早於呂訴上《臺灣電影戲劇史》，是以，三腳採茶戲在臺流傳的時間，
就文獻而言，應可採竹內治〈臺灣演劇誌〉「距今大約一百年多年前」之說，
即清道光23年（1843）以前。

至於臺灣三腳採茶戲的起源地，竹內治〈臺灣演劇誌〉稱「新竹地方」，
呂訴上《臺灣電影戲劇史》指「由廣東客人帶到臺灣來」，二說何者可信，目
前受限於資料匱乏而難以查考。

2. 三腳採茶戲藝人

三腳採茶戲藝人是三腳採茶戲的展演者，其師承關係與學藝經歷，也蘊藏
著三腳採茶戲在臺流傳的若干訊息。

目前所知最早的三腳採茶戲藝人為何阿文，他生於清咸豐8年（1858），
並於同治年間（1862-1874）從閩西遷居至新竹廳竹北一堡新城庄，[10] 卒於大
正10年（1921）。[11] 何阿文傳授三腳採茶戲，授徒有梁阿才、何火生、阿浪旦、

---

9 引自呂訴上，《臺灣電影戲劇發展史》，銀華出版社，1961，頁193。
10 竹北一堡新城庄，位於今寶山鄉境內。

阿才丑、卓青雲、潘石梅、賴庭漢等人。[12] 何阿文的徒弟可考者，略述如下。
卓青雲，生於清光緒 15 年（1889），卒於民國 66 年（1977），12 歲學丑腳，
後傳授技藝給兒子莊木桂，莊木桂生於大正 2 年（1913）。[13] 阿浪旦，本名吳
乾應，偏名吳錦浪，生於明治 32 年（1899），卒於民國 54 年（1965），新竹
橫山人，授徒魏乾任，魏乾任傳授曾先枝、劉雙喜等等人；[14] 梁阿才，生年不
詳，年紀和蘇萬松相仿，卒於 1960 年代，傳授的徒弟有鄭美妹等人。[15] 賴庭漢，
人稱「阿漢丑」，生於明治 37 年（1904），卒於民國 78 年（1989），新竹芎
林人，17 歲左右拜師學藝，妻子賴李細妹亦為採茶戲演員。[16] 上述資料顯示，
何阿文的學生約生於清光緒、日治明治年間。

　　何阿文系統之外，其它可考的三腳採茶戲藝人有：葉金妹、[17] 林貴妹
（約大正 3 年出生，9 歲學三腳採茶戲）、[18] 何阿添、巫石安（巫安仔、巫
安丑）、[19] 黃金祥（約昭和元年生，10 餘歲學旦腳）、黃榮富（約明治 34

11 參見鄭榮興，《臺灣客家三腳採茶戲研究》，財團法人慶美園文教基金會，2001，頁 54-55。
12 參見范揚坤，〈文獻中所見的客家採茶戲史料與分別的一個初步探討〉，《苗栗縣客家戲曲發展史：論述稿》，1999，頁 29；楊寶蓮，《臺灣客語說唱》，新竹縣文化局，2006，頁 97。
13 參見陳雨璋，《臺灣客家三腳採茶戲：賣茶郎之研究》，師範大學音樂研究所碩士論文，1985，頁 16；客家音樂戲劇人才資料庫「卓清雲」條：http://musicdrama.hakka.gov.tw/Top/ViewDetail.aspx?TID=111&FromArea=1。
14 參見楊寶蓮，《臺灣客語說唱》，新竹：新竹縣文化局，2006，頁 97-100。
15 參見范揚坤，〈文獻中所見的客家採茶戲史料與分別的一個初步探討〉，《苗栗縣客家戲曲發展史：論述稿》，1999，頁 30；客家音樂戲劇人才資料庫「梁阿才」條：http://musicdrama.hakka.gov.tw/Top/ViewDetail.aspx?TID=216&FromArea=1。
16 參見芎林鄉志編輯委員會，《芎林鄉志》，芎林鄉公所，2004，頁 854。
17 參見范揚坤，〈文獻中所見的客家採茶戲史料與分別的一個初步探討〉，《苗栗縣客家戲曲發展史：論述稿》，1999，頁 49。
18 參見鄭榮興，《苗栗縣客家戲曲發展史：田野日誌》，苗栗縣立文化中心，1999，頁 183。

年生，19 歲學唱）、[20] 玉嬌、[21] 阿運丑、楊禮章（昭和 2 年生，10 歲左右學戲）、[22] 阿生丑、[23] 陳居順（約大正 10 年生）、[24] 江金蓮（昭和 2 年生）、[25] 阿河嬤、[26] 阿好妹 [27] 等。這些三腳採茶藝人，除了黃榮富生於日治明治年代外，其他大都生於日治大正、昭和年間。

　　以上述幾位三腳採茶戲藝人的生平與學藝經歷為觀察切入角度，可以歸納如下：首位可考的三腳採茶戲藝人何阿文於清同治年間（1862-1874）來臺，並最晚於明治 32 年（1899）開始傳授三腳採茶戲予卓清雲等人，而漸漸形成一個何阿文系統的三腳採茶戲傳藝家族。至日治大正、昭和時期，三腳採茶戲演藝人才輩出，顯示三腳採茶戲仍有活絡的演出市場，才能吸引許多藝人投身此行。

---

19 參見江武昌等，《聽到臺灣歷史的聲音》，國立傳統藝術中心籌備處，2000，頁 133。

20 參考陳雨璋，《臺灣客家三腳採茶戲：賣茶郎之研究》，師範大學音樂研究所碩士論文，1985，頁 26-7。

21 參見黃心穎，《臺灣客家戲劇現況之研究》，輔仁大學中國文學系碩士論文，1997，頁 23。

22 參見蘇秀婷，〈臺灣客家改良戲的演出特色：以戲園為表演場域〉，《茶鄉戲韻：海峽兩岸傳統客家戲曲學術交流研討會實錄》，臺灣省文化處，1999，頁 214。

23 參見黃心穎，《臺灣客家戲劇現況之研究》，輔仁大學中國文學系碩士論文，1997，頁 218。

24 參見黃心穎，《臺灣客家戲劇現況之研究》，輔仁大學中國文學系碩士論文，1997，頁 66。

25 參見鄭榮興，《苗栗縣客家戲曲發展史：田野日誌》，苗栗縣立文化中心，1999，頁 239，241。

26 參見徐亞湘，《母女同行：阿玉旦・黃秀滿的客家戲曲人生》，桃園縣政府文化局，2011，頁 65。

27 參見徐亞湘，《母女同行：阿玉旦・黃秀滿的客家戲曲人生》，桃園縣政府文化局，2011，頁 63。

　　將考察三腳採茶戲藝人的結果，與前揭文日治時期報刊所載三腳採茶戲的演出活動互相參照，可以發現一些現象。何阿文於清同治年間（1862-1874）來臺，並最晚於明治 32 年（1899）傳授三腳採茶戲予卓清雲等人；然而，明治 31 年（1898）7 月 19 日《臺灣日日新報》的報導，顯示當時三腳採茶戲不但「惟中壢及一派客人庄最為盛行」，且已跨越族群限制在臺北等閩南地區流傳。如此興盛的三腳採茶戲活動，表示彼時必有不少從事三腳採茶戲演出者。而從《臺灣日日新報》明治 31 年（1898）7 月 10 日「近臺中有採茶戲前來臺北」的描述，可知臺中地區也有三腳採茶戲演員。因此，何阿文雖是目前可考的最早三腳採茶戲演員，但卻不是當時唯一的三腳採茶戲演員；或者應該說，何阿文是眾多三腳採茶戲早期演員中，因為技藝傑出、授徒眾多，而幸運被歷史記載下來的藝人。

　　前文從文獻角度探討三腳採茶戲在臺流傳的時間，以竹內治〈臺灣演劇誌〉「距今大約一百年多年前」之說，即清道光 23 年（1843）以前，對應於《臺灣日日新報》明治 31 年（1898）所描繪三腳採茶戲在客庄、閩庄皆「盛行」的狀態。那清道光 23 年（1843）到明治 31 年（1898）這五十餘年的時間，應該是三腳採茶戲在臺開始流傳，並漸漸茁壯、淬煉、發展與傳播的過程。這個歷程，與目前可考的三腳採茶戲藝人何阿文的傳藝經歷對照，即何阿文傳授卓清雲等人三腳採茶戲技藝，不晚於明治 32 年（1899）的時間點，也頗為吻合。因為三腳採茶戲於明治 31 年（1898）不但盛行於客家庄，藝人還遊走於閩南庄，「向外」輸出客家戲曲的表演藝術，有三腳採茶戲的演藝市場需求，則卓清雲於明治 32 年（1899）向何阿文學戲，便不難理解了。

　　綜上所述，從文獻與演員資料的參照，可知三腳採茶戲約在清道光 23 年（1843）以前，便在臺灣客家地區流傳。日治明治 31 年（1898），三腳採茶戲的演出範圍已擴及閩南庄，如大稻埕、板橋、艋舺等地。明治 43 年（1910），

三腳採茶戲在閩庄演出，因「醒心娛目」受青睞，更影響閩南人跟著「絃歌」而傳唱三腳採茶戲的民歌小調。如此興盛的局面，帶動學習三腳採茶戲的人口，如三腳採茶戲演員何阿文傳授卓青雲、何火生、梁阿才、阿浪旦、阿才丑、潘石梅、賴庭漢等人。至日治大正、昭和時期，三腳採茶戲方興未艾，三腳採茶戲藝人才輩出，有林貴妹、黃榮富、楊禮章等人。

（二）表演形式與內容

三腳採茶戲屬於小戲，演出甚具特色。

1. 形式

三腳採茶戲的演出形式簡單，是草根性、民俗性很強的地方小戲。演出時，多選在廟前廣場或空地上就地演出，講究一點的「三腳班」就搭簡單舞臺或棚子，以區隔表演場域。

演出三腳採茶戲時，由二、三個人分飾旦腳及丑腳，或說或唱或舞的鋪陳故事。其演出不著戲服，而以常民衣物為主，再加上一些簡單的道具或裝飾，如圍裙子、帶帽子、拿扇等。表演趣味主要呈現旦腳的妖嬌嫵媚及丑腳的詼諧逗趣，演出極為靈活、逗趣而富鄉土味。

三腳採茶戲的性質，依表演場合不同而略異，但大致可以區分為三類：其一，藝人的表演以戲曲、歌唱為主，靠觀眾打賞而獲取演出酬勞；其二，藝人演出三腳採茶戲的主要目的在於推銷藥品，戲曲演出屬吸引觀眾駐足的穿插性節目，藥品佣金是酬勞的來源；其三，以三腳採茶戲為迎神賽會的表演節目，性質屬於「迎古董」的陣頭，演出多半為義務性。上述三種表演中，前二類屬商業活動，藝人多為職業性或半職業性；後一類的表演依附於地方廟會慶典中，如慶祝媽祖誕辰的迎神賽會。[28]

2. 內容

三腳採茶戲的劇目，以《張三郎賣茶》最有名。該劇描述張三郎將收成的

茶葉帶至外地販賣，但換得錢財後卻迷戀酒店小姐，直至身無分文才醒悟，回家與家人團聚。三腳採茶戲在發展、流傳過程中，因即興性強，也吸收其他劇目，擴充、延伸《張三郎賣茶》的故事情節，如穿插《桃花過渡》、《問卜》等劇。如今，這些皆成為客家三腳採茶戲的經典劇目。

比較特殊的三腳採茶戲表演，是「扛茶」與「拋採茶」。「扛茶」、「拋採茶」是藝人藉著「端茶」或「拋籃」的舉動，與觀眾打成一片，並在互動中展現即興的歌藝才能，以獲賞金或贈物。這種表演型態今雖罕見，但透過文獻可知在日治時期甚受歡迎，往往是報刊、書籍「特寫」的對象。

客家三腳採茶戲的表演雖簡單，沒有華麗的布景、舞臺，也沒有精細的腳色分工，更沒有文人編寫的劇本，但其演出純樸、簡易，貼近人民生活，而深受一般市民的喜愛。其唱詞多言男女之情，引起衛道人士的不滿與憂慮，視為淫穢、傷風化而倡言禁演，但以俗文學角度來說，民間歌謠本是人民生活的反映，或言情，或抒發，道出人生的喜怒哀樂，是項珍貴的文化遺產。以戲曲發展而言，三腳採茶戲的流傳，體現常民最生活化的戲曲演藝活動，而其表演精髓與音樂內涵也成為日後客家大戲興起的重要養分之一。是以，三腳採茶戲於客家戲曲發展史、臺灣戲曲史上，皆占有重要的地位。

三、客家大戲（改良戲）的興起

客家大戲，係在小戲的基礎上，吸收其他劇種的表演型式、劇目及音樂等所形成的新興樂種，由於係經改良，民間也稱「改良戲」。

---

28 參見鄭榮興，《苗栗縣客家戲曲發展史：田野日誌》，苗栗縣立文化中心，1999，頁 187-8。

（一）形成背景

客家大戲形成於日治時期。日治前期，社會安定，商業劇場興起，許多大陸劇團應聘來臺演出。如明治 39 年（1906）福州徽班的「三慶班」，為大陸戲班來臺做商業演出之濫觴，繼之，同年年底福州「祥陞班」及明治 41 年（1908）上海官音「男女班」亦相繼抵臺演出。[29] 這股觀賞大陸劇團演出的風氣持續加溫、蔓延，並促使第一座專演中國戲曲的劇場——淡水戲館於明治 42 年（1909）正式開館。[30]

在商業劇場看戲漸漸蔚為風氣之龐大的商機效應下，戲園經營者相繼自大陸引進戲班來臺商演。據統計，自明治 39 年至昭和 11 年（1908-1936）近三十年間，就有 40 個左右的上海京班或在臺改組的上海京班來臺演出，[31] 足見此時期大陸劇團在臺演出的盛況。受到這股熱潮的推波助瀾，有商業頭腦的生意人便嘗試將本地戲班引進劇場演出，如臺南亂彈戲班「玉記班」於明治 43 年（1910）曾在臺南座演出三天，[32] 又如中壢四平戲班「大榮鳳」於明治 44 年（1911）在新竹西門天后宮「樂利茶園」、[33] 七子戲「四同春小麗園」於大正 2 年（1913）在艋舺蓮花池街開演等。[34]

---

29 參見徐亞湘，《日治時期中國戲班在臺灣》，南天書局，2000，頁 13。

30 淡水戲館興建之前，只有日本人欣賞戲劇之戲館，如臺北浪花座（建於明治 30 年）、臺北座、十字館（建於明治 33 年）、榮座、臺中座（建於明治 35 年）、臺南座（建於明治 39 年）等。

31 參見徐亞湘，《日治時期中國戲班在臺灣》，南天書局，2000，頁 68。

32 參考徐亞湘，《臺灣日日新報與臺南新報戲曲資料選編》，宇宙出版社，2001，頁 38。

33 參考徐亞湘，《臺灣日日新報與臺南新報戲曲資料選編》，宇宙出版社，2001，頁 67-8。

34 參見徐亞湘，《日治時期臺灣戲曲史論：現代化作用下的劇種與劇場》，南天書局，2006，頁 164。

本地大戲戲班長期生存的空間在野臺，各地一年到頭的廟會慶典活動，讓這些戲班有足夠的演出機會，因此亂彈、四平、七子戲等劇種在嘗試進入內臺後，仍多繼續維持其野臺的演出場域。在這樣的時空背景下，刺激了屬於落地掃性質的民間小戲，轉型、改良成為順應商業劇場演出機制與表演內涵的大戲劇種；客家大戲及歌子戲就在這股風潮下孕育形成，而這二個劇種也分別成為臺灣客家族群與閩南族群的本土新興劇種。

客家改良戲能於短時間內，在三腳採茶戲的基礎上形成，並進入商業劇場演出，與當時已經深入民間的成熟大戲劇種有密切關係。這些大戲劇種有京劇（外江）、亂彈和四平戲等，其表演程式、劇目、唱腔、後場音樂以及服裝、化妝、布景等舞臺技術，成為客家改良戲直接移植以轉型蛻變的典範。而京劇在商業劇場演出的模式，如連臺本戲、活動機關及電光技術等，也是客家改良戲模仿的對象，[35] 因此，戲班班主訓練年輕新進演員時，大都聘請京劇、亂彈或四平演員為戲先生，教導戲曲唱腔、身段動作與劇目等，以提升採茶演員的戲曲表演技藝。

因此，在商業劇場成熟的外在環境，以及直接移植、吸收外江、亂彈、四平等大戲劇種的戲曲程式之內在涵化下，小戲性質的三腳採茶戲漸漸蛻變、改良成為客家大戲，並在不斷茁壯的發展中，成為成熟的大戲劇種。

（二）形成年代

客家大戲的形成年代，眾說紛紜。以下透過文獻與田野資料的梳理，希望能釐清其大致的發展狀況。

---

35 參見徐亞湘，《日治時期中國戲班在臺灣》，南天書局，2000，頁 226-232。

1. 相關文獻

與客家大戲相關的最早戲班，為大正 7 年（1918）新竹「組織客家人」的「共樂園」。「共樂園」的成員皆為客籍人士，但文獻所見該班卻有七子戲、歌子戲、客家歌子戲或男女班、白字班等多重身分。為何「共樂園」的屬性如此複雜多樣？其與客家大戲又有什麼關係？以下試析之。

（1）「共樂園」劇團

與「共樂園」相關的重要報導或記載如下：

（i）《臺灣日日新報》大正 7 年 6 月 30 日：

共樂園南北管七子戲。係新竹人合貲。招募男童教練而成。全班二十餘名。不但脚色優秀。即服飾亦華麗。曾在桃園中壢新庄各處演唱。頗爲觀客所許現在枋橋開演。不日期滿即欲來稻江淡水館新舞臺獻技。有斯癖者。其拭目俟之。[36]

（ii）《臺灣日日新報》大正 7 年 7 月 3 日：

在枋橋演唱之共樂園七子班。現已到北。決定本日。在大稻埕淡水館新舞臺開演。其戲齣日間爲劉金定招親。連殺四門。夜間爲楊文廣平南閩非鵝洞。並收金精娘娘全本。[37]

---

36 〈共樂園七子班〉，《臺灣日日新報》第 6473 號，大正 7 年 6 月 30 日。
37 〈七子戲班開演〉，《臺灣日日新報》第 6476 號，大正 7 年 7 月 3 日。

（iii）《臺灣日日新報》大正 7 年 7 月 6 日：

> 大稻埕淡水館共樂園七子班。本日戲齣。日間爲同平府。夜間爲取木
> 棍。益春留傘連繡孤鸞。聞四日演白虎堂全本戲。無取木棍云。[38]

（iv）《臺灣日日新報》大正 7 年 7 月 9 日：

> 大稻埕新舞臺共樂園七子班。本日日戲欲演羅通掃北。夜戲放關訓
> 商輅。[39]

（v）《臺灣日日新報》大正 7 年 7 月 10 日：

> 大稻埕新舞臺共樂園七子班。本日日間欲演虎頭山。夜間金釵記。
> 三伯探。連士九弄。[40]

（vi）大正 7 年 7 月 12 日新竹「共樂園」於臺北新舞臺演出的廣告宣傳單：

> 弊園不惜重資專向邀請中華南管白字教師教法種種雅觀較諸南部七
> 子班大相懸殊但所演武戲之時乃有兩班人員合演溯前在新竹及桃園
> 兩廳下開演無不歡迎唱彩……。[41]

---

38 〈本日戲齣〉，《臺灣日日新報》第 6479 號，大正 7 年 7 月 6 日。
39 〈本日戲齣〉，《臺灣日日新報》第 6482 號，大正 7 年 7 月 9 日。
40 〈本日戲齣〉，《臺灣日日新報》第 6483 號，大正 7 年 7 月 10 日。

（vii）《臺灣日日新報》大正 7 年 8 月 9 日：

> 共樂園七子班。前在大稻埕新舞臺開演。景氣頗佳演期未屆。即爲
> 基隆新設戲園。邀往演唱。每夜好況。獲利頗豐。現已滿期。再赴
> 枋橋雅樂茶園。本月十三四日。欲再來稻。重整旗鼓。蓋因有是癖
> 者。歡迎其捲土重來也。[42]

（viii）《臺灣日日新報》大正 7 年 11 月 15 日：

> 大稻埕新舞臺共樂園七子班。本日日戲。欲演昭君和番。夜戲三藏
> 取經。[43]

（ix）《臺灣日日新報》大正 8 年（1919）3 月 11 日：

> 新竹共樂茶園。係七子班新改良如臺南之寶興班和聲班。然不及寶
> 興班之改良正音，且添員二三十名。初來大舞臺開演十餘天。觀客
> 稀少。……近日所演皆是奇案疑獄。全本之戲有頭有尾。……可謂
> 好況云。[44]

---

41 見呂訴上，《臺灣電影戲劇史》，銀華出版部，1961，頁 237。

42 〈七子班再來矣〉，《臺灣日日新報》第 6513 號，大正 7 年 8 月 9 日。

43 參考徐亞湘，《臺灣日日新報與臺南新報戲曲資料選編》，宇宙出版社，2001，頁 113。

44 參考徐亞湘，《臺灣日日新報與臺南新報戲曲資料選編》，宇宙出版社，2001，頁 117。

（ｘ）《臺灣日日新報》大正 9 年（1920）1 月 9 日：

　　艋舺戲園。新竹改良白字七子班共樂園與晉樂園合演。……前後十日間。九日之齣目如左。畫間。取木棍連白虎堂全本。夜間。劉漢卿買金色鮮魚全本。[45]

（ｘi）《臺灣日日新報》大正 12 年（1923）10 月 20 日：

　　苗栗共樂園男女班。現假艋舺戲園開演。本日夜劇如左。日間青竹絲全本。夜間三伯英臺。[46]

（ｘii）《臺灣日日新報》大正 15 年（1926）3 月 18 日：

　　南投街悦武臺近有苗栗共樂園歌子戲開演。觀其打扮。咸是妖容冶豔……該班到處被逐我南投獨更許之開演……此傷風敗俗之淫戲。宜鳴鼓而攻之可也。[47]

（ｘiii）《臺灣日日新報》昭和 2 年（1927）8 月 11 日：

---

45 參考徐亞湘，《臺灣日日新報與臺南新報戲曲資料選編》，宇宙出版社，2001，頁129。

46 參考徐亞湘，《臺灣日日新報與臺南新報戲曲資料選編》，宇宙出版社，2001，頁179-80。大正 12 年 10 月 20-25 日《臺灣日日報》皆有「苗栗共樂園男女班」於艋舺戲園演出的消息。

47 〈淫戲宜除〉，《臺灣日日新報》第 9291 號，大正 15 年 3 月 8 日。

員林郡二水庄二水。從來有保甲聯合會長謝在祺氏所經營之二水座
劇場。稍有狹隘之感……邀集同志數名。合資改造。……聞訂來
十三日聘中壢松田氏之共樂園男女班。添該座改造後之人氣云。[48]

（xiv）昭和 2 年（1927）臺灣總督府《臺灣に於ける支那演劇及臺灣演劇調》
「各州廳演劇一覽表」，記「共樂園」為白字戲，戲班代表人是新竹頭份庄的
陳成枝。[49]

（xv）民國 50 年（1961）呂訴上《臺灣電影戲劇史》對「共樂園」的描述為：

新竹日人松田氏組織客家人的客家歌仔戲亦會演閩南語，該團要角
有阿狗旦、阿細妹旦、小春姐等。[50]

　　上述資料中，《臺灣日日新報》對「共樂園」的描述，有「共樂園南北管
七子戲」、「共樂園七子班」、「新竹共樂茶園」、「新竹改良白字七子班共
樂園」、「苗栗共樂園男女班」、「苗栗共樂園歌子戲」、「共樂園男女班」、
「白字戲」等稱呼，而呂訴上《臺灣電影戲劇史》一書收有「共樂園」於大正
7 年在新舞臺演出的節目宣傳單，標註其為「客家歌仔戲班」。
　　這些對「共樂園」的屬性描述中，「南管」、「北管」、「七子戲」、
「歌子戲」、「客家歌仔戲」指涉清楚，而「客家歌仔戲」實為客家採茶戲

---

48 〈改造中二水座劇場〉，《臺灣日日新報》第 9802 號，昭和 2 年 8 月 11 日。
49 參見邱坤良，《舊劇與新劇：日治時期臺灣戲劇之研究》，自立晚報社文化出版部，
　　1992，頁 426。
50 參見呂訴上，《臺灣電影戲劇史》，銀華出版部，1961，頁 236。

之意。[51] 至於「白字戲」、「男女班」的意涵較模糊，乃日治時期客家改良戲班、歌子戲、九甲戲班自稱的詞彙。[52] 以此觀之，「共樂園」似乎是個能搬演南管、北管、七子戲、歌子戲與客家採茶戲的戲班。「共樂園」看似能兼演的劇種繁多，但《臺灣日日新報》的報導中，「共樂園」於大正 7 年至大正 9 年間，多被視為「七子班」，大正 12 年至昭和年間則多見以「男女班」、「歌子戲」、「白字戲」稱之。

　　這種轉變，從表面的文字解讀，似乎「共樂園」在大正 9 年至大正 12 年間，由「七子戲班」轉型成為「歌子戲班」。然則，「共樂園」真的是「七子戲班」嗎？「共樂園」是否在大正 12 年之後轉變成為歌子戲班？呂訴上稱「共樂園」為「客家歌仔戲班」又有何緣由？

　　首先，先從「共樂園」的演出劇目觀察。《臺灣日日新報》報導「共樂園」的演出劇目，有《同平府》、《取木棍》、《陳三五娘》、《白虎堂》全本、《羅通掃北》、《劉秀過關》、《吳漢殺妻》、《訓商輅》、《劉世春比武》、《倒銅旗》、《飛蛾洞》、《金蝴蝶》、《牛頭山》、《昭君和番》、《黃懷玉招親》、《秦世美不識前妻》、《斬李廣》、《青竹絲黃宅忠奇案》、《桃花過渡》、《金（按：荊）釵記》、《三伯還陽》、《梅家庄打擂招親》、《河南報》、《趙匡胤征河東》、《董良才三妻三狀元》、《斬文禧》、《薛仁貴征西》、《劉漢卿買金魚》、《三藏取經》、《讀書起》等。[53] 這些劇目中，

---

51 歌子戲與客家採茶戲是不同的劇種，但在許多非客家族群的認知中，看到客家採茶戲以客家語發音，但表演程式與歌子戲相仿，便將客家採茶戲稱為「客家歌子戲」，如呂訴上，見氏書，《臺灣電影戲劇史》，銀華出版部，1961，頁 173-174。

52 參見徐亞湘，《日治時期臺灣戲曲史論：現代化作用下的劇種與劇場》，南天書局，2006，頁 47。

53 參見徐亞湘，《日治時期臺灣戲曲史論：現代化作用下的劇種與劇場》，南天書局，2006，頁 166。

與七子戲有關者，僅有《陳三五娘》、《訓商輅》、《昭君和番》，以此觀之，「共樂園」並非是一個純正的七子戲班。

再從大正7年7月12日「共樂園」於臺北新舞臺演出的廣告單，強調不惜重資邀請「南管白字教師」，[54]且「演武戲之時乃有兩班人員合演」的宣傳廣告觀察之。「南管白字」指九甲戲，此則訊息指出「共樂園」重金聘請九甲戲班老師指導，演出武戲時，則與該九甲戲班合演。七子戲以文戲為主，九甲戲有較多的武戲，「共樂園」聘請九甲戲老師傳授九甲戲劇目，並與之合演武戲，以補自身武戲之不足。因此，「共樂園」也有演出九甲戲的能力，此從「共樂園」演出劇目中有不少九甲戲劇目可印證，如《牛頭山》、《昭君和番》、《取木棍》、《桃花過渡》、《吳漢殺妻》、《秦世美不識前妻》等。[55]

若再細觀「共樂園」演出劇目與劇種的關係，則《臺灣日日新報》大正7年6月30日所稱「共樂園南北管七子戲」，提供了一個重要的線索。南管與北管是臺灣重要的民間音樂，同時也與劇種相關：以南管音樂敷唱的劇種有七子戲與九甲戲；北管的戲曲音樂則來自於亂彈戲。「共樂園」與七子戲、九甲戲劇目的關係前文已述，那「共樂園」與亂彈戲的關係為何？考察「共樂園」的演出劇目，倒也有一些亂彈劇目，如《羅通掃北》、《劉秀過關》、《吳漢殺妻》、《倒銅旗》等。如此看來，「共樂園」似乎也能演部分的亂彈戲劇目。是以，將「共樂園南北管七子戲」透露的訊息與「共樂園」演出劇目合觀，發現「共樂園」是個能演七子戲、九甲戲、亂彈戲等劇種的戲班。因此，儘管《臺灣日日新報》多將「共樂園」標示為「七子戲」，但「共樂園南北管七子戲」

---

54 九甲戲亦有書為高甲戲者，九甲戲也稱為「白字戲」，參見林麗紅、李國俊，《臺灣九甲戲的發展》，彰化縣文化局，2000，頁5。

55 九甲戲的劇目可參見林麗紅、李國俊，《臺灣九甲戲的發展》，彰化縣文化局，2000，頁31-32。

所反映的多劇種性，也許比較貼近事實。

其次，再觀「共樂園」與歌子戲、客家採茶戲的關係。大正12年之後，《臺灣日日新報》對「共樂園」的稱呼，有「男女班」、「歌子戲」等，而呂訴上則於收藏「共樂園」大正7年7月12日於臺北新舞臺演出的廣告宣傳單，標註為「客家歌仔戲班」，其對「共樂園」的描述是：「新竹日人松田氏組織客家人的客家歌仔戲亦會演閩南語，該團要角有阿狗旦、阿細妹旦、小春姐等」。[56]歌子戲與客家採茶戲主要的差異是語言，探討「共樂園」與歌子戲、客家採茶戲的關係，可以從「共樂園」的戲班組成之角度切入。

「共樂園」的組成，依《臺灣日日新報》大正7年6月30日的報導為「新竹人合賛」，可知是個多人出資合股的戲班。「共樂園」的經營者，呂訴上稱「新竹日人松田氏」，《臺灣日日新報》昭和2年（1927）8月11日的報導是「中壢松田氏」，而昭和2年臺灣總督府「各州廳演劇一覽表」載「共樂園」的代表人是「新竹頭份庄陳成枝」；另外，從口述資料亦得知「共樂園」的團址設於苗栗製糖會社（今苗栗市區）。[57]歸納上述資料，可知「共樂園」的出資者，至少有日人松田氏與頭份陳成枝。關於日人松田氏，雖有「中壢松田氏」、「新竹日人松田氏」兩種說法，但日治時期「新竹州廳」的範圍含括今桃園、新竹、苗栗等區域，故日人松田氏有可能住在中壢。也因「共樂園」團址設於苗栗，苗栗隸屬於新竹州，所以《臺灣日日新報》報導的「共樂園」，就有「新竹共樂茶園」、「新竹改良白字七子班共樂園」、「苗栗共樂園男女班」、「苗栗共樂園歌子戲」等諸多稱法。此外，經營者之一的松田氏為日籍人士，「共樂園」也有「日本班」之稱。[58]

---

56 見呂訴上，《臺灣電影戲劇史》，銀華出版部，1961，頁236。
57 參見鄭榮興，《苗栗縣客家戲曲發展史：田野日誌》，苗栗縣立文化中心，1999，頁14。

釐清「共樂園」乃日人松田氏與頭份陳成枝等人集資，團址位於新竹州苗栗製糖會社的戲班後，接著再看「共樂園」的演員組成。

依據《臺灣日日新報》大正 7 年 6 月 30 日所載，「共樂園」乃「招募男童教練而成」，而呂訴上《臺灣電影戲劇史》則稱「共樂園」為「組織客家人的客家歌仔戲亦會演閩南語，該團要角有阿狗旦、阿細妹旦、小春姐等客家人」，並附有民國 10 年前後「共樂園」名旦阿細妹的劇照；[59] 此外，曾在大正、昭和年間擔任「共樂園」後場鼓師的陳滿水，也口述該班成員「清一色為客家人」。[60] 綜合這些資料，「共樂園」最初招收客籍男童，之後加入客籍女性演員，如阿細妹旦、小春姐等。呂訴上稱「共樂園」的客籍演員「亦會演閩南語」，而陳滿水也指「共樂園」在客庄說客語、在閩庄說福佬話，[61] 由此得知「共樂園」的演員為客籍，故能在客庄以客語演出，又因也會說閩南語，故也在閩庄以閩南語演出。

「共樂園」在客庄以客語演戲、在閩庄以閩南語演戲，所演的是哪個劇種呢？以流傳於臺灣的大戲劇種來說，亂彈戲、四平戲、外江戲都以「官話」發音，七子戲、九甲戲、歌子戲以閩南語發音，客家採茶戲以客語發音。將「共樂園」在客庄以客語演戲、在閩庄以閩南語演戲的情形，與文獻也將「共樂園」描述為「共樂園歌子戲」、「共樂園男女班」、「白字戲」、「客家歌仔戲班」作對照，可知「共樂園」在客庄演客家採茶戲、在閩庄演歌子戲。

---

58 參考徐亞湘，《臺灣日日新報與臺南新報戲曲資料選編》，宇宙出版社，2001，頁11。

59 參見呂訴上，《臺灣電影戲劇史》，銀華出版部，1961，頁238。

60 蘇秀婷，《臺灣客家改良戲之研究：以桃竹苗三縣為例》，國立成功大學藝術研究所碩士論文，1999，頁14。

61 參見鄭榮興，《苗栗縣客家戲曲發展史：田野日誌》，苗栗縣立文化中心，1999，頁14。

　　如此看來，「共樂園」早期是兼演七子戲、九甲戲與亂彈戲的「南北管七子戲」班，之後轉型為兼演歌子戲、客家採茶戲的「共樂園男女班」。這個轉變，應該與其面對生存空間的殘酷競爭有關。《臺灣日日新報》大正 8 年（1919）3 月 11 日「新竹共樂茶園……初來大舞臺開演十餘天。觀客稀少。……近日所演皆是奇案疑獄。全本之戲有頭有尾。……可謂好況云」的報導，揭露「共樂園」在「大舞臺」的演出，因「觀客稀少」的壓力，而排演「奇案疑獄」全本戲，以挽救票房。再如，《臺灣日日新報》大正 15 年（1926）3 月 18 日的報導：「南投街悅武臺近有苗栗共樂園歌子戲開演。觀其打扮。咸是妖容治豔」，演出趨於「妖容治豔」，應該是「共樂園」面對當時演劇生態所作的轉型。

　　綜合上述文獻分析與田野口述資料所勾勒的「共樂園」，大致的情形為：最晚於大正 7 年，日人松田氏與頭份陳成枝等人合資，招收二十餘名的客籍男童組成，並將戲館設於新竹州的苗栗。大正 7 年「共樂園」能演的劇目主要為「南北管」系統的戲曲，如七子戲、九甲戲與亂彈戲。之後，「共樂園」招收客籍的女伶入班，同時以在客庄演客家採茶戲、在閩庄演歌子戲的方式遊走各地。這個轉變過程，從《臺灣日日新報》對「共樂園」的多種稱呼中可以窺見一個變遷梗概：《臺灣日日新報》大正 7 年的報導，多見「共樂園七子班」之名；而大正 8 年有標榜「七子班新改良」之「新竹共樂茶園」、大正 9 年有「新竹改良白字七子班共樂園」之稱；大正 12 年之後，多見「樂園男女班」、「苗栗共樂園歌子戲」、「白字戲」、「客家歌仔戲班」等名稱。這個名稱上的轉變，訴說「共樂園」由兼演七子戲、九甲戲與亂彈戲的「南北管七子戲」屬性，於大正 8 年至 9 年間慢慢轉型，此透過戲班名稱強調「新改良」可知；而透過「新改良」的改造，大正 12 年之後，多見能演歌子戲、客家採茶戲的「共樂園男女班」之名稱。

　　若將「共樂園」的發展轉變過程，與上山儀作對當時劇界的觀察一起比對，

有一些巧合的現象。上山儀作於大正 14 年（1925）發表〈臺灣劇に對する考察〉：

> 到大正 7 年為止，臺灣劇並沒有什麼變化。從大正 7 年末左右開始，
> 新竹地方的廣東人發展出一個由前述的歌劇演變而來、又名改良戲
> 的戲劇。雖然由於此改良戲的時日尚短，僅能夠以文劇來演出，而
> 未達到武劇演出的程度，還很幼稚。……在廣東部落演出時其用語
> 自是運用自如，但在福建部落演出時則時，雖然很遺憾地由於是廣
> 東人使用福建語的關係因此並不很充分，但對此無法予以抱怨。[62]

依上山儀作的描述，他看到大正 7 年末新竹地區的客家人（廣東人）在舊劇的基礎上，發展演變出一種改良戲劇，因改良時間短，多演文戲，武戲的展現相當幼稚，戲班在客庄的語言運用自如，但在閩庄運用閩南語則不夠流利。這段敘述與「共樂園」的發展歷程做一對照，有許多相似性。第一，地域皆在新竹地區；第二，戲班成員皆為客家人；第三，「共樂園」在大正 8、9 年間，漸漸透過「改良」而轉型為「男女班」，此與上山儀作所述的大正 7 年末左右的時間點，相當接近；第四，不擅武戲；第五，在客庄演出操客語，在閩庄演出運用閩南語。

上山儀作所述是否為「共樂園」，目前沒有相關證據，但二者有諸多相似處卻是不爭的事實。儘管如此，上山儀作對臺灣戲曲考察，發現新竹地區的客家人於大正 7 年末左右，在舊劇的基礎上進行變革產生「改良戲」，以及成員

---

62 參見鄭榮興，《苗栗縣客家戲曲發展史：田野日誌》，苗栗縣立文化中心，1999，頁 11。

為客家人的「共樂園」，於大正 8、9 年間由「七子班」漸漸「改良」，轉型
為演客家採茶戲、歌子戲的戲班，皆提供我們了解客家採茶大戲的形成年代與
方式，一個相當重要的線索。

（2）其他採茶戲班

除了「共樂園」外，日治時期其他內臺客家戲班的演出情形，茲舉數例如
下：

（i）《臺灣日日新報》大正 13 年（1924）5 月 13 日：

基隆高沙公園內新聲館。者番由新竹新埔聘來粵班新樂園。於去
十八日起。擬開演二星期間也。[63]

（ii）《臺南新報》大正 13 年 7 月 10 日：

嘉義街南座目下所演之白字戲。稱爲改良戲。實乃採茶戲也。觀者
無分等級。每日滿座。……究其盛況原因。蓋所演多淫戲。[64]

（iii）《臺南新報》大正 14 年（1925）7 月 12 日：

新竹街南門林水金氏並同街西門王金鍊杜武程兩氏。不惜巨款。專
聘大湖郡小美園男女班。自七月十日至六日。一星期在新竹街西門

---

63 〈粵班到基開演〉，《臺灣日日新報》第 8629 號，大正 3 年 5 月 25 日。

64 參考徐亞湘，《臺灣日日新報與臺南新報戲曲資料選編》，宇宙出版社，2001，頁
　 270。

內公館登臺開演妙技。據聞此班曾在臺北開演。頗受各界好評。於七月十日所演之日間齣目……令人稱讚不已。[65]

（iv）《臺南新報》大正 14 年 7 月 19 日：

前番小美園男女班。在新竹街西門內公館開演之際。頗受好評。因此次前往南部開演。對於菊部界眼福。頗有遺憾。而杜武程林水金兩氏。素對演戲優劣。俱有慧眼。故再募集諸有志股東數名。專聘新埔人蔡榮執創設之沙樂園男女班採茶戲。在同處開演況此團之優伶。有三十餘名。中有坤角十二名。……故自十五日開演以來。日夜滿座頗受各界歡迎。近聞當街好戲者數名。欲計劃募股巧造一面金牌。贈呈該班以爲開演紀念矣。[66]

（v）《臺南新報》大正 14 年 9 月 22 日：

採茶歌仔戲。美其名曰白字戲曰改良戲。實則以穢言語。編爲歌仔。傷風敗俗。[67]

---

65 參考徐亞湘，《臺灣日日新報與臺南新報戲曲資料選編》，宇宙出版社，2001，頁289。

66 參考徐亞湘，《臺灣日日新報與臺南新報戲曲資料選編》，宇宙出版社，2001，頁289。

67 參考徐亞湘，《臺灣日日新報與臺南新報戲曲資料選編》，宇宙出版社，2001，頁291。

（vi）《臺灣日日新報》大正 15 年（1926）5 月 23 日：

　　臺中樂舞臺。頃來喜演歌仔戲採茶戲。其所戲劇目穢褻不堪寓目。[68]

（vii）《臺灣日日新報》大正 15 年 7 月 7 日：

　　豐原座迎來所演之本島劇不是歌仔戲。便是採茶班。此種淫戲。到
　　處排斥聲浪日高。[69]

（viii）《臺南新報》昭和 2 年（1927）2 月 4 日：

　　近來本埠有一種採茶戲。客人戲。……無知婦女下流之輩。多被所
　　惑。此種淫戲全島悉禁。獨於鹽水。公然開演。[70]

（ix）《臺南新報》昭和 16 年（1936）2 月 16 日：

　　新竹州楊梅庄壯茂山氏經營新永樂園。自舊曆正月一日起二十日為
　　止。二十日間。於中壢街中壢座開演。晝夜滿員之勝盛況。……贈
　　賞金者頗多。……去二十一日該園一行。往新埔街新埔座開演。亦
　　受一般歡迎云。[71]

---

68 〈劇場為淫窟〉，《臺灣日日新報》第 9357 號，大正 15 年 5 月 23 日。
69 參考徐亞湘，《臺灣日日新報與臺南新報戲曲資料選編》，宇宙出版社，2001，頁 209。
70 參考徐亞湘，《臺灣日日新報與臺南新報戲曲資料選編》，宇宙出版社，2001，頁 306-7。

　　日治時期的報刊對客家改良戲有比較多的報導，主要在大正十餘年之後。客家改良戲班演出之地，不限於客家地區，有嘉義街南座、中壢街中壢座、新埔街新埔座、豐原座、新竹街西門、臺南鹽水及臺北等。當時的內臺客家改良戲班，除了上文所見的「小美園」、「沙樂園」、「新永樂園」之外，還有「阿成伯班」、「德勝園」、「永樂園」、「新樂園」、「新興社」、「新樂社」、「明興社」、「永柑園」、「中明園」等。[72] 從演出地域之廣泛，觀眾反應之熱烈，且演出每每滿座，觀眾爭相贈送賞金的情形，不難想像這個新興劇種受歡迎的程度。另外，「新永樂園」在昭和 16 年舊曆正月 1 日起在中壢座連演 20 天，便馬不停蹄地趕往新埔座，充分反映戲班戲約滿滿的盛況。

　　日治時期報刊所報導的客家改良戲班，可考者如前文所述。昭和 2 年臺灣總督府《臺灣に於ける支那演劇及臺灣演劇調》「各州廳演劇一覽表」中，列有當時「亂彈」、「上海正音」、「白字戲」、「四棚」（四平）、「傀儡」、「歌子戲」、「布袋戲」、「廣東白字戲」、「福州正音」、「九甲」等類的戲班資料，其中被歸類為「歌子戲」類的新竹州「霓雲社」與「真花園」，疑為客家改良戲班。「霓雲社」負責人為卓青雲，演出劇目有《姑換嫂》、《思釵》、《捧茶》等；「真花園」的戲班經營者為陳粍，劇目有《白羅衣》、《打花鼓》、《捧茶》等。[73] 這兩個戲班皆有客家三腳採茶戲特有的劇目《捧茶》，且卓青雲是客家地區有名的三腳採茶戲演員，師承何阿文，以此觀之，「霓雲

---

71 參考徐亞湘，《臺灣日日新報與臺南新報戲曲資料選編》，宇宙出版社，2001，頁318。

72 參見徐亞湘，《日治時期臺灣戲曲史論：現代化作用下的劇種與劇場》，南天書局，2006，頁 171-174；徐亞湘，《母女同行：阿玉旦‧黃秀滿的客家戲曲人生》，桃園縣政府文化局，2011，頁 19-20。

73 參見參見邱坤良，《舊劇與新劇：日治時期臺灣戲劇之研究》，自立晚報社文化出版部，1992，頁 424。

社」與「真花園」應該是客家採茶戲班。將客家採茶戲班歸類為歌子戲類，「各
州廳演劇一覽表」並不是特例，[74] 這或許與客家採茶戲在戲界的能見度不高，
以及非客籍者認為客家採茶戲的表演程式與歌子戲無異，而將之視為歌子戲有
關。

2. 早期內臺採茶藝人

演員是戲班的靈魂人物，其學藝過程與人生經歷，往往也反映一些戲曲發
展現象。以下試從可考的早期內臺採茶藝人之學藝經歷，略觀彼時戲界的概略
樣貌。

（1）阿玉旦：本名莊玉妹，明治 39 年（1906）生，民國 54 年逝。大正
　　　　　10 年（1921），於竹東的臨時戲院觀看阿成伯（精通亂
　　　　　彈、四平、採茶）的採茶戲，被阿成伯發掘具有演戲才
　　　　　華，此時適逢阿成伯正招收童伶，因此機緣入戲班學戲 3
　　　　　年 6 個月。昭和 11 年（1936）開始數度受邀到日本大阪、
　　　　　東京灌錄唱片，錄製百餘張唱片，內容有山歌、採茶、四
　　　　　平、亂彈、時曲等。昭和 16 年（1941）返臺後，與夫婿
　　　　　黃鼎富及梁阿才一起賣藥維生。民國 34 年之後，參加苗
　　　　　栗「中明園」、「泰山班」等戲班。民國 47 年入股竹北
　　　　　「新永光」劇團。[75]

---

74 客家採茶戲被視為歌子戲的例子，另可參考「臺灣省地方戲劇比賽」的戲曲比賽類
　 別。民國 41 至 45 年間，因比賽項目無客家戲組，客家戲班只能報名參加「歌仔戲
　 組」，比賽相關資料，可參見呂訴上，《臺灣電影戲劇史》，銀華出版部，1961，
　 頁 522-527。
75 參考徐亞湘，〈客家採茶戲名旦：阿玉旦〉，《臺灣的聲音：臺灣有聲資料庫》，
　 第 2 卷，第 2 期，水晶有聲出版社，1995，頁 28-32；徐亞湘，《母女同行：阿玉旦‧
　 黃秀滿的客家戲曲人生》，桃園縣政府文化局，2011。

　　（2）林貴妹：大正 3 年（1914）生，大正 11 年（1922）學三腳採茶戲，
　　　　　　　　大正 14 年（1925）進入內臺採茶戲班演戲。參加過「三義
　　　　　　　　園」、「宜人園」等戲班，直至六十多歲才退休。[76]

　　（3）徐義妹：大正 8 年（1919）生，12 歲（昭和 5 年）入新竹「明興社」
　　　　　　　　童伶班學戲。[77]

　　（4）楊禮章：昭和 2 年（1927）生，昭和 12 年（1937）左右向阿運丑學
　　　　　　　　三腳採茶戲，之後改學採茶戲。[78]

　　阿玉旦於大正 10 年因觀看採茶大戲的機緣，而進入戲班學戲；林貴妹於
大正 11 年學三腳採茶戲，於大正 14 年參與內臺戲班；楊禮章於昭和 12 年學
三腳採茶戲，之後改學採茶大戲。這些藝人的學戲經歷，反映大正 10 年左右
採茶大戲已在客家地區流傳，且因新鮮、時髦所具之龐大商機，刺激業者招收
童伶成立採茶戲班。昭和 12 年，雖仍有藝人學習三腳採茶戲，但終究不敵時
代的潮流，出身三腳採茶戲的藝人也紛紛進入內臺戲園演戲。由此得知，不晚
於大正 10 年到昭和年間，是三腳採茶戲與改良大戲互為消長的年代。從藝人
的學藝經歷，也看到早期藝人學戲的模式：其一，藝人直接進入內臺採茶班學
戲，如阿玉旦、徐義妹等；其二，雖出身三腳採茶戲，但之後轉學內臺採茶戲，
如林貴妹、楊禮章等。

　　另外，阿成伯精通採茶、亂彈、四平，憑藉其對當時戲界發展的敏銳度，

---

76 參見鄭榮興，《苗栗縣客家戲曲發展史：田野日誌》，苗栗縣立文化中心，1999，
　　頁 184-203。

77 參見黃心穎，《臺灣客家戲劇現況之研究》，輔仁大學中國文學系碩士論文，
　　1997，頁 210。

78 參見蘇秀婷，〈臺灣客家改良戲的演出特色：以戲園為表演場域〉，《茶鄉戲韻：
　　海峽兩岸傳統客家戲曲學術交流研討會實錄》，臺灣省文化處，1999，頁 214。

於大正 10 年成立客家改良戲童伶班；此童伶班，是目前所知最早的內臺採茶
童伶班。

（三）有聲出版品

客家音樂的有聲出版品，最早為臺灣「日本蓄音器商會」負責人岡本立於
大正 3 年（1914）帶領客籍藝人林石生、范連生、何阿文、何阿添、黃芳榮、
巫石安、彭阿增等 15 人樂師及歌手到日本東京「日蓄」錄製唱片，共 21 張。
此亦為臺灣最早的一批唱片錄音。[79]

之後，與客家戲曲相關的出版品有：[80]

(1) 昭和 4 年（1929）利家唱片的「改良新採茶」《十勸茶郎》4 張，
　　由李氏春演唱，管絃樂伴奏。

(2) 昭和 8 年（1933）利家唱片的「採茶歌」《男女相笑歌》，由張旺榮、
　　玉妹演唱，利家廣東樂團伴奏。

(3) 昭和 9 年（1934）利家唱片的「新款採茶戲」《繡花針》，由張旺榮、
　　玉妹演唱，利家廣東樂團伴奏，利家文藝部作。

(4) 昭和 13 年（1938）6 月紅利家唱片的「改良採茶」《劉秀過關》、《吳
　　漢殺妻》、《義方教子》、《包公審瑞草》、《河妹慘史》，由阿玉妹、
　　阿桂妹、梁阿才、阿好妹演唱。

(5) 昭和 13 年黑利家唱片的「改良採茶」《賣酒歌》、《十八堯》、《別
　　窯》、《買酒》、《蘭妹送情人》、《錯殺》等。

---

79 參見江武昌等，《聽到臺灣歷史的聲音》，國立傳統藝術中心籌備處，2000，頁 5。
80 資料來自筆者參與的「聽到臺灣歷史的聲音」研究計畫。部分有聲資料可見於《聽
　　到臺灣歷史的聲音》一書。

（6）昭和 13 年古倫美亞唱片的「改良採茶」《紅娘過渡》、《游河南》、《浪子回頭》，「新款採茶戲」《為夫問卜》、《兄妹做對》、《渡江尋夫》。

（7）昭和 8 至 14 年（1933-1939）奧稽唱片的「新款廣東採茶戲」《周成過臺灣》、《呂蒙正》，由梁阿才、許氏冉妹演唱。[81]

（8）昭和年代（1930 年代）美樂唱片的「純古時廣東採茶」《進妹房》，由梁阿才、阿玉妹演唱，美樂廣東樂團伴奏。

從昭和年代的錄音資料看，內容有「改良新採茶」、「改良採茶」、「新款採茶戲」、「純古時廣東採茶」等，「改良新採茶」、「改良採茶」、「新款採茶戲」意指經過「改良」的「新」型態採茶戲；「純古時廣東採茶」則以傳統方式展現。

錄音的劇目來源，有來自三腳採茶戲的故事，如《十勸茶郎》、《為夫問卜》、《兄妹作對》、《渡江尋夫》等，也有許多大戲劇種常演的歷史劇，如《劉秀過關》、《吳漢殺妻》等。採茶大戲的有聲出版品，至遲於昭和 4 年開始發行，此也間接證明大正年間採茶大戲已相當盛行。這個時間點，與日治報刊報導採茶戲班的演出活動、早期採茶藝人的學藝經歷，也互相呼應。

將上述文獻資料、藝人經歷與有聲出版品等方面一起考察，可知採茶大戲約於大正 7 年末左右於新竹地區發軔，在順應當時內臺商業劇場的觀眾口味下；朝著「改良」的方向發展，從至遲於大正 10 年有採茶童伶班產生，可以推知大正 7 至 10 年間，採茶大戲已漸漸蔚為客家庄時髦新興的演藝。大正十餘年，日治報刊開始有許多改良採茶班在全省各地演出的消息。昭和年代，更見當時新興的唱片產業，也隨時代流行趨勢錄製不少採茶大戲的歷史聲音。

---

81 參見江武昌等，《聽到臺灣歷史的聲音》，國立傳統藝術中心籌備處，2000，頁 7。

四、客家大戲之多樣發展

　　採茶大戲於日治時期在商業劇場形成後，隨著時代的演進而有不同的發展。這些發展，是順應不同的表演場域，呈現採茶大戲多樣化的面貌。

（一）內臺

　　採茶大戲，是在商業劇場興起之時空背景下形成。商業劇場興起初期，戲園大都建於人口較多的城市，演出劇種多為來自中國大陸的京班。採茶大戲興起時，尚屬草創階段，戲班未必皆有機會或有能力進入城市的劇場演出，故也看到一種臨時劇場的方式，即在一塊空地上，用竹編或草編圍成一個簡陋的封閉場所，當做臨時演出場所，如大正 10 年阿玉旦於竹東觀賞阿成伯採茶戲班演出，便是這種簡單的劇場形式。

　　採茶大戲逐漸茁壯、發展，觀賞採茶大戲漸漸成為常民生活的一項新興娛樂。在市場供需的良性刺激下，各鄉鎮紛紛興建戲院，如昭和 14 年（1944）登錄於「臺灣興行場組合」的新竹州戲院中，便有關西座、新埔座、新庄子座、湖口座、楊梅座、新坡座、觀音劇場、伯崗座、新屋座、龍潭座、頭份座、大湖公會堂、新社假劇場等戲園。[82] 這種採茶大戲於商業劇場發展的情形，就如採茶藝人林貴妹所稱「從沒戲園做（演）到有戲園」，[83] 意指採茶大戲的繁盛，帶動內臺戲園的興建。

　　採茶大戲在內臺的演出分為下午、晚上各一場，下午約 2 點、晚上約 7 點開始，一場三、四個鐘頭。由於是賣票的商業演出，劇目以連臺本戲居多，以利吸引更多觀眾能每日前往觀賞。所以，戲班多在演出前大肆宣傳，包括刊登

---

82 引自葉龍彥，《日治時期臺灣電影史》，玉山社，1998，頁 349-50。

83 參見鄭榮興，《苗栗縣客家戲曲發展史：田野日誌》，苗栗縣立文化中心，1999，頁 186。

廣告、張貼宣傳單,或由演員著戲服親自上街遊行等,以期招攬更多觀眾。

內臺演出有票房壓力,因此戲班演出須有可看性。表演手法上,異於傳統野臺戲,而採當時流行於劇場的各種有看頭的形式,如吊綱絲、特殊燈光、裝設機關、變換布景等。有些劇團甚至運用火藥、乾冰,以求真實感,或者在戲曲演出中穿插電影,刺激觀眾的視覺。因應這些特殊演出,戲班組織的分工細,有導演、電光師、布景團、電光手等,[84] 因而,此時期的戲班組織大、演員人數多、分工精細。

內臺的票房營運,是經營商業劇場者及戲班班主面對的重要問題,因應演出地域、觀眾口味、時代背景,甚至政治因素牽制,演出的內容也變化多端。例如皇民化時期,部分戲班改演皇民劇;受新劇影響,部分戲班在晚上改演話劇;受京劇影響,部分戲班於夜戲演出前,加演一小段京劇折子戲等。

採茶大戲於大正年間形成,歷經昭和、戰時以及光復時期,已漸成為客家戲曲的主流。民國 50 年代前後,電影拍攝技術漸臻成熟,成為時下最流行的娛樂活動,受到這個新潮流的影響,戲院紛紛改演電影,嚴重衝擊採茶大戲的生存空間,採茶大戲最終也失去戲園這個表演場域。

(二)廣播

臺灣的廣播事業在日治時期即已存在,歷經戰爭的摧毀、損壞,以及光復後的重建、擴增後,漸趨成熟、發達,並成為常民生活不可或缺的一部分。民國四、五十年代前後,採茶大戲在內臺的風光歲月不復見後,一些具有商業頭腦者,將已成為客家人重要娛樂的戲曲活動,引入廣播電臺,讓採茶大戲的生命有另一個發展空間。

---

84 參見鄭榮興,《苗栗縣客家戲曲發展史:田野日誌》,苗栗縣立文化中心,1999,頁 54。

廣播採茶的興起與藥商密不可分。當時許多藥商為了推銷藥品而與電臺合作，聘請採茶戲班的演員到電臺錄製採茶大戲；合作的模式是，電臺播放採茶大戲的錄音，並於空檔時間穿插賣藥廣告。賣藥利潤頗為豐厚，桃竹苗各地的電臺，大多加入廣播採茶行列，如桃園先聲、新竹臺聲，苗栗中廣、竹南天聲、竹南中廣等。

廣播節目只有聲音傳送，此特殊性影響採茶演員的展演方式也略有不同。錄製採茶大戲通常是演員及樂師到錄音室，採坐唱方式錄音。因每日播放節目，劇目與內臺時期相同多連臺戲，但無身段表演與刺激的聲光布景，而較注重唱工表現及對白編排。因此廣播採茶的戲班編制不多，僅約 8 至 10 人左右。

廣播採茶鼎盛時，藥商獲利頗豐，也讓從事廣播採茶的藝人度過黃金時代。內臺時期，演員酬勞採月薪制，每個演員依腳色、技藝能力及知名度，領取不同等級的薪水；延續這個制度，廣播採茶的演員也領月薪。相較於內臺戲，錄製採茶戲所需時間比較短，演員還可利用晚上時間到各村庄獻藝、賣藥。廣播採茶在白天播放時間，往往預告晚上表演的時、地，方便觀眾就近前往捧場。

廣播採茶演員到村落賣藝，通常演員先表演一段採茶戲，待觀眾漸多，就在精采、高潮處暫停，接著進行膏藥宣傳，之後再繼續表演。這種表演的主要目的在推銷藥品，演員人數不須太多，有時一個戲班還能「分班」成二團，以增加業績。演員人數少，演出方式自由、劇目不須太長，三腳採茶戲劇目往往成為賣藥時的表演項目之一。改良戲興起後，三腳採茶戲的足跡日漸少見，拜藥商與戲班合作之故，三腳採茶戲某種程度有機會被看見。

廣播採茶雖未粉墨登場，但對採茶大戲來說，也是另一種延續生命的展演型態。對客家聽眾而言，不必出門，在家即可收聽採茶大戲演唱，多了一項生活娛樂的選擇。儘管廣播採茶流行的年代僅維持十餘年左右，但它仍是採茶大戲發展階段中不容忽視的一小環。

（三）外臺

　　廟會慶典搬演戲曲，是漢人長久以來的一項傳統，隨著先人移墾傳入，臺灣的戲曲活動也相當興盛。採茶大戲在大正年間興起於商業劇場，當時活躍於客家地區的外臺劇種為亂彈戲及四平戲，內臺與外臺這兩個不同的演出生態平行發展，有各自的演出場合、機制、觀眾群及功能性。但這兩個戲曲生態，在民國五十年代左右漸漸產生變化。

　　長期在內臺場域的客家大戲，在民國五十年代前後，受電影等各種新興娛樂興起影響，漸漸退出商業劇場；與此同時，長期在外臺場域的亂彈戲、四平戲，受客家大戲觀眾日益增多的效應，及觀眾要求戲班在晚上演採茶戲之情形下，形成「日演亂彈／四平，夜演採茶」的現象。因應這種趨勢，部分亂彈戲或四平戲班會吸收一些採茶戲演員入班支援。當「日演亂彈／四平，夜演採茶」的模式被廟方請主、地方信眾接受，漸漸地，採茶大戲挾語言本土化的優勢，及唱腔運用山歌小調的親切性，逐漸占領外臺的演出場域。

　　受到客家大戲新興的影響，亂彈班與四平班漸趨沒落。因為日治時期，尚有許多亂彈、四平戲童伶班成立，但光復後，除少見有人學習亂彈、四平戲之外，亂彈班與四平班的外臺演出場域更被採茶大戲與歌子戲搶攻；最終，亂彈戲班、四平戲班紛紛解散，客家大戲也成功從內臺轉換至外臺場域。

　　採茶大戲往外臺發展，須順應原有的戲曲生態，其中最重要的是因應廟會慶典的莊嚴性與神聖性，而須具有搬演扮仙戲的能力。在亂彈、四平戲班逐漸沒落後，許多藝人進入採茶班，為採茶戲班注入另一種生命力，包括傳授扮仙戲劇目、提升採茶演員唱作技藝等。換言之，在亂彈、四平戲與採茶大戲的消長過程中，採茶演員與亂彈、四平演員的交流，也加速採茶大戲搶占亂彈、四平的外臺神戲之地位。如今，採茶大戲成為客家地區唯一的外臺劇種。

　　採茶大戲進入外臺場域後，遵循原有的戲曲演出模式。早上先演扮仙戲，

下午、晚上各演一場的日、夜戲。劇目非採內臺採茶的連臺戲，而以一臺一齣的歷史劇或家庭劇為主。廟會演戲的目的在於娛神、娛人，故劇目與音樂的運用，也有大致的制約。一般而言，日戲多演歷史劇，音樂多運用京劇、亂彈、四平戲「官音」系統的唱腔，除延續過往外臺劇種的傳統外，也因應廟宇的神聖性。夜戲，則以家庭倫理劇為主，音樂以具有客家音樂特色的山歌、採茶（平板）、小調為主。

採茶大戲在外臺演出，透過扮仙戲及日、夜戲的不同呈現，一方面某種程度保存了亂彈戲、四平戲的劇目、表演形式及音樂唱腔，另一方面也在兼容並蓄、順應時代潮流下，成功地以另一番姿態，展現於外臺場域。

五、結語

透過本文的分析與整理，可知三腳採茶戲至少在清道光 23 年（1843）以前，已在臺灣客家地區流傳。日治明治 31 年（1898）左右，則見三腳採茶戲的演出擴及閩南庄，如大稻埕、板橋、艋舺等地；明治 43 年（1910），則見三腳採茶戲的戲曲音樂，被閩南人「絃歌」傳唱著。

採茶大戲則是大正 7 年左右於新竹地區發軔，乃受內臺商業劇場刺激，從三腳採茶戲的基礎上「改良」形成。大正 7 年至 10 年間，採茶大戲蔚為客家地區時髦的新演藝。大正十餘年至昭和年代，許多改良採茶班在全省衝洲撞府。昭和年代，拜新興唱片工業興盛之賜，錄製許多採茶戲的歷史聲音。採茶大戲切合社會脈動、迎合時代的觀眾口味，受到廣大民眾的喜愛，漸漸成為客家地區重要的民間娛樂活動。

採茶大戲興起於內臺的商業劇場，但隨著時代環境變遷，也經歷廣播、外臺等不同發展階段。在不同的演出場域中，採茶大戲展現多元、融合與吸納的特性，在演出內容、形式上調整、改進。從戲曲藝術觀點而言，採茶大戲的複

雜多元性，或許顯露表演程式從不純熟至成熟的發展歷程，但不可否認的是，採茶大戲是臺灣客家人順應時代潮流所創造的本土產物；其於臺灣戲曲史上，仍占有重要的地位。如今，面對多元社會，採茶大戲也面臨轉型的生存危機；面對這局勢，採茶大戲如何順應時代走出屬於自己的路，是相當值得期待的。

參考文獻

一、期刊、論文

范揚坤，1999，〈文獻中所見客家採茶戲史料與分別的一個初步探討〉。《苗栗縣客家戲曲發展史：論述稿》，頁 9-36。苗栗：苗栗縣立文化中心。

_____，1999，〈把「片岡巖」打造成「呂訴上」：一段描述客家採茶戲文字的變遷考〉。《茶鄉戲韻：海峽兩岸傳統客家戲曲學術交流研討會實錄》，頁 171-189。南投：臺灣省政府文化處。

徐亞湘，1995，〈客家採茶戲名旦：阿玉旦〉。《臺灣的聲音：臺灣有聲資料庫》2（2）：28-32。臺北：水晶有聲出版社。

劉美枝，1999，〈臺灣客家小調曲目初探〉。「茶鄉戲韻：海峽兩岸傳統客家戲曲學術交流研討會」，《茶鄉戲韻：海峽兩岸傳統客家戲曲學術交流研討會實錄》，頁 118-170。南投：臺灣省政府文化處。

蘇秀婷，1999，〈臺灣客家改良戲的演出特色：以戲園為表演場域〉。《茶鄉戲韻：海峽兩岸傳統客家戲曲學術交流研討會實錄》，頁 208-27。南投：臺灣省政府文化處。

《臺灣日日新報》，大正 3、7、12、15 年，昭和 2 年。

二、專書

呂訴上，1961，《臺灣電影戲劇史》。臺北：銀華出版部。

江武昌等，2000，《聽到臺灣歷史的聲音》。宜蘭：國立傳統藝術中心籌備處。

芎林鄉志編輯委員會，2004，《芎林鄉志》。新竹：芎林鄉公所。

邱坤良，1992，《舊劇與新劇：日治時期臺灣戲劇之研究》。臺北：自立晚報社文化出版部。

林麗紅、李國俊，2000，《臺灣高甲戲的發展》。彰化：彰化縣文化局。

徐亞湘，2000，《日治時期中國戲班在臺灣》。臺北：南天書局。

_____，2006，《日治時期臺灣戲曲史論：現代化作用下的劇種與劇場》。臺北：南天書局。

_____，2001，《臺灣日日新報與臺南新報戲曲資料選編》。臺北：宇宙出版社。

_____，2011，《母女同行：阿玉旦・黃秀滿的客家戲曲人生》。桃園：桃園縣政府文化局。

黃心穎，1997，《臺灣客家戲劇現況之研究》。臺北：輔仁大學中國文學系碩士論文。

葉龍彥，1998，《日治時期臺灣電影史》。臺北：玉山社。

楊寶蓮，2006，《臺灣客語說唱》。新竹：新竹縣文化局。

鄭榮興，1999，《苗栗縣客家戲曲發展史：田野日誌》。苗栗：苗栗縣立文化中心。

_____，2001，《臺灣客家三腳採茶戲研究》。苗栗：財團法人慶美園文教基金會。

蘇秀婷，1999，《臺灣客家改良戲之研究：以桃竹苗三縣為例》。臺南：國立成功大學藝術研究所碩士論文。

三、網站

客家音樂戲劇人才資料庫「卓清雲」條：（http://musicdrama.hakka.gov.tw/Top/ViewDetail.aspx?TID=111&FromArea=1）

客家音樂戲劇人才資料庫「梁阿才」條：（http://musicdrama.hakka.gov.tw/Top/ViewDetail.aspx?TID=216&FromArea=1）

論客家「平板」唱腔板腔化的問題 [*]

歐光勳

一、前言

板腔體與曲牌體，是中國戲曲音樂表意單位中，最重要的兩種結構形式。任何一種戲曲唱腔，無論採用民歌、說唱、或其他劇種的聲腔，最後都必須面臨著往板腔體或曲牌體靠攏的選擇。「以歌舞演故事」的戲曲，靠著以上兩種不同結構形式，變化出無數種音樂內容，使這些音樂配合著戲劇情節的發展，產生喜、怒、哀、樂等種種情緒。

客家戲曲的發展，在流沙〈採茶三腳班的形成與流傳〉、鄭榮興《臺灣客家三腳採茶戲研究》、陳雨璋《臺灣客家三腳採茶戲：賣茶郎之研究》等文章中都有提到採茶戲與「採茶歌舞」、「採茶唱」、「茶籃燈」、「十二月採茶」等的關係。這也證明了，客家戲曲由歌→[1] 歌舞→小戲→大戲的發展脈絡。[2]

臺灣客家戲曲在歷史發展的脈絡中，最先被看到的是三腳採茶戲。三腳採茶戲在戲曲的格局當中，我們僅可以將其視為小戲看待。全戲主要以張三郎賣

---

* 本文原刊登於《臺灣戲專學刊》，2004，9 期，頁 285-305。因收錄於本專書，略做增刪，謹此說明。作者歐光勳現任國立臺南藝術大學中國音樂學系教授。

1 「→」表示由 A 至 B 的意思，它可以代表過渡，也可以代表轉換。

2 關於歌舞、小戲、大戲的發展脈絡，讀者可以參考《兩岸小戲大展暨學術會議》中，常靜之〈試論小戲及其音樂特點〉、余從〈小戲的特點與演進規律〉、曾永義〈論說「小戲」〉等文章。

茶的故事為主軸，並分別由十齣戲段連綴而成。[3] 這十齣戲段裡面所使用的唱腔，採用了山歌腔系統、採茶腔系統、小調系統[4] 等。在當時，我們還無法看到現在客家戲曲最主要的【平板】唱腔，充其量只能在山歌腔系統與採茶腔系統中，看到【平板】唱腔的影子。[5] 而在傳統客家三腳採茶戲中所使用的唱腔，雖然會因為演唱者的不同，而有不同的曲調內容，但基本曲體結構卻是大同小異的。

就目前學者研究的資料判斷，【平板】唱腔應該是在客家歌樂系統中逐步形成的。[6] 【平板】成形之後，在客家歌樂系統中，即占有著重要的地位，這可從客家民歌系統演唱【平板】唱腔的量，以及客家戲曲一齣戲使用「平板」唱腔的量來看出。（【平板】唱腔在一齣客家戲中，被使用的量通常都超過三分之一以上。關於這個問題，將在討論【平板】唱腔板腔化時被體現出來。）戲曲劇情的需要，大量的使用了【平板】唱腔，再就【平板】唱腔的曲體結構、詞格結構、旋律邏輯與長期在客家戲曲裡的運用來看，【平板】唱腔即有如上文所述，必須往板腔體或曲牌體靠攏的必要。以下本文將對【平板】唱腔與板腔體的關係進行討論，以提出一些個人的看法。

---

3 關於張三郎賣茶的故事，在鄭榮興《臺灣客家三腳採茶戲研究》一書中有清楚的介紹。

4 這裡所提的「系統」，指的是多的意思，如採茶腔系統所使用的曲調有，「十二月採茶」、「老時採茶」、「老腔平板」、「新時採茶」、「茶郎出門」、「送郎老腔」等等。（鄭榮興 2001：135）

5 關於「平板」唱腔的演變，請參考拙作《客家平板唱腔與伴奏頭手弦之研究》（2004：43）

6 任何一種民間音樂的成形，都是經過無數演藝者加工改變完成的，這是一種漸進的步驟，每一位演藝者在演藝的當下，都帶有著即興創作的部分，將作品依當下的演繹情境的需要，與演繹者個人修為的高低，進行大小不同程度的修改，使作品由結構短小、簡單，趨於變化與豐富。我們也可以說這是一種沒有契約約定的集體創作。而這種創作過程無法在同一個時間完成，所以它需要長時間的積累才能完成。

二、【平板】唱腔的界定與演變

（一）從民歌演變的角度看【平板】[7]的演變

　　客家歌樂主要以民歌、戲曲為主；說唱音樂僅見於南部美濃的「撮把戲」；歌舞音樂以結合民歌與簡單舞蹈的採茶歌舞為主。【平板】唱腔在民歌系統中，出現在一般客家歌者所言的山歌系統。一般客家族群對客家民歌的認識，將其分為山歌與小調，山歌又分【老山歌】、【山歌子】、【平板】等三種，人們將之稱為「三大調」；小調則是吸收外來曲調演化而成，有些曲調甚至與其他族群共用。另學者將客家民歌分「九腔十八調」：

> 楊兆禎認爲所謂「九腔十八調」，「九腔」指的是臺灣北部客家人
> 居住的九個不同地區所產生的不同方言腔調，「十八調」指的是
> 十八個不同的曲調如下：【平板】、【山歌仔】、【老山歌】、【病
> 子歌】、【初一朝】、【懷胎曲】、【十八摸】、【苦力娘】、[8]【送
> 金釵】、【思戀歌】、【洗手巾】、【剪剪花】、【陳士雲】、【上
> 山採茶】、【瓜子仁】、【糶酒】、【桃花開】、【十二月古人】。
> （楊兆禎，1974）

> 賴碧霞認爲「九腔」是因爲廣東省有九種不同的口音，所謂「九腔」
> 包括：海陸腔、四縣腔、饒平腔、陸豐腔、松口腔、梅縣腔、廣東

---

7 這裡沒有用唱腔稱「平板」，是因為此處討論主要是民歌的「歌」而不是戲曲唱腔的「腔」。

8 鄭榮興認為苦力娘應該是戲曲音樂的苦李娘，是李三娘磨墨這齣戲的主題唱腔。評吳榮順從現有客家音樂現象來談「客家歌」的現況與未來蛻變時特約討論人的談話，《中華民國民族音樂學會 2000 年學術研討會：民族音樂之當代性》，臺北，中華民國民族音樂學會，頁 137。

腔、廣南腔、廣西腔等；「十八調」指歌謠裡有平板調、山歌仔調、老山歌調（亦稱南風調）、思念歌調、病子歌調、十八摸歌、剪剪花調（亦稱十二月古人調）、初一朝調、桃花開調、上山採茶調、瓜子仁調、鬧五更調、送巾拆調、打海棠調、苦裡娘調、洗手巾調、賣酒調（亦稱糶酒）、桃花過渡調（亦稱撐船歌調）、繡香包調等十八種調子。（賴碧霞，1993：7）

從事客家音樂多年的曾先枝說：「所謂的九腔包括有上山採茶、拜伯公、十二月採茶、勸郎賣茶、送茶郎、糶酒、盤茶、病子歌、撐船歌」。[9]

鄭榮興的看法則是，因為三腳採茶戲音樂的需要，「九腔十八調」其唱腔曲調除以客語四縣腔為基礎發展成各式各樣的「曲腔」外，又大量吸收許多外來的「小調」，形成所謂「九腔十八調」。而「九腔十八調」依其來源可分為「腔」、「調」兩大系統，「腔」的系統下，又再分為「採茶腔系統」與「山歌腔系統」兩大類。他認為用數字套用「九腔十八調」是一種以訛傳訛的說法，其實「九腔十八調」原是針對三腳採茶戲的唱腔而言，「九」與「十八」是用來形容腔調很多，並不是將其視為九個「腔」或十八個「調」。（鄭榮興，2001：132）。

又如許多學者研究，認為【平板】在客家民歌的系統中屬於改良調，是由【老山歌】改良而來，這是目前研究客家民歌的研究一致的看法（客家戲曲的

---

9 轉述於古旻陞，《臺灣北部客家民謠之民族音樂學研究》，1992。

角度又有另外的看法），其改良的由來與動機，各家研究者因出身背景與研究
的出發點不同，在方向上也就有所側重。如賴碧霞女士的《臺灣客家民謠薪
傳》一書中提到，【老山歌】因為難學、難唱才會演變出【山歌子】、【平板】
等曲調。如果我們從一般學習者學習事物的心態來看，賴碧霞所說的話並不無
道理。她認為【平板】是在山歌系統下進行改良，[10] 它是歌曲本身的演化，這
樣的演化過程在歷史上是可以看得到的。另一種是曲調在不同樂種，不同地域
卻以相同或不相同曲名，相同、類似曲調等形式出現，這樣的情形在客家小調
的曲目也有很多。如客家小調【鬧五更】與臺灣北管的【鬧五更】、臺灣十三
音的【鬧五更】、臺灣歌仔戲的【鬧五更】、江西瑞河採茶戲的【鬧五更】、
閩西上杭民歌【鬧五更】、百張本抄本【鬧五更】、北平俗曲【鬧五更】、青
海民歌【鬧五更】等都在詞或曲調的關係上是十分相近的。（劉美枝 1999：
119）[11]

　　另外在以下幾個研究著述中對【平板】的論述，我們可以看出另一些值得
討論的問題：

　　楊兆禎：【平板】又稱【改良調】，由前兩個曲調（【老山歌】、【山
　　歌子】）改編成，也是指一種曲調，沒有固定的歌詞。曲調平平的，
　　也不用太長的音。

　　楊佈光：【平板】又稱【改良調】，由山歌子演變而來，它是山歌
　　由荒山原野，慢慢走進室內、戲院家庭的一種產物，它與【老山

---

10 這裡所指的山歌是民眾唱歌抒發個人情感的一種形態，它只唱歌不演戲，用來區別
　　以戲曲為出發的改良調「平板」。
11 關於臺灣客家小調曲目與其他樂種在曲調與歌詞的探討，劉美枝在其論文中有詳盡
　　的論述。

歌】、【山歌子】相同,無一定之曲調及歌詞。平板演唱起來,音域較寬,同時平板有一大特色,即它已由【老山歌】、【山歌子】的 la、do、mi 之原始小調,進入大調之雛形,演唱時不僅有 la、do、mi 三個音,還有 re、sol、si 等,且樂曲結束音常停留在 sol 音上。

古旻陞:平板山歌簡稱【平板】,又稱【改良調】是由老山歌、山歌子演變而來,也是山歌由荒山原野,慢慢走進茶園、家庭、戲院的產物,亦為不固定歌詞的唱腔,節奏固定。

劉茜:平板調,又稱改良調、採茶調,是由老山歌、山歌仔[12] 改良而來,也是山歌山地、原野向茶園、家庭、戲院轉移的產物。成為「採茶戲」的主要唱腔曲調。結構均勻,常加伴奏、間奏、節奏規整,多由徵、羽、變宮、宮、商、角六聲組成的徵調式,常在級進旋律中插以四、五度跳進。

邱慧齡:【平板】是由老山歌、山歌子脫胎改變而來,又稱【改良調】,算是山歌由荒山原野慢慢走進茶園、家庭、戲院的產物,已經與原來的山歌有一段距離了。【平板】作為一個更新的曲調,既具備了「板」的形式,又富有流利優美的旋律,聽來更感開朗、詼諧,非常適合運用在舞台上,它的出現也使得客家戲劇更臻成熟。

　　在以上的論述中,可以看出研究者們都認為,【平板】是由原野向茶園、家庭、戲院轉移的產物,卻看不到這些研究對原野、茶園、家庭、戲院與【平板】或者是【老山歌】關係進行比對。從邏輯上推斷,研究者們所指的原野可

---

12 山歌仔即山歌子。

以說是一種場域，這就好像在民歌研究的領域裡對山歌的界定一般，[13] 因此我們可以將原野對應於客家音樂裡的【老山歌】，因為【老山歌】的音樂特徵是符合民歌對山歌的界定的。[14] 這樣研究者們所提的原野也就有了對應的依據。從這個脈絡再看到茶園、家庭、戲院（嚴格講這三個場域並不是對等關係），分別代表工作場域—茶園；家庭倫理場域—家庭；休閒娛樂場域—戲院。雖然如此，但相對於原野，這三個場域卻又似乎屬於群居的社會體制下可以涵蓋在內的場域，也因此，彼此存在不同卻某種群居的共通性。

　　如果仔細比較也可以發現，【老山歌】、【山歌子】、【平板】在這些場域裡的適用性與關係。先講茶園，茶園可以說是【老山歌】到過渡【山歌子】的一個階段，在這個場域裡，【老山歌】是可以被演唱的，【山歌子】也是可以被演唱的，因為茶園是介於山野與林間的場域。（一般茶園都在山坡或者是高山，很少有茶園是在平地的）也因此它符合山歌演唱的基本條件（在山野林間），也就是上山採茶的人可以因為地域的特殊性，藉由地域之便或在工作時、在山上休息時，或者與另外一個山頭的人對話、對歌時唱【老山歌】；另外按音樂的特徵來看，【山歌子】與【老山歌】不只音組織相同，就連音型走向的結構也如出一轍，只是【山歌子】的節奏比【老山歌】規整，音樂速度比【老山歌】快，音域寬度也較【老山歌】窄。從音樂的邏輯來判斷，【老山歌】適合一個人唱，甚或一個人在一定的特定場域唱，[15] 而【山歌子】在穩定規整的

---

13 民歌研究中對山歌的界定：山歌產生在人們的山野勞動生活中，凡在高山、丘陵、草原、田野等寬廣遼闊的自然環境中，都能產生奔放、動人的山歌。（歐光勳 2000：44）

14 山歌的藝術表現具有自由、直率、暢快的特點，山歌常常是觸景生情，依據原有的曲調即興編詞發展而成。（歐光勳 2000：44）

15 筆者在《北市國樂》發表的一篇〈向民間音樂學習：民歌篇〉一文中提到山歌是抒發個人情感的最佳工具，它具有一定的私密性，不適合在公眾場合表演，因為沒有

節奏與較暢快的速度下，比較適合在公眾場合演唱。採茶基本上就是一種集體勞動，所以在這樣的勞動動作中將客家最古老原始的【老山歌】演變成【山歌子】也就帶有一定的合理性。

家庭與戲院可以說是都市化、城市化的場域，它有較強的經濟活動性，如以戲院來看，它還帶有娛樂性。這樣的場域對應於歌曲形態，其音樂的內容就應該具備一定的穩定與不複雜性的，如用民歌的定義來界定，其歌曲形式就應該是以小調化[16]的音樂內容較為合適。[17]（【平板】由於音組織由三音的 la、do、mi 增加了 sol、si、re 三音，使原來三聲音階為主的【老山歌】、【山歌子】成為六聲音階為主的【平板】，其音樂也因為音組織的增多，而出現了許多級進的進行，削減了三音音階在旋律進行時必然的跳進，使旋律進行平緩許多，這也是為何會將其取名為【平板】的原因。[18] 也因為如此，歷史演化經驗告訴我們，在以上三個歌曲形態中，【平板】從山野、走進茶園、家庭與戲院好像是邏輯上的必然。

（二）從戲曲演化的角度看【平板】唱腔的演變

鄭榮興在《臺灣客家三腳採茶戲研究》一書第二章結尾論述，採茶戲張三郎賣茶的「十大齣」初始結構的《上山採茶》、《勸郎賣茶》、《送郎綁傘尾》、

人聽，所以歌者是唱給天地聽唱給自己聽，也就無所謂規矩，可以天馬行空，愛唱多長就唱多長，縱情的關係速度的自由也就可想而知了。

16 小調是傳統民歌中流傳最廣泛、最普遍、數量最多的一種體裁。它的產生場合有兩種情形：一是人們平時休息、空閒或料理日常生活的場合；二是民俗節日、集市貿易、婚喪喜事、歡慶娛樂等場合。（歐光勳 2000：45）

17 「平板」就音樂內的的特徵來看，可將其歸類在小調的範疇，只是一般研究者在界定體材的分類時，會尊重原始使用的歌者們，對原創歌曲所習慣使用與約定俗成的稱呼。

18 苗栗縣 90 年度藝文資料調查推展計畫藝文資料調查推展計畫：傳統音樂類論述稿 II－57。

《耀酒》、《勸郎怪姐》、《茶郎回家》、《盤茶、盤堵》等，除了《茶郎回家》
之外，皆以「採茶腔」為基調。後來收了山歌與小調，慢慢發展出雜有「採茶
腔」、「山歌腔」或「小調」的戲齣。（鄭榮興 2001：101）他認為傳統客家
三腳採茶戲經常曲調的各種唱腔，統稱為「九腔十八調」，這些唱腔原則上都
以可與四縣腔演唱。「九腔十八調」依其來源，可分為「腔」、「調」兩大系
統，「腔」的系統之下，又再分為「採茶腔系統」與「山歌腔系統」。（鄭榮
興 2001：132）中國戲曲史的發展，自古以來都有一套程式性邏輯，演變脈絡
大多以「詩歌」→「歌舞」→「說唱」→「小戲」→「大戲」，因為戲曲音樂
是綜合性藝術，早先可能是宗教儀式的需要（如四川的儺舞），也可能是為了
創造發洩情緒、寄託祝願的歌舞（如「歌舞由三人手執牛尾，跳著舞步，唱八
段歌曲，邊舞邊唱。八段歌曲是分別歌頌天、地、圖騰充鳥，祝願森林茂密，
五穀豐登，六畜興旺。」—《呂氏春秋…古樂》今譯。也可能是為娛樂活動（如
春秋的「優孟衣冠」、漢代的「百戲」、唐代的《蘭陵王》、《踏搖娘》、「參
軍戲」等等一直演變成為綜合詩歌、舞蹈、戲劇等藝術表演形式的戲曲。流沙
在〈採茶三腳班的形成與流傳〉一文中提到：

> 在明清時代的地方戲曲中，採茶戲和三腳班卻是一個劇種的兩種名
> 稱，從其本質上說，採茶戲則先有採茶歌舞，然後是因增加各種不
> 同人物和故事的表演，這就構成一種獨具特色的民間戲曲，名曰「採
> 茶戲」。[19]

---

19 參考流沙〈採茶三腳的形成與流傳〉，1999，海峽兩岸傳統客家戲學術交流研討會
　實錄，臺灣省政府文化處，頁67。

　　這篇文章中他探討了採茶歌與採茶歌舞的演變,「他認為從採茶歌到採茶三腳班的產生,這中間還要有採茶燈為其過渡階段。因為只有出現一種歌舞相結合的採茶燈,這種民間小調才可能成為戲曲的演唱。」。[20] 這也印證了戲曲這樣的演變是歷史的必然,然而在戲曲音樂的部分也在這個演變的循環中不斷的發展,其演變的機制在於戲曲本身的需要,也就是說戲曲因時代演變、觀眾口味的改變、吸收外來刺激等等因素會改變原有戲曲的樣貌,這個改變姑且不論好壞,卻因為變,而使得音樂的內容會隨著戲曲的內在變化而改變。這也就是為什麼採茶戲會從「採茶腔」演變為「山歌腔」、「小調」並存的「九腔十八調」混雜的情況了。

　　採茶戲在這必然的歷史發展中,由中國南方產茶區的各省,因採茶的勞動產生各種茶歌。茶歌後來與舞蹈結合,形成了載歌載舞的採茶燈與茶籃燈。歌舞表演的形式,在音樂的內容、唱腔曲調的變化、戲劇化的故事情節、服裝道具的使用都比戲曲形式簡單。慢慢的有些歌舞表演參入戲劇情節、吸收外來音樂曲調或改變原有曲調的內容,使表演形式比原先的歌舞更具變化,於是戲曲的雛形孕育而生。戲曲在成形之初,無論角色、唱腔、後場伴奏、服裝、道具、戲劇情節都是比較簡單的,這時期的戲曲形式與規模,被稱為小戲。最初的採茶戲的形成也像小戲一樣,早期的採茶戲以演生活情節為主要內容,只有三個角色(二旦一丑,後來發展成小生、小旦、小丑),所以稱為「三腳班」也叫「三腳採茶戲」。「三腳採茶戲」最初出現在贛南安遠縣的九龍山,根據學者研究客家移民習慣的遷徙路徑來看,客家人由江西入廣東、福建兩地到臺灣,遷徙的人們將「三腳採茶戲」由江西傳播至臺灣是極有可能的(鄭榮興,2001)。進入臺灣後,雖然「三腳採茶戲」經過落地掃時期、內台、賣藥三個時期,在

---

20 同註 15,頁 69。

這三個時期因歷史發展的需要，「三腳採茶戲」在小戲的基礎上吸收了京劇、亂彈、四平戲劇目、唱腔與舞台表演模式，逐漸蛻變為客家採茶大戲。

　　「三腳採茶戲」由演歌至歌舞到小戲再到大戲的發展脈絡，期間綜合著音樂、劇本、角色行當、民族的遷徙史等條件。其中音樂的演變經採茶勞動期（民間歌曲）、採茶燈、茶籃燈（配合舞蹈的歌曲）、三角採茶戲（配合戲曲的採茶唱腔）、[21] 大戲的形成期（吸收京劇、四平戲、亂彈、小調、改良原有唱腔曲調）等時期。在大戲成形後，目前我們聽到一齣客家大戲的演出，就明顯清楚的可以聽到亂彈、皮黃腔系統、民間小調與客家採茶戲原有的腔調與以改良調「平板」為主的唱腔。曾永義說「小戲為戲曲的雛型，大戲為戲曲形成之面貌」[22] 大戲之所以為戲曲成形的面貌，在筆者的解讀是因為大戲的多樣性與成熟、完備的內容。

三、【平板】對應板腔體的變化

（一）【平板】唱腔的曲體結構與兩句體

　　所謂兩句體，基本上就是上下兩句的一呼一應、一問一答、一起一落、一高一低的平行（重複）、對比、對置、對答、對仗等多重關係。（喬建中，2000：2）中國各音樂種類中，採用兩句體結構為表意單位的有北方的山歌「信天游」、「爬山調」、「開花調」、「山曲」、「花兒」；蒙古族的「長調」；「北方說唱的」、「鼓子詞」；南方說唱的「彈詞」；北方戲曲如秦腔、晉劇、蒲劇、河北梆子、山東梆子等「梆子腔」；「皮黃腔」系統的徽劇、京劇、漢

---

21 這時期的唱腔曲調大多來自原有的山歌或小調。
22 曾永義〈論說「小戲」〉，《兩岸小戲大展暨學術會議》。（2000：3-5）

劇、湘劇、川劇、粵劇、桂劇、贛劇等；各地勞動號子、閩、贛、粵交界地帶的「客家山歌」、西南高原部分省區的山歌；部分少數民族民歌的某些曲目等等，都大量的使用著上下句結構。（喬建中，2000：1-2）在眾多樂種中，「梆子腔」與「皮黃腔」是在上下兩句體的基礎上，對不同角色行當，原有曲調旋律（原板）進行板式變化。【平板】唱腔的曲體結構七言四句體，四句唱詞，一、二句與三、四句曲調相同，這樣的曲體結構與北方的「花兒」相類似。

　　　【平板】的唱詞結構

唱詞字位 1 2　　　　｜3　　　　｜4　　　　｜56　　　｜7　　　　｜

節奏位置 Ｘ Ｘ——｜Ｘ———｜Ｘ———｜ＸＸ——｜Ｘ———｜

唱詞字位 1 2　　　　｜3　　　｜4　　　｜56　　　｜7　　　　｜

節奏位置 Ｘ Ｘ— —｜Ｘ———｜Ｘ———｜ＸＸ——｜Ｘ———｜

而本文所討論板腔體，在皮黃腔系統的運用情形如下。

二黃原版

七字句的上下分句

（上句）：《文昭關》伍員唱

一 二 ｜Ｘ — ｜（過門）｜三 四 ｜Ｘ — ｜Ｘ 0 ｜

心 中　　　　　　　　　　　有 事

（第 一 分 句）　　　　　（ 第 二 分 句）

五　一　｜0六　｜　七0　｜
難　　　合　　眼，
（前逗）（後逗）（眼起）
（第　　三　　分　　句）
（下　句）：
一　二　｜0三　四｜　五一　｜　0六　｜　七　一｜
翻　來　　　復　去　　睡　　　　不　　　　安。
（第一分句）（第二分　　句）（　第　三　分　句　）
　　　　　　　（前　　　　　逗　）（後　　　　逗）

十字句的上下分句

上句：
一　二　｜三　一　｜（過門）｜　四　五　｜六　一　｜Ｘ　0　｜
為　國　家　　　　　　　　哪　何　曾　　半
（第　一　　分　　句　）　（第　二　分　　句）
八　　｜0九　｜　十　0　｜
日　　　閒　空
（　前　逗　）（後　　逗　）
（第　三　　分　　句　）
下句：
一　二　三　｜0四　五六　｜　七　八　｜0　九　｜　十　一　｜
我　也　曾　　平　服　了　　塞　北　　　西　　　東
（第一分句）（第二分句）　　（前　　逗　）（後　　逗）
　　　　　　　　（第　　三　　　分　　句　）

　　以上兩例，比較【平板】唱腔與二黃原板唱腔的詞格，二黃原板唱詞的變化比【平板】唱腔複雜許多。我們先就二黃原板來看，上例介紹的原板結構也僅是二黃原板的基本型態罷了，一般不同戲碼與不同角色行當演出時，都會根據演繹的需要，而改變原有的曲調結構，即使同一個戲碼、唱段、角色，也會因為不同演唱者，而將基本曲調結構改變，以下舉京劇《瓊林宴》中一個唱段上句的第一分句為例。這個例子告訴我們，板腔體變化的多樣性。

　　那【平板】唱腔是否可以像二黃原板一樣的變化呢？我們如果單從詞格的結構來看，【平板】唱腔就好像與其它北方兩句體民歌一樣，具有固定工整的唱詞格局。但實際研究【平板】的腔詞關係後會發現，無論是專門唱山歌或唱戲曲唱腔的演唱者，唱兩首不同唱詞的【平板】時，所演唱出來的曲調均不相同。也就是說，我們平常聽到的【平板】唱腔雖然有相同的詞格，但曲調旋律卻因人而異。（關於這個問題，可以從坊間出售的【平板】有聲資料得知，這裡特別介紹一張由財團法人慶美園文教基金會錄製【傳統客家歌謠及音樂系

列】中有關【採茶腔】的專輯），這張專輯有系統的介紹了各種不同類型的【平板】唱腔。其中，【娘親度子】與【勸世文】的曲體結構就與一般的【平板】唱腔不同，【老腔平板】、【送郎老腔】與【老時採茶】的拍號為 2/4 拍與一般【平板】唱腔的 4/4 拍不同。由此可知，【平板】唱腔與一般民歌裡所使用的兩句體的格局並不相同。也因為這些不同，【平板】唱腔往板腔變化體的發展，也就顯得合理自然了。

（二）【平板】唱腔與板腔體的關係

　　這裡討論【平板】與板腔體[23]的關係，必須先對板腔體進行定義與概念的釐清，主要是因為本文討論的主題，客家【平板】因應戲曲發展的階段，在不斷的發展過程中的確有許多變體。是不是有了變體就可以將其歸類或說它就是板腔體，如果【平板】就是板腔體，我們就可以透過板腔體所定義出來的概念與原則，找尋龐大的板腔體系統，在各劇種中變化的基本原則，利用定義的邏輯概念尋找【平板】使用板式變化的原則或者是接近板式變化的手法，在採茶戲裡的運用情形。

　　以下整理有關工具詞書與專著對板腔體的界定：

《京劇唱腔研究》
板式變化體「是指某一特定曲調爲基礎，通過節拍、速度、節奏、旋律的加花、轉調以及擴充或縮減，衍變成不同板式的體系。同一聲腔系統的正反調各種板式，都是由同一基腔變化發展而來。同系

---

23 雖然板腔體還有其它不同說法，如板式變化體、板式、板腔變化體，但其實都是一事異名，名詞選用上本文僅採較習慣的且通用的說法。

統的任一板式都是在基腔的基礎上保留了某些方面，增添或發展了某些方面變化而成。」（武俊達，1995：2）

《中國大百科全書戲曲・曲藝卷》
板式變化體「戲曲音樂的一種結構形式．它以一對上、下句為基礎，在變奏中突出節拍、節奏變化的作用，以各種不同的板式（如三眼板、一眼板、流水板、散板等）的連結和變化，作為構成整場戲或戲曲音樂陳述的基本手段，以表現各種不同的戲曲情緒。」（周大風，1983：11）

《中國音樂辭典》
板腔體「戲曲、曲藝音樂的一種結構體式。或稱板式變化體。以對稱的上下句為唱腔的基本單位，在此基礎上，按照一定的變體原則，演變為各種不同板式。通過各種不同板式的轉換成一場戲或整齣戲的音樂。……同類腔調的各種板式，可是為一種基本板式發展而成。」（中國音樂，1985：15）

《簡明戲曲音樂詞典》
板式變化體「戲曲音樂結構形式的一種。……凡以齊整對稱的上下句為結構基礎，並以各種板式的變化，作為基本手段。……各種板式的變化適用以表現各種戲劇情緒變化的基本手段和方法。……各種板式系同一旋律材料的各種變奏形式。按照民間音樂的變奏原則，運用速度變化、節拍、節奏變化（展寬或緊縮），旋律變化（加花或減音）等方法，衍變、派生而成。」（何為、王琴，1990：13）

《中國民族音樂大系・戲曲音樂卷》

板腔體「以某一曲調爲基礎，（最初也許就是一首兩句體的民歌小曲），經過速度、節拍、節奏、宮調、旋律等音樂要素的變化，採用擴充或緊縮的手法，從而逐漸演變出一系列不同節奏、不同幅度的板式，形成一套具有多種戲劇表現功能的唱腔。」（劉國杰，1989：6-7）

《中國戲曲史略》

板腔體「在單一樂調基礎上，根據民間音樂變奏的原理，以節奏、板眼（節拍）變化爲主，輔以旋律變化而構成的一種形式。變奏是它的原則，也是發展樂調的方法和手法。板式音樂，孕育於民間歌曲。民歌在重複演唱的過程中，由於多段歌詞內容所蘊含的情感、情緒的差異，就會發生延伸、截短、加快、放慢、加花、減字、翻高、走低的變化。這種節奏語旋律上的變化，或多或少，或強或弱，包含著變奏的因素，成爲樂調萌生不同板式變化的基因。」（余從、周育德、金水，1993：261）

以上各家對板腔體的定義，筆者將其歸納如下：

（1）基本形態以唱詞與旋律結合的唱腔曲調。

（2）最初以歌曲小調爲基礎。

（3）唱詞句式以上下句爲基礎，可以延伸、截短。

（4）速度可以加快、放慢。

（5）板式可以是有板無眼、一眼板、三眼板、流水、散板等。

（6）音高可以翻高、走低、轉調。

（7）音型結構可以加花、減字、翻高、走低。

（8）產生是為戲曲情節情緒變化服務。

　　資料與文獻的整理，有助於我們對板腔體邏輯概念的確立，運用基本的理論是比較容易觀察【平板】與板腔體的相同與差異的。

　　就板腔體的定義與內容來檢視【平板】唱腔，可以將【平板】唱腔歸類在板腔體的系統中，但就史料的收集，卻又很難清楚的說【平板】就是板腔體。就讓我們先從採茶戲的音樂內容談起，前文說明採茶戲的唱腔曲調稱「九腔十八調」，包括山歌腔系統、採茶腔系統與小調系統。而在上文討論的板腔體定義中，認為板腔體[24]最初以歌曲小調為基礎，這當然與戲曲成形的歷史演變邏輯有關，從此一觀念出發，我們可不可以說只要是歌曲小調在歷史的發展過程中，往板腔體的系統倚靠都有成為板腔體的可能。從【平板】的歷史資料來看，【平板】因應戲曲情節變化的發展從最原始的【平板】曲調，逐步變化，成為可鬆、可緊、可散、可快、可慢、可長、可短、曲調旋律可翻高走低、轉調、音型結構可加花、減字、板式可是一眼板、三眼板、流水、散板、上下句式可延伸可截短等的內容是絕對有可能的。歷史的資料告訴我們，【平板】在改良採茶戲裡的分量，一齣戲最少有三分之一的曲調唱腔用【平板】演唱。邏輯上的判斷，【平板】成為板腔體形式應該是不難。此點可從曾在國家音樂廳演出的客家大戲《喜脈風雲》[25]戲齣中使用的【二黃平板】、【採茶散板】、【採茶慢板】、【老腔採茶】、【採茶平板】、【福祿平板】、【採茶什念子】、【老腔平板】、【送郎老腔】等，屬於【平板】的變體可以看出。[26]這齣戲在板式的運用上，更結合了【採茶散板】接【採茶什念子】接【採茶散板】等，

---

24 板腔體可以是一個集合名詞，它包括梆子腔、皮黃腔與使用這兩個聲腔的所有劇種，也可以是一個手法，是運用這種手法完成某有板式變化的方法。
25 2003 年 7 月 18-20 日由榮興採茶劇團於國家音樂廳演出。
26 二黃平板屬於皮黃系統與福祿平板屬於福祿系統，並不是採茶系統腔調。

這個板式的結合，是為了表達戲劇情緒的需要，它也說明了【平板】與板腔體的關係基本上可以成立的。

四、結語

經過本文的討論，【平板】唱腔就可以板腔化了嗎？事實卻非如此，我們只能說【平板】唱腔可以有條件使用板腔體的程式，在客家戲曲發展的歷史脈絡中，像《喜脈風雲》一樣的戲齣，恐怕是少的。在此之前，客家戲裡所使用的【平板】唱腔雖然也有情緒變化、快慢不同、調性不一等板腔體的基本條件。但【平板】唱腔卻類似曲牌體一樣，以單一結構為表意的基本單位，所以有許多人會誤以為，【平板】唱腔像曲牌一樣是以一首樂曲為一個基本單位的。有了這樣的認知，也就很難將【平板】唱腔歸納於板腔體系統中。事實上，曲牌體的主要結構，建立在單一樂曲的連綴，使每一首獨立的樂曲成套於劇目中，為戲劇情節服務。它在音樂的變化手段中並不以板式、速度變化為主，而且在每一首曲牌的運用中，有著每一首曲牌的基本曲情，同一首曲牌不會同時適用於哀傷也適用於歡樂，而板腔體的板式變化與速度變化就會有所不同，如以二黃為「基調」，可以變化出慢板偏於抒情詠歎，原板宜於敘事明理，快板擅長表現輕鬆或激昂的情緒，搖板宜於表現戲劇性的矛盾衝突等情緒。[27] 以上各種情緒的表現，都建立在同一個基本曲調上，這與曲牌體的運用是有很大不同的。本文之所以會認為【平板】唱腔可以板腔化，也是建立在以上的理論發展出來的想法。以下，筆者就根據上文討論有關【平板】唱腔的種種，與板腔體的概念，提出以下八點結語，相信可以對【平板】唱腔板腔化的問題提出更好的例證。

---

27 參考《中國民族音樂大系 戲曲音樂卷》（1989）

（一）【平板】唱腔基本形態以唱詞與旋律結合：關於【平板】唱腔的腔詞關係，牽涉到四縣腔聲調與【平板】唱腔曲調的對應關係。只要是好的演唱者，會「依字行腔」，使四縣腔的聲調合乎【平板】唱腔的基本曲調。如果再加上唱詞中所使用的襯詞，那曲調的走向與合理性也就更被體現出來。不僅如此，因為「依字行腔」，使得【平板】唱腔除了基本的曲調音高外，還會有著許多潤飾旋律的變化音高，我們將之稱為「潤腔」，[28] 這種「筐格在曲，色澤在唱」的中國詩歌演唱藝術，在【平板】唱腔中也是被善唱者巧妙的運用著。

（二）【平板】唱腔最初也以歌曲小調為基礎：上文中提到有關【平板】唱腔由【老山歌】→【山歌子】→【平板】，但研究發現，【平板】並不單純只是從【老山歌】→【山歌子】→【平板】的路線，因為【老山歌】、【山歌子】所使用的 La、Do、Mi 三音列，La、Do、Mi 三音列在「平板」的曲調旋律中，僅是旋律的一個小的因素而已。而【平板】唱腔在客家歌樂的發展中，應該還包含著【十二月採茶】的曲調，與【改良新採茶】、【老腔平板】等曲調的影響，這個改變是因應民歌的需要還是戲曲的需要，我們不得而知。但這樣的發展邏輯與板腔體中唱腔的發展邏輯的吻合卻是可以被體現的。

（三）在唱詞句式的運用，也符合上下句為基礎，可以延伸、截短條件：雖然【平板】唱腔如果符合上下句的結構，發展成為延伸截短等自由運用的手法時，我們也就不必討論【平板】唱腔轉變為板腔體的可能性，也因此這些例子，在目前的【平板】唱腔中是較少聽到的。因為延伸與截短的運用，已是發展成熟的結果，是板式變化體中重要的手法，如果【平板】唱腔可以將其借鑑並運用於客家戲曲當中，相信可以豐富戲劇音樂的張力與內容。

28「潤腔」在中國的歌樂中被大量的運用，它是凸顯與豐富地方音樂風格的重要因素，也是中國音樂具有別於其它民族與國家的重要關鍵。

（四）其速度快慢的變化也跟隨著戲劇情緒發展著：目前以固定速度演唱【平板】，多以山歌系統為多。【平板】唱腔在戲曲的演繹中，會因為配合著劇情發展的需要，產生速度快慢的變化，使不同劇情配以不同速度快慢變化是很常見的。

（五）板式的變化：我們在《喜脈風雲》中可以看到許多可以是有板無眼、一眼板、三眼板、流水、散板的例子，也足以證明【平板】唱腔是可以被板腔化，只是目前從事這項改革的人太少罷了。

（六）曲調的高低變化因人而異的被演繹著：戲曲演繹當中，因為角色行當的需要，演員將同一板式的唱腔經由不同角色行當的演唱，產生不同的音樂形象與情感，這也是有的。如二黃原板，就可以是用於生、旦、淨、丑等各行旦，所以只要客家戲採用傳統戲曲中，對角色行當的程式性劃分，那曲調在調高上的變化也就不成問題了。

（七）音型結構雖然在基本的旋律範圍內，卻因演唱者不同的詮釋，使得音型結構可以加花、減字、翻高、走低：無論任何板式的變化，板式中存在的基本腔格勢必要被演唱者所依循著，否則就會產生變調，聽者也就無法對基本板式有所認識，二黃原板各個字位的落音是如此，【平板】唱腔的各句落音Sol、Do、Sol、Sol也是如此。只要【平板】唱腔根據這個原則，在以上的各項基礎上進行改革與變化，應該可以有所成果的。

（八）配合戲劇劇情需要而產生：最後要提的是，中國戲曲音樂之所以豐富多變，靠的是戲曲本身故事、角色行當、身段、語言、唱腔等程式性諸多條件的綜合。其中，唱腔的變化可以說是戲曲之所以迷人與具有獨特色彩的命脈所在。板式變化的存在與演變，也是因應著複雜與多變的戲劇情節而產生的。【平板】唱腔在長期的演繹中，絕對可能成為板腔體家族中的一個成員，這樣的改變，筆著認為可能對客家戲曲的發展會有正面積極的意義與幫助的。

參考文獻

古旻陞，1992，《臺灣北部客家民謠之民族音樂學研究》（未出版）。中國文化大學藝術研究所音樂學碩士論文。

武俊達，1995，《京劇唱腔研究》。北京：人民音樂出版社。

邱慧齡，2000，《茶山曲未央：臺灣客家戲》。宜蘭：國立傳統藝術中心。

徐進堯，1984，《客家三腳採茶戲的研究》。臺北：育英出版社。

流　沙，1999，〈採茶三腳的形成與流傳〉，《海峽兩岸傳統客家戲學術交流研討會實錄》。臺灣省政府文化處。

陳雨璋，1985，《臺灣客家三腳採茶戲：賣茶郎之研究》，（未出版）。師範大學音樂研究所碩士論文。

曾永義，2002，《從腔調說到崑劇》。臺北：國家出版社。

_____，2000，〈論說「小戲」〉，《兩岸小戲大展暨學術會議》。宜蘭：國立傳統藝術中心。

楊兆禎，1974，《客家民謠：九腔十八調的研究》。臺北：育英出版社。

_____，1982，《臺灣客家系民歌》。臺北：百科文化。

楊佈光，1983，《客家民謠之研究》。臺北：中國文化大學藝術研究所。

劉吉典，1996，《京劇音樂概論》。北京：人民音樂出版社。

鄭榮興，2001，《臺灣客家三角採茶戲研究》。苗栗：財團法人慶美圓文教基金會。

賴碧霞，1983，《臺灣客家山歌》。臺北：百科文化。

_____，1993，《臺灣客家民謠薪傳》。臺北：樂韻出版社。

劉美枝，1999，〈臺灣客家小調曲目初探〉，《茶鄉戲韻：海峽兩岸傳統客家戲曲學術交流研討會實錄》。臺灣省政府文化處。

歐光勳，2000，〈中國民歌與教學〉，《教育部八十九年社會藝術鑑賞創作研習》，國立臺南藝術學院國樂研習營。國立臺南藝術學院編印。

客家丑戲《萬事由天(蛤蟆記)》研究 [*]

蘇秀婷

一、前言

　　客家戲曲的文本研究大多限於當代之舞台表演本的考察為主，其中又以表演藝術的析論為大宗，劇本文學的考察較少，對於外台酬神戲的即興演出之觀察與討論仍相當缺乏。這種現象除了學術研究的興趣取向與資料取得難易考量之外，也反映即便目前經由公部門挹注的經費補助，讓當代採茶戲之從業者有了另一個展現的舞台，而成為研究者的關注焦點；然而，觀察許多當代作品的舞台表現，對於採茶戲表演美學的掌握與言說表達，仍呈現相當游移而缺乏自信的狀況。尤其在於補助經費的過度依賴、製作人才跨越劇種延聘、交流的情形日益活絡、熱中競逐舞台美術大型製作等現況，許多劇場內的表演在華麗製作的外觀之下，反而看不到客家劇種的核心特色，或者失去了採茶戲的靈活與趣味。

　　緣於此，筆者將研究的觸角伸向未經刻意修飾的野台酬神戲，考察富含客家民間文學養分的表演型態，試圖理解臺灣客族在戲劇中感知人生的方式，以及戲中所呈現的客族之審美意向。本文選擇《萬事由天(蛤蟆記)》做研究對

[*] 本文原刊登於《客家研究》，2014，7 卷 1 期，頁 1-35。因收錄於本專書，略做增刪，謹此說明。作者蘇秀婷現任國立臺灣戲曲學院客家戲學系助理教授。

象,從民間文學角度考察這齣戲的題材變異、戲劇結構及口語形態,觀察這個流傳於中國東半部沿海的通俗題材,如何成為客族的文化素材。

本文選擇《萬事由天(蛤蟆記)》作為考察對象,原因有三:其一、這齣戲被歸類為「老時採茶戲」,是一種改良初期階段的古老文戲型態,相當接近採茶戲原貌,唱腔音樂均為採茶調,此一考察當具有客家戲劇史上意義。二、《蛤蟆記》曾被收錄於採茶戲先輩卓青雲(約1890-1977)之手抄本,在客族地區流傳的時間相當久遠,幾近百年,當代則以改稱《萬事由天》,在眾多老時採茶戲之劇目當中有其代表性。三、《萬事由天》為憨丑代表劇目,廣泛流傳於民間各戲班,相當受客籍觀眾歡迎,歷年來曾多次為戲班作為比賽、公演之劇目,有其重要性。[1]

本文從民間文學的研究向度探討這齣戲的題材、架構及口語表現,運用A-T分類法[2]探討「李不直釣蛤蟆」題材在客庄傳播過程裡,可見於民間故事、戲曲等不同文本之中,情節單元(母題)的延續與組接型式。以此考察此一通俗題材如何成為具有客族特徵的文化材料。其次,筆者甚有興趣的是,古老的「老時採茶戲」在當代的表現型態為何?在歷史進程之中,此種所謂最接近「採

---

1 1994年,竹北新永光歌劇團以《萬事由天》參加第三屆臺灣省客家戲劇比賽,張有財獲丑角獎。1997年,該團應邀再以同齣戲參賽,張有財再獲丑角獎。2004年,苗栗榮興客家採茶劇團改編《萬事由天》為客家電視台「傳統客家戲曲節目」八點檔精緻客家大戲,並獲得該年度金曲獎入圍。

2 A-T分類法,又稱「阿爾奈—湯普森體系」(Aarne-Thompson classification system)乃芬蘭學者Julius Krohn和Kaarle Krohn以「歷史—地理法」(historic-geographic method)研究民歌及民間故事,取得成果,後繼者Antti Aarne擴大其研究成果,將大量民間故事材料做類型分析及編制索引工作,出版《民間故事類型索引》(1910)。後由美國學者斯蒂·湯普森(Stith Thompson)補充修訂,於1928年出版,成為檢索世界民間故事的重要工具書,也確立歷史地理學派對民間故事進行比較研究的方法論。本文主要引用德國學者艾伯華(Wolfram Eberhard)於1937年用德語寫成,並於芬蘭發表的《中國民間故事類型索引》(本書於1998年譯為中文,由北京商務印書館出版),該書收有三百多個類型,其範圍雖然僅及於沿海省分,中國常見故事大致已包含在內。

茶戲」的劇類，究竟承接了何種戲劇傳統？在個別劇目《萬事由天》的敘事方式、行當配置、音樂唱腔、時空布置等各方面有何新舊並陳，或以舊代新的藝術表現？最後，筆者從「榮興客家採茶劇團」的野台酬神戲表演，[3] 觀察這齣戲的憨丑口語表演，討論其口語表現的戲劇效果，丑行以何種方式成為客家戲曲的審美重心？

二、題材：從民間故事到戲曲

本章探討流傳在客家聚落的李不直釣蛤蟆故事的幾種不同版本，包括民間故事《李田螺一夜致富》、改良採茶戲《蛤蟆記》、採茶大戲《萬事由天》，[4] 這幾個異文的類型係從外觀上一看即可知道流傳於客籍聚落，有的具有地域色彩，有的有族裔色彩，有的在表演藝術上具有客家文化內涵。進一步觀察這三個異文在故事內容的延續與衍化，包括母題的組接、客族特徵的布置、戲劇內容的指涉範圍等。

（一）李不直釣蛤蟆故事的數個版本

「李不直釣蛤蟆」故事在臺灣客家聚落流傳甚廣，形諸於文字者有民間故

---

3 有關《萬事由天》的現場演出，筆者曾觀看 1997 年新永光劇團以《萬事由天》參加第六屆客家戲劇比賽，張有財飾丑角。論文撰述時期則觀察苗栗榮興客家戲班兩次酬神戲演出（2013 年 2 月 12 日苗栗南湖四份，2013 年 5 月 1 日苗栗市安瀾宮）。並多次訪問該團丑行張有財先生，以及同戲班的黃鳳珍、傅明乃、吳勉、黃瑞鈺、謝顯魁、戴淑枝、賴宜和等多位戲班前輩，特此致謝。

4 本文將採茶戲的大戲型態區分為「改良採茶戲」與「採茶大戲」。客家戲曲「改良」徑路有二，其一係來自三腳採茶戲發展為大戲的歷程，初期的早期文戲被稱為「改良採茶戲」。另一為外來大戲劇種（四平、亂彈、京劇）的影響之下形成的大戲型態，亦稱「改良採茶戲」。其表現方式前者多純唱採茶調，後者則插唱外來唱腔。1980年代自有文化公演場之後，「改良」一詞即不再見於公演之文宣，而多標榜為採茶大戲、客家採茶大戲。因此，本文將屬於早期文戲的《蛤蟆記》稱為「改良採茶戲」，1980 年代之後的當代採茶大戲《萬事由天》稱為「採茶大戲」。有關改良採茶戲的相關論述，可參閱蘇秀婷，2005，《臺灣客家改良戲之研究》。臺北：文津出版社。

事〈李田螺一夜致富〉、改良採茶戲《蛤蟆記》,另外,尚有目前仍流行於客家戲班的採茶大戲《萬事由天》等。內容均以窮困的釣蛙人意外娶得千金小姐,生子之後得到黃金而致富。這個故事的母題為「窮漢娶妻」或「千金小姐嫁乞丐」,據德國學者艾伯華(Wolfram Eberhard)蒐集,以此為母題的類似故事流傳於朝鮮及中國東部沿海省份河北、江蘇、浙江、廣東、廣西等(1999:285-286)。臺灣學者金榮華在臺灣澎湖的民間文學調查訪得〈李土〉,亦為釣田雞故事(2000:250-253)。近代前輩作家王詩琅(1908-1984)採錄南部民間故事《水蛙記》,收錄於《臺灣民間故事》(1999:143-147)。

由故事提要的比對,客家的水蛙記故事,與流布於朝鮮、中國、臺灣的「窮漢娶妻」或「千金小姐嫁乞丐」母題極為近似。這些以文字記錄的民間故事,大抵來自於 20 世紀末以來中西學界針對民間文學(包括民間戲曲)的採錄、調查,記載型態或為提要型態記載,或者以報導口述第一人稱詳細著錄故事內容。經落為文字記錄之後,均以華語型態呈現,但部分重要語句,則可能採取報導人原本口語來記錄。例如,金榮華在澎湖採錄的「李土」故事,記錄了憨女婿拜見翁姑時,說出「流水通通,水色不相同」,「新籬雜舊籬,暫渡來過時」等詩句。以筆者目前所蒐集,這個題材的相關著錄並未有全以客語、閩語或其他地方語言所記錄者。

這個故事雖非專屬於客族,但臺灣客家聚落流傳甚廣,故事中「窮漢致富」的掘藏歷程引人入勝,「財各有主」的寓意與客族勤勞守份的族性頗為契合,因而受到民眾歡迎,且有民間故事與戲曲表演等不同表現形態存在。在傳布的過程中,也不同程度添入客庄地域景觀、產業風貌、族群印記等素材,而有別於其他地區的「水蛙記」故事。以下列舉這個故事的三種版本,包括陳慶浩、王秋桂主編、採錄的客家民間故事「李田螺一夜致富」、臺灣音樂學者楊佈光著錄的改良採茶戲《蛤蟆記》提要、目前流布於客家戲班的客家戲曲劇本《萬

事由天》。藉由民間故事、戲劇說明臺灣的客家族群如何編織、剪裁這個通俗
而普及的故事，來發展自己的文化材料，並創造出「憨丑」之表演空間，發揮
客家丑行的口語表現，形塑客家戲「老時採茶戲」劇類 之表演風格。

1. 客家民間故事〈李田螺一夜致富〉

陳慶浩、王秋桂主編的《中國民間故事全集》第一集《臺灣民間故事集》
輯有〈李田螺一夜致富〉之故事，相當具有客族色彩（1989：120-130）。敘
述清咸豐年間臺灣府貓里莊的富戶張員外育有三個女兒，老大與老二先後嫁給
城中有錢人家，張員外要把么女張玉姿嫁給門當戶對的有錢人家，但么女婉
拒，而說「爸爸！我很感謝你為我著想、找一個好婆家的美意。可是，一個人
的幸福，完全要靠自己腳踏實地，努力苦幹得來的。不然的話，可能是個有錢
人家，明天便給敗得片瓦無存，甚至一文不名的人兒了。所以，我要嫁的不是
眼前錦衣玉食，來日沿門伸手托缽的富家子。」張員外一氣之下，將么女嫁給
衣衫襤褸的李姓年輕人。李生是附近的福基人，靠撿拾田螺賣錢維生，人稱為
李田螺。玉姿欣然做了李田螺的妻子，從此在低陋的草寮中，又燒飯、又洗衣
服的幫助她丈夫，過著非常艱苦的日子。某日暴雨來襲，李田螺撿拾無著，卻
在附近河川發現褐色閃綠光的東西，遇火即熊熊燃燒，李田螺將這些東西撿回
家代替燈油，鄰居紛紛向他購買。後來一位專門販賣水火生意的廣東客商邀他
開採並許以重金，兩人合作開發，於是在公館福基大湖溪的南岸一帶，開採出
許多石油和水火，當地遂被稱為「出礦坑」。李田螺致富後仍和往日窮苦沒兩
樣，兩天後岳父做六十大壽，他用籮筐裝了一千兩白銀，上面覆蓋一層拾來的
田螺，另外帶了一萬兩銀票，穿著破舊衣衫，挑著田螺來參加岳父壽宴。大家
對他不理睬，兩位襟兄故意說要以半價將土地賣掉給李田螺，李田螺將籮筐上
的田螺撥開，取出白銀來買地，兩位襟兄懊惱不已。李田螺成了貓里街上數一
數二的大富豪，他將買來的山坡地種植公館當地名產「牛心水柿」，製成柿子

乾運銷全臺、廣東、日本，成了大實業家。

　　這個民間故事顯然以「窮人得金」的故事母題為本，省略了土地伯公送金給窮人之子「李門環」的神性情節，而添入與客家族群相關的地域、產業內容，因而把《李田螺》從神話故事轉化為地方傳說。故事中地點「貓里」乃苗栗舊稱，地名源自比漢人更早居住本地之平埔族道卡斯族「Pali」而來，文獻多譯寫為貓裏社或麻里社，原意是指「平原」或「平坦地形」。李不直所居住的「福基」則是現今苗栗縣公館鄉的福基村。故事中發現可燃物之處「出磺坑」就是現在公館鄉開礦村，該地乃臺灣最早開採原油之處，據說尚未大規模開採之前，附近居民就近舀取該處流出三「碟磺油」用以照明。另外，「牛心水柿」亦為苗栗公館的名產，日治時期已大規模製造加工柿餅。這些客家聚落的地點、礦藏、柿子農產等，提供「窮人致富」故事母題一個相當現實性的背景圖象，原本故事中「掘藏」此一帶有神性成分的情節，代之以本地礦產地之能源開採史及特殊農產，使得故事產生「徵實」感受，成為帶有濃厚族群性、地域性的客家地方傳說故事。

　　2.改良採茶戲《蛤蟆記》（水蛙記）

　　臺灣音樂學者楊佈光《客家民謠之研究》一書錄《蛤蟆記》劇情大綱，係轉錄自前輩採茶戲藝人卓青雲[5]之抄本。故事描述廣東人張百萬，與妻林氏生下三女，長女嫁于陳有亮，次女嫁吳天德，尚有三女未嫁。某日三女遇見以捉水蛙為業的呂不直，頓生好感，兩人共結連理。夫妻回家認親，但父親與二姐皆看不起他們，夫妻敗興而歸。後來生下一子，不直大喜，此日出門捕水蛙，

---

5 卓青雲（約1890-1977），乃三腳採茶先輩藝人何阿文（1858-1921）的弟子，專攻丑。卓青雲曾經經營採茶戲班「霓雲社」。昭和二（1927）年成書的《臺灣に於ける支那演劇及臺灣演劇調》在「各州廳別演劇一覽表」中曾列出各行政轄區內的戲班資料，列有新竹州卓青雲的「霓雲社」，演出劇目有《姑換嫂》、《思釵》、《捧茶》等。

見山岩藏有金磚，土地伯公托夢，言明此乃「喜門環之金」。因張百萬之妻大壽之日，三女抱子回娘家，懷中孩子大哭，直至觸玩門環方止，張百萬為其取名「喜門環」，不直聞之大喜，夫妻倆抱子到山岩將金磚擔回，伯公山神亦運送金磚，遂使不直家大富（1983：207-208）。

據楊佈光所錄的《蛤蟆記》僅有故事大綱，而不載口白、歌謠與音樂唱腔，但所錄的故事大綱已大致可以觀察到此一較早的改良採茶戲之演出版本是較接近「窮漢得金」的故事母題。劇中特地標舉出張百萬係「廣東人」，以明示係演譯客家族群之故事。此一劇情大綱特地以簡要詞句描述張百萬與張女的行為個性：父親張百萬乃嫌貧愛富之人，相對的，第三個女兒則勤儉而不慕榮華，對於捉水蛙為業的呂不直產生好感。可見此一劇情乃張揚客家女德，貴為千金，卻甘於貧困，勤儉持家。值得注意的是，這齣戲包含了「伯公送金予喜門環」的神話情節，千金與窮漢本份守己，終於致富而有好報。故事充滿命定觀。但是，這齣戲似乎並未有傻子的因素在內，劇中呂不直只是窮人，並未被描述為傻子。

3. 客家採茶戲《萬事由天》

目前，李不直釣蛤蟆故事日前仍經常於夜戲上演，名為《萬事由天》，其中「憨丑」的表演及口語相當精彩，而成為觀眾念念不忘的戲齣。在客家戲演員之中，尤以苗栗知名丑角張有財[6]所演的李不直最具代表性，且因為這個角色獲得第六屆客家戲劇比賽最佳丑角獎肯定。[7]

---

6 張有財（1938-2017），苗栗縣大湖鄉人，師從於四平戲藝人蔡梅發，擅長丑行。張有財相關事蹟將著錄、出版傳記，參見：蘇秀婷、鄭榮興合著，2015，《客家丑：張有財的客家戲曲人生》。苗栗：苗栗縣政府國際文化觀光局。以下對話均來自筆者針對張有財演出的田野觀察，係為 102 年 5 月 1 日，榮興客家採茶劇團於苗栗市安瀾宮演出《萬事由天》一劇演出之田野記錄。

7 1997 年新永光二團參賽劇本《萬事由天》，當時的團主為黃長妹，導演為張有財。

張有財先生於 1997 年為新永光二團參加客家戲劇比賽，擔任導演，並整理出來《萬事由天》之劇本內容，演出共分為十五場。第一場至第四場，張萬福與么女爭論「萬事由天」或「萬事由人」。第五場至第九場，張萬福賭氣將張鳳嬌嫁給李不直，後來產下一子。第十場至第十一場，兔子引李不直去掘金，但黃金屬於李門環。第十二場至第十四場，張萬福將孫子命名為李門環，為黃金主人。第十五場，拜壽。

張有財版本的李不直釣蛤蟆故事，劇目改為《萬事由天》，劇情與前述客家傳說《李田螺一夜致富》及卓青雲抄本《蛤蟆記》大致相同，其中最大的不同之處在於採茶戲《萬事由天》以天命觀的辨證作為敘事框架，劇中員外張萬福第一場一出台即說「人無艱苦過，難得世間財」，他以為目前的家業全是自己認真打拼而來，因此寫下「萬事由人」四個字，掛在花園來勉勵家人。不料么女張鳳嬌將「人」字多加兩筆，改為「萬事由天」，並與父親爭辯，惹怒父親，賭氣將她嫁給釣蛤蟆為生的李不直，看是否有天來眷顧她。張鳳嬌出於無奈，只好與李不直辛苦度日。而客家傳說及卓青雲版本之中，小姐乃出於自願與貧苦的李田螺（或呂不直）結為夫妻，而父親張百萬則是嫌貧愛富之人。相較之下，近二十年來這齣戲的劇情及角色塑造更為複雜深度，且富含人性的挑戰衝突。

（二）故事內容的延續與衍化

1. 故事母題從「窮漢得金」到「傻女婿」

研究民間故事的學者，通常將故事解析為最小情節單元，考察其異文，梳

演員共計十人，包含青衣張鳳嬌（陳玉珍飾）、三花李不直（張有財飾）、老生張萬福（鍾寶妹飾）、小生李金生（戴淑枝飾）、小旦張玉嬌（林美蓮飾）、老旦張母（官蘭英飾）、家人（張新興飾）、三花李天祿（王桂蘭飾）、公末福德正神（曾承圖飾）、花旦（劉雪子飾）。樂師共四人，為徐榮華、劉在平、黃登雙、范送興等。

理母題的傳播與變異。所謂「母題」，乃民間故事、神話、傳說、敘事詩歌的重要成分，美國民俗學家斯蒂・湯普森（Stith Thompson）對於「母題」（motif）的定義是：「故事中最小的敘事成分，可能是故事中的一個角色、或涉及情節背景，亦可能是單一事件。動物故事、笑話、軼事大多只含一個母題的類型，亦有許多故事包含了數個母題」（1991：499）。臺灣學者金榮華（2007）以為：「『母題』乃故事中不能再加分析的最簡單情節。」

　　「李不直釣蛤蟆」故事從民間故事到客家戲曲的演出，大致可觀察到故事的母題從「窮漢得金」到「傻女婿」兩者的轉變與置換。其中，客家民間故事「李田螺一夜致富」、改良採茶戲《蛤蟆記》、採茶大戲《萬事由天》均以「窮漢得金」母題來開展劇情；然而，《萬事由天》的表演則多了「傻女婿」母題的置入。

　　「窮人得金」與「傻女婿」兩個母題在民俗故事類型之分類上，是兩個獨立的母題，未必是兩者結合，而民間流傳的傻女婿故事更有多種樣態，大多是笑話樣貌存在。此一「母題」的轉變與置換，與客家戲中的「憨丑」表演風格息息相關，「憨丑」在客家戲的角色行當之中相當特殊，並非僅演為傻子或低能，坊間有些藝人演來口齒不清、呆呆傻傻，以為即是憨丑，實是火候不足之故。精於此道的「憨丑」，既能演譯所講的傻話固然呈現痴傻的外部特徵，另一方面他的話語卻能歪打正著，一語中的，具有帶動劇情高潮、製作戲劇衝突的效果，才是憨丑表演藝術之核心。因此，李不直釣蛤蟆故事從「窮人得金」到「傻女婿」的母題結合，實為舞台表演之需求，同時也開展了「憨丑」的表演舞台。

　　2. 客家地域、產業、族群特色的布置

　　李不直蛤蟆記故事流傳的數個版本之中，頗為明顯地標誌了族群特徵。例如，改良採茶戲《蛤蟆記》直指張百萬係廣東人，可能此一故事本來即在廣

東地區流傳甚廣，或者戲班有意以此爭取臺灣客族觀眾的認同。另外，陳慶浩、王秋桂編《臺灣民間故事集》「李田螺一夜致富」，將故事背景置於清代臺灣府貓里莊，「窮漢得金」故事附會公館福基一帶礦產掘藏的產業開發歷程，並剪去土地伯公送金的神話內容，加入苗栗公館地方的礦產、農產（柿乾），使這個故事成為地方開發史的傳說，而帶有徵實之外觀特徵。

現在仍在上演的採茶戲版本《萬事由天》，雖然不再於故事或劇情中添入標舉廣東人或客族聚落之地域特色元素。然而，1980 年代之後的客家戲，在藝術表演層次融入客家的九腔十八調唱腔，其手法已逐漸純熟。例如，小姐懷孕生子場合演唱〈病子歌〉、李不直持釣竿出場唱〈蛤蟆歌〉等，與過去改良採茶戲僅為〈平板〉、〈山歌子〉等一兩個固定幾個唱腔來看，今日的客家戲曲已從藝術手法來展現其族群特色，也呈現劇種風格的成熟與定型化。

3. 戲劇所反映的生活內容

《萬事由天》戲劇內容呈現了許多對立的命題，包括「由人」／「由天」，「從父」／「從女」，「掘藏」／「定份有數」等，使這齣「窮漢得金」原型故事從講勸懲、天命因果的情節開展出更多層次性。老生所持「萬事由人」乃勸人腳踏實地、反求諸己的本份觀；小旦持「萬事由天」則以為天命自有定數，並非人力所能改動。本份觀與天命觀的論爭，在這齣生活氣息濃厚的採茶戲是以女兒對於父權的挑戰來呈現，則形成「從父」／「從女」的對立性。此一故事運用「掘藏」此一通俗素材，作為解決兩相對立的方法，然而亦引起「投機」的疑慮。

古典小說學者劉勇強考察中國掘藏風俗暨古典小說的掘藏題材，他指出：

> 宋代掘藏已成風俗，明代掘藏則成為發財致富的代名詞，話本小說
> 裏大量掘藏題材反映明代中以後追金逐利的社會心理。並述及小說

的掘藏題材通常與人的道德品質相關，並帶有神秘色彩。……此種「神秘化」之特點係指金銀被掘之前，總有怪異現象，例如，金錢自己顯靈、埋金者鬼魂顯靈，或守護神或財神顯靈。同時，神秘化的另一特點係「定數觀念」，表現為掘金銀數量固定，得金者對象固定，乃『金有定數』或『定分有數』，以勸人安求本分之意。」
（1997：76-85）

採茶戲《萬事由天》中李不直發現黃金因而致富，顯然對於老生所持有「本份觀」是一打擊，掘藏所招致的「投機」質疑，則以「定數有命」加以彌補。劇情設計為黃金並非李不直所得，而是歸屬於他的兒子李門環。此種「由天」／「由人」，「從父」／「從女」，「掘藏」／「定數有命」的對立，顯示了兩種相當不同的人生觀之分立。其一是由老生所持的本份觀，凡事反求諸己，人定勝天，對人力的充分信心，來自於農業社會「要怎麼收穫先怎麼栽」的信念。小旦所持有的信念雖然以天命觀包裝，實則其內容乃以「掘藏」為其本質，著重於機運、機會的獲取，致富的關鍵並非與付出的勞力成正比，反而決定於偶然的時機或時運。劇中守份觀念乃老人持有，而掘藏觀念乃年輕人持有；老人秉持財富的維持仍在於門第之間的金錢結合與互利，年輕人敢於承擔風險、挑戰的企圖與能力較強，也反映社會結構由農業社會轉向工商業社會過程，各式活絡的經濟型態之中，亦包含了樂於冒險、敢於逐利的種種心態。

由改良採茶戲《蛤蟆記》到採茶大戲《萬事由天》，雖劇情主軸相同，然而從劇情內容的調整與辯證層理的加入，可以觀察到這齣戲原本充分體現與貼近農業社會價值觀，後來所做的調整與修飾，已朝向適度反映工商業社會的某些新興的價值觀，包括自主意識、投機、取巧、靈變等屬於商業社會的人性面，方能充分反映社會結構的變遷、大眾思想觀念的多元性。可以觀察到《萬事由

天》延用舊的故事母題，再行添入新的母題，以反映社會的多元面貌，而在故事內容呈現新舊並陳，由舊脫胎出新的風格。

三、架構：《萬事由天》的戲劇結構

本段主要考察《萬事由天》（蛤蟆記）的戲劇結構，從敘事結構、行當安排、唱腔音樂、時空布置等不同向度，觀察這齣「老時採茶戲」存在於當代的外觀表現特徵，並考察這齣戲在歷史的積澱過程中，所承襲的小戲內涵。

（一）敘事結構：天命與人力的辯證

「天命觀」作為古典小說或戲曲的敘事框架，是中國傳統文學的特徵之一，通常是用以推動劇情進展常用的手段。《蛤蟆記》的劇情也將「天命觀」作為窮人得金的因緣，採茶戲《萬事由天》較為不同之處在於加入「天命」與「人力」的辯證。「由天／由人」的辯證思維，為劇情帶來更多思考層理，也更為合理。

父親持「萬事由人」，女兒持「萬事由天」，爭執不下，父親一氣之下，乃將女兒嫁給窮人李不直，過貧苦日子。置入此一辯證框架之後，遂由籠罩在天命觀底下的窮人得金，傻人有傻福故事，轉向對「天命觀」進行辯證、質疑，而帶有對話性與自我反駁的意味。

戲中萬事由天或萬事由人的辯證，實則是父權與女權之間的角力，張百萬父親權威被女兒挑戰，而在整齣戲均以憤怒父親的形象出現。故而，子女對父母的挑戰在戲中被喻為人對天的挑戰。如此嚴肅的議題，卻以丑戲來演出，由丑來扮演「拆解」、「嘲笑」或「揭露」的角色。戲中沒有嚴肅的講理或道德教化的宣告，或八股勸懲的教誨，而是不斷以嬉笑嘲弄方式來拆解「父權」這塊神主牌。例如，將員外的做生日辦桌請客的善心，當作傻子做的傻事；員外

的長鬚視為「畜不得死」（老而不死）的衰老象徵；員外大壽之日不斷以喪禮觸他霉頭等等，不一而足，以愚笨、衰老、瀕死等意象來嘲弄父權。

此一「天命觀」的角力，最後，李門環獲得黃金，天註定為小姐之子所有，證明了「財富乃天註定」，帶有濃厚的天命觀，表面上是「萬事由天」的結果。然而，此一「由天」或「由人」的辯證過程，實已藉著戲劇設計轉化為父女角力之劇情，而由丑角在其中不斷衝撞、嘲弄，父權的權威性終為之消融於無形。

（二）行當結構：丑旦原型的擴張

承上所述，客家採茶戲《萬事由天》的母題由「窮人得金」向「傻女婿」延伸，表現在行當安排，尤可見其特殊意涵。「窮人得金」中的窮人固然通常以丑來扮演，但亦可能由生行來應工。而「傻女婿」母題，則必然由「丑、旦」分別扮演其中的傻女婿與妻子，此種丑角在客家戲乃發展出「憨丑」來詮釋。所謂「憨丑」是客家戲特有行當，相對於「精丑」而言。「憨丑」通常口語表達痴傻，性格老實，說話速度較慢，卻能一語中的，一面製造笑果，一面諷刺地揭露事情真相（蘇秀婷 2015）。《萬事由天》這齣採茶戲的主要劇情集中在老生、旦、丑三行當，相當接近於三腳採茶戲的行當配置，尤其千金小姐張鳳嬌與李不直的婚配，成了旦丑配，與三腳採茶戲二旦一丑，或一旦一丑的編制相對近似。在表演風格上亦有其脈絡可尋。三腳採茶戲中的主人翁張三郎是一位有喜感的小人物，對於家計不甚負責，出門賣茶卻流連忘返，可說是客家戲丑角的原型人物。

日治時期以來，自從改良採茶大戲形成後，三腳採茶戲表演幾乎絕跡於常民生活，雖然採茶戲老藝人仍保留部分唱段，但很少被表演亦不受重視。直到1980 年代起，客家三腳採茶戲的齣目、唱詞、音樂逐漸由包括陳雨璋（1984）、徐進堯（1985）、鄭榮興（2001）等學者整理出來，並進一步由「榮興客家採茶劇團」藉由水晶唱片、宜蘭傳統藝術中心籌備處錄製有聲資料，於 1990 年

代至 2000 年代陸續出版 CD、DVD。累積至今，目前劇界整理出來的客家三腳採茶戲約十數齣串戲，係由「張三郎賣茶」故事為主軸，組合了《十送金釵》、《桃花過渡》、《問卜》等數齣通俗小戲而成。故三腳採茶戲中的丑角除了賣茶郎之外，尚有賣貨郎（《十送金釵》）、撐船郎（《桃花過渡》）、算命仙（《問卜》）等不同行業的小人物。其表演型態與角色氣質固然依戲齣劇情而有不同，但由於所詮釋內容乃農業社會中不同職業的生活領域，相當單純而不含複雜人性的刻劃，且民間三腳採茶戲組織小，大抵為一丑二旦的編制，不同齣目均由同一位演員詮釋劇中丑角，其表演呈現的角色風格氣質相當一致，是以筆者以為張三郎乃客家戲丑角的原型人物。

隨著小戲的改良與改良採茶戲的形成，劇目大量增加，劇情容納的社會面向更為廣闊，對於人性的描繪刻劃更為複雜，表演藝術更多元化，以張三郎為原型的丑角亦有所分化。《萬事由天》這齣戲以丑主角李不直為主角，他釣蛙為生，無以養家，則是張三郎原型分化出的「憨丑」型態。這齣戲「憨丑」的口語表現接近於三腳採茶戲中的丑，但「憨」、「傻」的形象塑造則更具針對性。其次，三腳採茶戲的丑旦搭配，乃以花旦和丑來調笑、相褒，《萬事由天》的小旦乃千金小姐，不適合調笑。故以老生作為和丑「對答」的架構，乃有「相識」、「拜壽」等情節。此外，與小旦相關的情節，則另增一丑為叔叔 角色，來和李不直「對答」，或由丈母娘（老旦）來對答，而有「洞房段」、「生子段」等。亦即，改良採茶戲的丑角，在保有三腳採茶戲「相褒」、「對答」的架構之下，調整其行當的配置。但這些調整顯然都是以三腳採茶戲張三郎作為原型，所進行的形象性擴張，或表演架構的調度。

（三）唱腔音樂架構：九腔十八調的運用

所謂「老時採茶戲」的最大特色即在於演唱之唱腔均為採茶調，而不摻雜其他大戲劇種之唱腔。鄭榮興（2009）指出，「1920 年代初期發展的改

良採茶戲，其唱腔多承自原本採茶戲的唱腔系統，並發展出詩贊系的新興唱腔—〈平板〉，而能以七言四句的齊言體來擔任長篇故事的敘事功能。」（頁12）鄭教授所謂〈平板〉唱腔的功能，是指客家三腳採茶戲改良為大戲的過程裡，使用〈平板〉作為鋪陳故事的主要敘事唱腔，〈山歌子〉、〈老山歌〉為輔。這類改良採茶戲在初期改良的採茶戲表演內容裡，表演型態呈現較為統一、素樸之風格特徵，近似於三腳採茶戲，因此經常被稱為「老時採茶戲」、「山歌齣」等名稱，《萬事由天》這一類現當代客家戲曲作品，底本源自於早期的改良採茶戲《釣蛤蟆》或《蛤蟆記》，以文戲的戲劇架構之上，敷演市井小民由窮轉富的傳奇。

1960 年代起，學界陸續發起「民歌採集運動」、「民間劇場」之推動，公部門開始注意民間戲劇表演，並挹注經費補助戲曲表演或人才培養。客家改良採茶戲亦從野台酬神戲被引介至都會文化公演場，音樂學者如楊兆禎、鄭榮興等的投入參與，開始整理客家系民間歌謠音樂文化，尤以客家九腔十八調的整理最為突出，其成果主要在於豐富化客家小戲與大戲的唱腔與音樂。

在此一背景之下，其後的李不直釣蛤蟆故事演出《萬事由天》，遂不僅限於改良初期的〈平板〉唱腔，尤以近二十年來，三腳採茶戲裏的「九腔十八調」唱腔，被普遍運用於大戲之中，於合適之處安置小調唱腔以點染劇情，使之更為豐富。採茶戲《萬事由天》運用客家小調〈蛤蟆歌〉作為丑角李不直出場的主題歌。唱詞如下：

蛤蟆出世在水中（哦）
有時來水中游　　有時藏石孔（哪噯喲）
蛤蟆怎般叫　　哈哈哈 哈哈哈
藏在石孔（哦）　　來食禾蟲（哦）哪噯喲

　　李不直背著釣桿出場，演唱〈蛤蟆歌〉寓其釣蛤蟆維生，最能夠達情景交融效果。此外，近來這齣戲使用九腔十八調的唱腔，大多由演員依據其個人專長，以及劇情需求來選擇唱腔。例如，劇中小姐懷孕之時，即演唱〈病子歌〉。另某次筆者觀察的野台演出，員外與夫人由張有財、張雪英分飾，由於他們兩位經常合作三腳採茶戲《送金釵》的演出，這齣戲一出場，兩人即演唱小調〈送金釵〉。總的來說，當代客家採茶大戲對於九腔十八調的運用已不限於文化場公演，而在於民間酬神戲也已運用地相當普遍，並已成為客家戲曲作為與其他劇種區別的重要標誌。

（四）時空結構：田園時空體的延展

　　《萬事由天》原本在演出行當編制屬於較小規模的文戲劇目，其演出內容所涉及的生活場景不外乎某個特定市集城鎮及附近的郊區。由於劇情內容與兩個家庭相關，大部分場景集中在家庭之內，在客家戲曲的劇類設定上原屬於「家庭戲」，所演繹之基本生活內容局限於誕生、死亡、結婚、勞動、飲食、壽誕等相關生命歷程。蘇聯文學理論暨批評家巴赫金（M.M. Bakhtin 1895-1975），對於小說的考察與分類中，這類在特定生活空間局限而自足地活動的文學型態，屬於「田園時空體」的文本型態。其特徵在於所描述的生活及相關事件對於地點有一種固有的附著性、粘合性；同時，劇情內容之中，人的生活與自然相結合，節奏相統一（1998：404-424）。[8]

---

8 巴赫金以為，所謂「時空體」是人們在認識世界過程中形成的一個認識論範疇。此一觀點來自卡西爾認為時間和空間是一切現實存在與之相關聯的結構。巴赫金進一步提出「田園時空體」概念，他認為歐洲現代小說興起之前的兩種基本時空類型為「田園時空體」與「道路時空體」。田園時空體是指強烈的時間感和對時間的區分感最初是以集體勞動的農業基礎之上。其所形成的時間感，是為了區分和表現社會日常的時間、與農事勞動週期、四季、一日中的時辰、動植物生長階段有關的節日禮儀等，打下基礎。這個時間得以體現在語言之中，體現在古老的故事和情節之中。

　　相較於客家三腳採茶戲而言，《萬事由天》所反映的社會生活內容而言已稍有擴張，對人性的描繪也更為深刻；然而，改良採茶戲之表演已脫離勞動場域，逐步進入商業戲園，故與自然的結合也已不若三腳採茶戲如此緊密。尤有甚者，《萬事由天》的表演型態並不僅止於文戲而已，在不同表演需求之下，也經常在正戲（文戲）之前加上一段武戲，民間稱之為「攻關頭」，內容為中原與番邦交戰，計誘中原皇帝過江簽下賣國契，最後為忠臣營救。此種攻關頭係為了熱場而設，或為了增長演出時間而設。內容必有朝代、皇室與外族，歷史題材以戰爭為主軸，通常包括了外邦覬覦國土企圖、朝代更迭、新朝建立、審判、戰場招親等元素。[9]對於改良採茶戲而言，此種攻關頭的加入，為前述家庭戲添入了歷史的側面，戲劇場景涵蓋了金殿、戰場、番邦等，開展了前述文戲的「田園時空體」之界限。將觀眾視野由民族、國家的遠景瞭望到家庭的聚焦細看。

　　殊為有趣之處，戲曲演員並不試圖將兩者混融，而是以易於「嫁接」、「拆解」的形態組合兩者：在前段攻關頭有花臉、老生、武生、武旦等行當，唱腔多選唱非採茶唱腔系統的亂彈、四平、京戲唱腔為主，以標示「曲唱」的大戲品位。後段的文戲則完全與前段武戲切割，以生、旦、丑等「三小」擔綱，多演唱採茶調。此種戲劇單元的有意區別，保存了原本《萬事由天》的「田園時空體」的小戲特質；也藉由攻關頭的置入，披上歷史外衣，以具備大戲的框架。故事情節具備大戲的朝代背景，但並不妨礙三小戲作為劇情的主軸，仍為客籍觀眾看戲的重心。

---

9 《萬事由天》（蛤蟆記）一劇加入「攻關頭」的原因，主要在於這齣戲大約只能演一個多小時，以「檔」為單位的外台酬神戲一場歷時午戲二個半小時，夜戲三個小時。為了使演出長度足夠，符合請主要求，遂在正戲之前加入一場武戲。外台酬神戲經常演這齣戲的戲班有竹北「新永光」、苗栗「榮興」客家採茶劇團、苗栗「金滿圓」戲劇團等，均由丑行藝人張有財說戲。他擅長演這齣戲，也經常擔任這齣戲說戲先生，與他合作過這齣戲的藝人，轉入其他班之後，演出的版本也以此為基本架構。

在客家戲曲發展為大戲的過程中，劇類的累積與上演係文戲先於武戲，文戲的發展多在於三腳採茶戲的技藝基礎之上，將行當擴張或學習多元化唱腔，來敷演社會百態。例如，「李不直釣蛤蟆」故事（《蛤蟆記》）即演為文戲型態的「老時採茶戲」。武戲的演出涉及聘請教席、童伶招收之技藝培養歷程，或者外調武行演員，為改良採茶戲發展之初尚無法一蹴可幾。然而大戲的體制、角色行當的完整編制，是戲班進入內台進行商業演出的重要條件，內台觀眾看戲的多元化欣賞品味，亦為戲班經營者所考量。因此，這類老時採茶戲加上攻關頭，形成文武戲兼具的外觀，遂成為小戲劇種演大戲的權宜做法。班內倘有合適的花臉、老生、武行，則能在攻關頭唱曲展藝大加發揮；倘無，則以簡單的刀槍套式帶過。此種文武戲嫁接的演法，至今仍保留在《萬事由天》於外台酬神戲的夜戲表演。

四、口白：不理解的理解——諢話的揭露

承上所述，李不直釣蛤蟆故事原本僅傳述「窮人得金」的內容，但採茶戲《萬事由天》加入了「憨女婿」的情節，將劇中窮人李不直轉化為傻子，因而以「憨丑」來詮釋。添入大量丑行插科打諢講的「諢話」、「傻話」，而成為觀眾看戲的重心。

巴赫金考察長篇小說中的傻子之形象及其作用，特別提到傻子的語言諷刺性地具有揭露謊言以及拆穿虛偽的力量：「傻子的『呆傻』通常呈現於對某些事物的『不理解』——不理解他人習以為常的假話、不理解他人高亢激奮的謊言，因而時時與某些聰明的人處於爭論性對話」（1998：194-196）。在巴赫金的理論之中，傻子的「不理解」，實則提供了觀者另一種「理解之道」：傻子的出場經常伴隨著與各種人的爭論性對話，例如，傻子對學究、傻子對道學家、傻子對偽君子等。傻子對於眾人司空見慣的繁文縟節、人我分際或心照不

宣的謊言之不理解，時時提出質疑，「揭露」了種種虛偽、謊話的真相。如或不然，亦能透過丑角的嬉笑怒罵重新省思某些事相的另一層面。客家戲曲賦與傻子特定的行當名稱「憨丑」，由憨丑扮演諷刺與揭露的功能。《萬事由天》這齣戲處處可見到憨丑的對話場景，包括李不直對張百萬（父權代言人）、李不直對張鳳嬌（女教客體與女權主體），憨丑對連襟（嫌貧愛富之人）等。他的「不理解」揭露了聰明人反被聰明誤的一面，例如，張百萬做生日大擺宴席請客，被李不直及鄉人解讀為愚笨，誇耀財富的虛榮心被揭穿。又如，連襟們看不起李不直窮酸，為誇耀自己田地多，故意說要將田地便宜賣給李不直，反而讓李不直撿到便宜。形象性地揭露了這些嫌貧愛富者的嘴臉。

《萬事由天》這齣戲的李不直即屬於「憨丑」，環繞著劇中父與女之間「萬事由人」或「萬事由天」爭論，衍化為女兒對父權的挑戰。相當有趣的是，劇中父與女的對立，在劇情設計上並未由老生與小旦解決其間矛盾對立，而由憨丑在劇中圍繞著父權角色，時而玩笑、嘲弄、時而挑釁、侮辱，採取游離、閃躲的話語攻擊策略，對父權進行「脫冕」，進而削弱與瓦解其威權地位。以下舉出知名憨丑張有財飾演李不直的數段對話作為討論對象：

1. 相識段

此段情節描述張百萬為女兒言語抵觸之後，心中不快，與小廝外出散心，途遇釣蛙為生的李不直。李不直痴傻的言行讓張百萬立即決定要將小女兒嫁予此人，以驗證究竟「萬事由人」或「萬事由天」。

釣蛙時，員外來

丑趨前看員外的鬍鬚

丑：你的毛怎麼這麼長？

員外：唔係毛，是鬚。

丑：以前我阿爸也留鬚。

員外：當然，人老了就要留鬚。

丑：以前我爸鬚短短人就死（siau˙）掉。

員外：那就不耐畜（養）。

丑：你的鬚那麼長怎麼還沒死？

員外：你爸短命，我長壽。

丑：那你就是畜不得死。

員外：怎麼這樣講，這樣講怎麼對？

丑問：你是什麼人？

員外：我是本地方的張百萬。

丑：喔，去年做大生日請客，辦一百多桌沒收禮。

員外：是啊，我請一百多張桌。

丑：我也有去，隔壁的邀我去食（sam）傻子傍焢肉。[10]

員外：我請客沒收禮，還被你們當傻子

丑：對呀，大家說相邀去吃衰佢。

員外：不是這麼說，我是大善人，請人吃飯不必包禮。

　　員外有意以大善人姿態，在做生日時大擺宴席請客，卻被李不直等一干人以為是傻事，鄰居均抱著看傻子的心態去赴宴，反倒形成聰明人被傻子嘲笑的荒謬情境。這一段對請客吃飯的對話，是對虛榮者的諷刺，對於眾人眼中的暴發戶之嘲弄。

---

10 食，音 sam，吃的粗野話。sam 另一義有打人之義。食傻子傍焢肉，乃吃飯配焢肉之意，亦有譏笑請客者為傻子之意。

　　另外，傻人對人的外貌之判斷，由於某種相似性，與過去自己接觸過的人雷同，因而產生不當聯結。鬍鬚在戲曲人物的角色形塑中，通常帶有老成、莊重之權威印象。但是張有財卻將戴鬍鬚者的「老成」詮釋為「距離死已不遠矣」，此種老與死的聯結，令劇中老生相當痛恨。實則，在田園時空體的文本體裁多述及生、老、病、死等人生必經過程，而對於老、死、凋零、破敗等即將逝去的事物的厭惡感，和對於新生命的歡迎與鼓舞，是其中最大的特色，也反映出人類原始思維的殘留。[11] 在這齣戲丑角對於老、死的指摘，是對於父權的權威之重大打擊，暗喻其日暮西山，行將就木。

　　2. 洞房段

　　戲曲舞台上的洞房場景通常以隱晦方式處理，才子與佳人拜了天地與父母之後，即雙雙進入紅門簾。紅門簾後發生之事只能意會不能言傳。客家戲《萬事由天》的洞房段，李不直對於要娶張百萬之女原本相當排斥與畏懼，認為千金之女難伺候，擔心自己撿水蛙為生無法供養生活。不料張百萬執意將女兒嫁給他，遂由他的叔叔主婚。

　　依據艾伯華（Wolfram Eberhard）《中國民間故事類型》之蒐集，錄有「傻女婿V洞房花燭」的母題，在該母題之下的情節包括（1）傻子結婚。（2）不知道新婚之夜應該做些什麼。（3）他的妻子必須幫助他（1999：339）。張有財所詮釋的李不直運用「呆女婿洞房花燭」的母題，藉傻子對性事之不解，講出令人啼笑皆非的話，該段對白如下：

---

11 弗雷澤（Frazef, J. G）在《金枝》一書提到古代社會一個普遍現象，包括巴比倫、古希臘、古羅馬、非洲叢林部落等，對於植物神的信仰相當普遍，神靈附著在植物身上，為了保持生命、避免衰老死亡，必須將樹王殺死，讓附著其上的神靈得以完整無缺地轉入其他後繼者身上。春天殺掉草木精靈的代表，被認為是提高和加速植物成長的手段。殺樹精與樹精在另一個年輕力壯的形式中甦醒連繫在一起。也就是說，樹木的衰敗死亡是為了它的復活（1991中譯本上冊：429-452）。

李不直與張家女拜堂

叔：你兩人帶入洞房。

丑：去做什麼？

叔：去「講長講短」。

丑：我是要進去跟她說「我的長短」嗎？

叔：怎麼這樣講呢？進去就知道了。

兩人拜堂洞房

太太：夜了，進去睡覺喔。

丑：我不曉得要樣般喔。

太太：我就曉得嗎？

丑：你沒去學過嗎？你要嫁老公，要學四個月再嫁啊？

太太：哪有人學嫁老公的？

丑：我隔壁的人就有去學。隔壁人嫁女兒，有跟對方講好，要四個
　　月先學「嫁老公」。

旁人：那是學裁縫，不是學嫁老公。

　　洞房之夜李不直對性事不解，他的叔叔以「講長講短」來提示兩人進房「談
心」，以成就好事。此處運用了雙重的「字義雙關」修辭法，客語「講長講短」
原本指議論別人的好壞是非，亦寫作「說長道短」。叔叔將「講長講短」解為
「談心」已是「字義雙關」，而後傻子以「講長講短」誤解為討論自己生殖部
位的長短，則是另一重「字義雙關」，丑角諷刺性、一語雙關談論地生活中
的性禁忌話題。

　　進入洞房之後，李不直不懂得閨房之事，想要「請教」妻子，然而妻子也
不知曉。此時李不直調侃妻子「嫁老公要先學四個月再嫁」。丑行在此故做無

知與荒誕嬉笑，來調侃傳統「女教」（女人出嫁前該學習之事）的不切實際與不實用。「女紅」是傳統社會賢淑女子的「女才」，女子婚前要學習的技能。劇中藉丑角李不直之口來傳達：女子學裁縫，還不如學床第之事來得實際。表面上荒誕不經，實則是對於泥古不化，蒙蔽婚姻真實面的「女教」所進行的強力針砭，其批判力道不可謂不大。

　　3. 祝壽段

　　祝壽段演李不直得金之後，偕妻回岳家祝壽，連襟們見他衣著破爛，又帶了一桶蛤蟆當壽禮，不知底下乃黃金，故意諷刺地說半價將土地賣給他。憨丑在祝壽段有大段對白：

　　　張百萬壽誕，三對女兒、女婿均回來拜壽。

　　　丑入：怎麼這麼熱鬧？比我爸死的時候還要熱鬧。

　　　丈母娘：不可這麼說。

　　　丑：去年你做生日也很熱鬧。

　　　員外：那當然。

　　　丑：前頭做戲，後頭做齋（喪事）。

　　　員外：怎麼有這種女婿。

　　　丑：就是叩答叩答（仿鑼鼓點）

　　　旁人：那是拜天公要打八音。

　　　丑：我爸死的時候也是請那幾個（八音班樂師）。

　　　員外：做生日要說好話。

　　　丑：做生日要「喊禮」。

　　　夫人：你有學過嗎？

　　　丑：有，女婿兒子「成服」。[12]

員外：那是做喪事才有。

丑：頭戴帽子，身穿長衫。

夫人：那是「禮服」。

丑：要開始了，奏哀樂……

夫人：錯了，是奏大樂。

丑：俯伏，再俯伏。

員外：你不會說就不要說。

丑：弄錯了，叩首，再叩首。

夫人：這樣就對了。

丑：拜完要講四句。

妻子：我有教過你。

丑：祝賀老丈人、丈母娘「死在南山，塡入東海」

員外：（打）跟你說不能講死的事。

妻：夫啊，我是教你講「壽比南山，福如東海」，你怎麼忘了？

丑：保佑丈人老，吃老老，病一擺不會好。

妻：是有錢就不會生病，身體好好。

丑：現在拜好了，「菜湯飯」[13] 端出來喔。

員外：是「壽酒菜」。

---

12 「成服」，客家人喪禮儀式，於做功德之前進行「成服」儀式，由長男跪向廳外接取孝服，全體孝眷開始披麻帶孝。

13 「菜湯飯」係客家喪禮「侑食」禮，又稱「進湯飯」或「進菜湯飯」，是侍候亡者在人間最後一餐，大多由四方托盤，盤內放雞肉、羹湯、飯和筷子。

　　拜壽段是以「傻女婿祝壽」為母題，所運用的型態是傻女婿說錯話的類型。[14] 比較特別的部分在於，採茶戲《萬事由天》的拜壽段運用了傻子不懂陳規戒律的套式，混淆「吉禮」與「凶禮」，故而觸犯了壽星的禁忌。祝壽常以「壽比南山，福如東海」之佳句，卻說成「死在南山，填入東海」。丑角在此也使用「字義相關」的修辭法，將漸長的年歲喻以東海和南山。然而，同樣的東海和南山，前者喻以多「福」、多「壽」的長生意象，後者則以「老死」、「埋葬」的衰敗意象。這一段與前述相識段類似，均係對於老成權威的諷刺與解構。

　　丑角在劇中看似不理解壽誕的禁忌，實則老練地玩弄客家三獻禮的典禮儀俗，展示吉禮與凶禮的儀式語言。例如，客家三獻禮的詞彙吉凶不同，祭禮詞彙用參神、叩首、興、平身等。喪禮則用參靈、俯伏、起、躬身。吉禮的跪拜使用「叩首」，喪禮才用「俯伏」，兩者絕不能弄錯。葉國杏指出（2004：139），「客族在宗族集會、祭祖、宮廟慶典祀神、做拜拜等，必循傳統行三獻禮以示莊重。客家喪葬儀式，行三獻之後，緊接著出殯，故三獻禮乃初喪儀式之完結，為喪禮末段的高潮。」

　　這類儀式性詞彙與日常用語有別，並不一體適用於各類語言情境，然而劇情藉由傻子不理解的儀式用語，將這類儀式語言的情境錯置，或慶賀祝語的故意誤植，除了製造「笑果」此一表面上的戲劇功能之外，實則讓人探索這些語言、詞彙的共同性與相對性。在這些語言背後「生」與「死」的指涉，在實際的俗民生活當中，習已為常，不加思索地認為生與死截然不同。然而，當憨丑在劇中混淆了祝壽與喪禮的儀式語言，卻弔詭地讓觀眾在發笑的過程中，揭示

---

14 依艾伯華《中國民間故事類型》所歸納的幾種型態之中，傻女婿祝壽開出的笑話類型，主要是傻女婿說錯話、禮物出錯、妻子從旁協助卻笑話百出等等。

了兩者其實僅一線之隔,對於老者的祝壽,實則也預示其行將老矣的事實。

　　張有財在祝壽段展示客家禮俗的段子,相當不同於坊間流傳的《水蛙記》劇情,及其相關民間故事。陳慶浩、王秋桂主編,《臺灣民間故事集》所錄之「傻女婿」故事,主要發揮處在於弄丟壽禮、拜壽場合講錯詩對,卻誤打誤撞合於情境的內容。並以三句詩對作為發揮重心:「污蠅嚐屎瘃,看我來就爬起」、「新籬接舊籬,暫渡來過時」、「流水相通,水色不相同」等(1989:309-311)。張有財詮釋的傻女婿李不直,則捨去這個帶有詩詞文學意蘊的傳統段落,而植入具有客族風俗的素材。據他所述,他以為憨丑的詮釋較少會帶入「詩詞」,必須以說傻話來塑造「憨丑」的角色特質。

　　《萬事由天》這類田園時空體的劇類之特色,劇情通常圍繞在人生的必經階段,以及重要的生命期日。劇中憨丑最常使用的橋段,是從日常生活的禁忌著手,在有關生、老、病、死的人生重要環節,以及洞房、祝壽等特定的生命期日的特殊禮儀與禁忌,是憨丑著力表現的重點。在這些特定情節,大量有關「性知識」的玩笑,對於「老與死」的嘲弄、輕輕反撥傳統「女教」、用力戲弄「吉禮」與「喪禮」等客族的儀式語言等。在「輕」與「重」之間,大家習以為常的儀式或語言,卻由於傻子不解其義,而將種種與情境不相容的言行並置在一起,反而挑戰與衝撞了人們習以為常的觀念,讓人重新思考這些語言的本質性和相對性。憨丑藉著嬉笑戲弄揭示這些生命儀式本質上的相似性,由於人為其儀式語言的差異所形成的對立性。

　　憨丑的口語藝術之運用,顯然與客家三腳採茶戲的「相褒」表演型態有密切關係,這種在口語或唱謠的相互褒刺來進行賽歌,通常由一丑一旦以一人一首歌輪流褒刺對方,以較量口才。此種針鋒相對的相褒的表演型態尤其在野台即興的場合,能獲得觀眾熱烈的迴響。《萬事由天》這齣戲的憨丑與老生之間的對白,仍可觀察到丑角以「不理解」來展現隱性褒刺的口語能力。

五、結論

　　本文的撰寫乃延續筆者博士論文對於客家採茶戲劇目發展的關懷，以及不同型態的劇類考察之企圖，嘗試以《萬事由天（蛤蟆記）》這齣戲作為考察「老時採茶戲」此一劇類的代表，考察其題材、戲劇架構、口語表現等方面，觀察客族如何剪裁、使用、形成自己的文化內容，如何在歷史的流變過程展示其文化內涵，又有何特色。

　　透過「李不直釣蛤蟆」相關的題材的爬梳，由民間故事「李田螺」、改良採茶戲《蛤蟆記》到客家大戲《萬事由天》，可以觀察到流入客庄地區之後，題材的挪用與演變亦多加入風俗、物產、地域特徵等客族文化色彩，足見此一題材已內化成為臺灣客家族群的文化素材。其中，後起的採茶大戲《萬事由天》這齣戲的主角李不直被設定為「憨丑」，此一有意味的行當設定，與「傻女婿」母題的置入相互呼應。經過比較考察上述三者之母題之延伸與組合，觀察到「傻女婿」母題乃歧出的情節，與憨丑的舞台表演密切相關，可見此一母題的增入，與客家丑角分行藝術的發展有密切關係。

　　其次，歸類於「老時採茶戲」的《蛤蟆記》，其表演特色在於帶有強烈的三小戲氣質，主要表現在其時空結構係以貼近生活的田園時空體為主；而行當配置與唱腔音樂使用，均可觀察到客家三腳採茶戲的影響痕跡。而在近二十年來流傳於客家戲班的《萬事由天》，其敘事架構已隨著時代的演進而有所調整與調動，嘗試反映變遷中的世相百態。為超越生活小戲的局限性，某些型態的表演置入「攻關頭」的靈活組接，添入兩國交戰之戰爭題材，因而產生歷史的側面，增加表演的可觀性及功能性。此外，這齣戲在唱腔音樂的豐富化，則係近二十年來學界與文化界的參與，對於客家九腔十八調的整理成果與戲曲音樂設計的影響。足見，「老時採茶戲」由「改良」階段走到現當代的「文武大戲」階段，在敘事、音樂、時空、行當等各方面的均隨著時代演進、觀眾審美、文

化風氣等因素，在表演美學上有所增益與調整，然而，老時採茶戲此種劇類最初是以客家三腳採茶戲的擴張作為表演基礎，當代的演出雖然以大戲的外貌呈現，其本質仍係以小戲風格作為審美之重心。

最後，這齣戲的主角——憨丑李不直的即興口語表現顯然是觀眾審美的重心，並非肢體身段，或其他程式化表演。此一口白雖為即興，卻事先經過精心設計，專以「不理解」外在約定俗成的規範、習俗，來挑戰人們習以為常的思想觀念。在荒誕不稽的嬉鬧中嘲弄威權，瓦解威權者的假相，讓觀眾在發笑中重新檢視與思索。丑角不以道學者臉孔諄諄教誨，而是以傻子的「不理解」來回應戲劇主題，讓觀眾藉著「重新理解」再一次檢視事相的真實面，這是憨丑嬉笑怒罵背後的嚴肅面。因此，雖然戲劇結局以「萬事由天」的天命觀之肯定作為終結，並不意味著對於人為努力的否定，實則在演出過程的辯證層次，已充分展現了對於威權的解構、對於年輕、多元化價值觀的包容，並反映社會結構變遷中人性思維的轉變。

參考文獻

王詩琅，1999，《臺灣民間故事》。臺北：黃玉。

金榮華整理，2000，《澎湖縣民間故事》。臺北：中國口傳文學學會。

_____，2007，《六朝志怪情節單元分類索引》。臺北：中國口傳文學學會。

張有財整理，1997，新永光歌劇團《萬事由天》劇本。未刊。

陳雨璋，1984，《臺灣客家三腳採茶戲：賣茶郎之研究》。國立臺灣師範大學
　　音樂樂研究所碩士論文。

陳慶浩、王秋桂主編，1989，《臺灣民間故事集》。臺北：遠流。

楊佈光，1983，《客家民謠之研究》。臺北：樂韻。

葉國杏，2004，《客家喪祭三獻禮及其教育意涵之研究》。國立臺灣師範大學
　　教育研究所碩士論文。

劉勇強，1997，〈掘藏：從民俗到小說〉。《文學遺產》6：76-85。

鄭榮興，2009，〈臺灣客家採茶戲唱腔初探：以採茶腔「平板」為例〉。《戲
　　曲學報》6：141-172。

_____，2001，《臺灣客家三腳採茶戲研究》。苗栗：財團法人慶美園文教基
　　金會。

蘇秀婷，2005，《臺灣客家改良戲之研究》。臺北：文津。

_____，2009，〈糶酒、扛茶與拋茶：一段客家三腳採茶戲變遷歷程考察〉。
　　《戲曲學報》6：173-202。

_____，2010，《臺灣客家採茶戲之發展及其文本形成研究》。國立政治大學
　　中文研究所博士論文。

_____，2013，張有財訪談稿（未刊）。

_____，2015，〈客家戲丑行之學藝歷程與口語藝術：以「憨丑」有財為考察
　　對象〉。《戲曲學報》12：75-100。

蘇秀婷、鄭榮興，2015，《客家丑：張有財的客家戲曲人生》。苗栗：苗栗縣
　　政府國際文化觀光局。

臺灣總督府，昭和2年（1927），《臺灣に於ける支那演劇及臺灣演劇調》。
　　臺北：臺灣總督府。

James George Frazer 著，汪培基譯，1991，《金枝》。臺北：桂冠。

M.M. Bakhtin 著，白春仁、曉河譯，1998，《巴赫金全集》第三卷。石家庄：
　　河北教育。

Stith Thompson 著，鄭海譯，1991，《世界民間故事分類學》中譯本影印版。
　　上海：上海文藝。

Wolfram Eberhard 著，王燕生、周祖生譯，1999，《中國民間故事類型》。北京：
　　商務印書館。

試論戲曲音樂與認知心理學：
以客家戲《喜脈風雲》、《大宰門》為例 *

蔡振家

一、前言

認知心理學是一門研究認知及行為背後之心智處理的學科，它包含了廣泛的研究議題，包括記憶、注意力、感知、知識表徵、推理、創造力等。認知心理學是心理學中一個較新的分支，約於 1950 至 1960 年代才發展出來，雖然它在當代心理學領域中有著舉足輕重的影響力，但對於人文藝術領域的研究者而言，弗洛依德心理學似乎比認知心理學來得親切易懂，也較常被用來分析藝術作品（Sachs 1942, Bergstrom 1999），筆者認為這是一件十分可惜的事，因為弗洛依德的理論在現今的認知科學家看來，即使不是充滿著漏洞，也因為太過偏狹而顯得過時（洪蘭 2004）。認知心理學以系統化的科學方法，建立了許多較為可信的模型與理論，而近年大腦造影（brain imaging）技術的精進，也讓心智活動成為可觀測的現象，提供了檢驗、修改心理模型的利器。

對於表演藝術工作者而言，瞭解觀眾的心智活動有助於創作出成功的作品。一個作品假如不符合認知原理，縱使它想要傳達一些深刻的意義，也不易

* 本文原刊登於《臺灣戲專學刊》，2006，12 期，頁 159-172。因收錄於本專書，略做增刪，謹此說明。作者蔡振家現任國立臺灣大學音樂學研究所副教授。

被觀眾所接受。在當代的戲曲界，傳統與創新經常是討論的焦點，然而，真正觸及戲曲認知原理的論述卻比較少見。戲曲史上的流派大師對於戲曲認知原理的深刻體會，後人在他們的作品中或許能夠窺見一二、為之讚嘆不已，但他們成功的竅門卻難以習得，甚至無法言明。希望能從成功的戲曲作品裡面，挖掘出創作者已經予以內化的祕訣，為了讓這樣的討論具有當代性與本土性，本文將聚焦於兩齣由榮興客家採茶劇團所演出的新戲《喜脈風雲》、《大宰門》，筆者認為這兩齣戲的音樂設計十分成功，其中反映出一些認知原理，有許多值得戲曲音樂工作者學習的地方。

《喜脈風雲》的原劇本是湖南作家吳傲君所著的《喜脈案》，此劇曾獲中國曹禺戲劇劇本獎，於 2003 年由臺灣客家戲演員曾先枝改編為客家戲、榮興劇團演出。劇情大意如下：戰亂中，公主流落民間三月之久，幾番波折後返回宮中，卻終日噁心頭暈。皇帝召來趙、錢、孫、李四位太醫會診，各太醫把脈後雖暗知公主未婚先孕，但皆不敢實言。機敏的李太醫將公主之疾診斷為「風邪入腹」，並斷言唯有讓公主結婚沖喜才能根治此疾。皇帝欲招狀元為駙馬，不料通曉醫術的狀元在把脈後題詩道破公主有孕，老太醫胡華恰在此時回朝，原本他為顧及皇室顏面，亦將公主之疾診斷為「風邪入腹」，但回家與妻子胡塗氏一談之後深感後悔，覺得狀元說了實話卻被皇上判死刑，未免太過冤枉，於是闖殿面君、據實以告，在旁的公主也坦承不諱。皇帝知情之後急憤交加，宣旨將公主、胡華、狀元處死。行刑之日，李太醫鼓起如簧之舌，讓皇帝有臺階可下，免除了各人的死刑，最後公主發現狀元竟是自己流落民間時結識的情人，全劇遂在生旦團圓的喜慶氣氛中落幕。

《大宰門》的原著劇本是越劇的《宰相嫁妾》，劇情敘述當朝宰相的兒媳得了怪病，夫人請來青年名醫柳逢春，柳切脈之後直言少夫人有孕在身，夫人大驚，因為媳婦守寡已有三載，夫人拷問丫環香琴之後，方知淫賊正是宰相本

人。宰相回府後，為避免家醜外揚，定下了三全其美之計：先將柳逢春與香琴軟禁於後花園，接著公開迎娶香琴為小妾，準備嬰兒一旦落地，便殺柳滅口，並謊稱嬰兒為妾所生。柳逢春臨危不亂，先使香琴藉機傳信給朋友，再於香琴的洞房夜中裝神弄鬼，捉弄宰相。最後柳逢春計高一籌，與香琴平安脫險。此劇以揭發醜聞為主題，寄意遙深，難得的是穿插柳逢春與香琴的青澀愛情，以及宰相的逗趣表演，排場巧妙，具有高度的可看性。此劇由榮興劇團於 2005 年演出，入圍第四屆台新藝術獎（表演藝術類）。

　　不管在劇情或角色上，這兩齣戲都有一些類似之處。這兩齣戲的戲劇衝突皆始於懷孕的診斷，青年名醫以巧計化解了危機，導致皆大歡喜的結局。這樣的相似性多少透露了該團「依演員氣質挑選劇本」的策略，而另一個明顯的相似性：音樂風格，則反映出音樂設計者（亦為主胡）鄭榮興的學習背景與藝術理念。榮興劇團在創團之初，即定下「遵循客家音樂固有傳統」的基調，多年以來，該團的唱腔皆不出客家九腔十八調與臺灣亂彈（北管）戲曲調的範圍。對比於近年歌仔戲唱腔的推陳出新，榮興劇團對於傳統曲調的運用，不僅僅是一種近乎固執的堅持，更讓人有感於傳統音樂程式的無限表現力。筆者在研究《喜脈風雲》、《大宰門》時深深體會到：傳統或創新並非成功與否的關鍵，對於認知原理的掌握與實踐，才是設計音樂時最大的挑戰。以下，本文將從三方面來探討這兩齣戲的音樂認知原理：促發（priming）效應、板式速度與節拍、符號的運用與錘鍊。

二、音樂的重覆性與促發

　　戲曲與話劇的一個關鍵性的差別在於音樂的大量使用，跟歌劇一樣，音樂的介入使戲曲的發展具有明顯的程式化與類型化傾向（蔡振家 1997），這是在話劇中所看不到的現象。造成此一現象的原因之一，在於音樂的認知與戲劇

的認知有著基本上的差異，其中最明顯的一點就是重覆性。翻開樂譜，我們很容易找到反覆記號，但劇本或小說中卻幾乎不曾出現過反覆記號。音樂素材必須在數分鐘以內重覆出現，聽眾才容易接受，反之，像語言這類的代表性（representative）的符號，一旦瞭解其意旨之後，便沒有重覆聆聽的必要。舞台上重覆的陳述通常是為了特殊的效果，這種效果已經遠離了語言的本質，而向音樂靠攏。

　　戲曲中重覆音樂素材的方式有很多，在曲牌體戲曲中，多支曲牌聯綴的原則之一，是徐渭所說的「聲相鄰以為一套」，「聲相鄰」指的便是各曲牌中類似的主腔（王守泰 1997）。曲牌聯綴的另一個常用程式為「子母調」，也就是以兩支曲牌相迎交替演唱。[1] 上述的這兩個手法在《喜脈風雲》中都有使用，如李太醫把脈後唱「你趙錢孫滑溜溜，好比狐狸與胡鰍，賞功將李推在後，有禍全部往後縮」，此際使用亂彈福路曲【四空門】，之後再接唱亂彈福路曲【疊板】，這樣的安排十分順暢，因為這兩曲都具有切分節奏的特性。至於「子母調」的聯套方式則用在《喜脈風雲》第二場，以【補缸】、【清晨早】的反覆，簡單達到音樂上「一致性／變異性」的平衡：

　　眾臣：【補缸】要選東床選少年，才高八斗配姻緣，
　　孫太醫：（唱）即時那能事如願，
　　李琪：（唱）金科頭名新狀元，
　　眾太醫：（唱）頭名新狀元。

---

1 子母調的聯綴方式可追溯至宋代唱賺的「纏達」，纏達又稱「傳踏」或「轉踏」，它的曲式是在引子後面，用兩個曲牌重複演唱。

眾宮女：【清晨早】招駙馬爺細挑選，才高學廣俊少年，一時間來事如願，東床快婿新狀元。

眾人：（唱）東床快婿新狀元。

柳懷玉：【補缸】一條紅鎖將我綁，不講理由要拜堂，

夢屏：（唱）你跳龍門又添喜。

柳懷玉：（唱）頭尾不曉好荒唐！

李琪：【清晨早】滿腹錦繡好文章，風流俊才狀元郎。

皇后：（唱）巧遇沖喜有緣分。

皇上：（唱）從來沒按好排場

眾人：（唱）空前絕後好排場。

皇上：（白）快快拜堂。

三太醫：【補缸】若非老兄才學廣，我等難免見閻王！

李琪：（唱）區區小事何足講，日後大家多幫忙。

不管是「聲相鄰」或「子母調」，唱腔音樂的重覆都與認知心理學中的重覆促發效應（repetition priming effect）有關，此效應是指：如果某一刺激被重覆呈現，則它的處理就會比較快、比較容易（Wig et al. 2005）。在以上《喜脈風雲》的例子中，由於場上人多嘴雜，又有重要戲劇事件的發生，音樂必須要簡明易懂，才不會干擾觀眾對於戲劇的理解。

在戲曲音樂設計中善用促發效應，除了消極地減輕觀眾負擔、避免觀眾分心，還可以積極地達到鋪墊的效果，藉由重覆的材料將戲劇衝突逐漸墊高。

趙太醫：【糶酒腔】怪奇怪奇真怪奇，林投樹會打鳳梨，家貓養久變狐狸，蚯蚓也會變蝴蜞。

〔……〕

錢太醫：【糶酒腔】奇怪奇怪眞奇怪，無耕田會有穀曬，無養雞嫲
　　　　有卵賣，未有老公肚會大，說出眞情哎喲不得了，為臣
　　　　只有叩叩拜。

三、唱腔板式的節奏布局

　　與西洋歌劇比較起來，戲曲唱腔在板式上有著較為豐富的變化，這可能是
因為西洋語言中音節的長短與輕重攸關語意，因此有嚴格的節奏規範，以避免
倒字；漢語則可以在節奏上自由發揮，但因為要配合字音的四聲陰陽，旋律的
規範較嚴。戲曲唱腔在節奏上的可變性，讓字多腔少的唱段有頂板、閃板、搶
板奪字、垛句等處理方式（朱維英 2004：128-135），而在較大的時間尺度中，
板式的各種聯綴方式也成為鋪陳戲劇的利器。在《大宰門》、《喜脈風雲》這
兩齣戲中，唱腔的微觀節奏與巨觀節奏（板式的布局）皆有精巧的設計，尤其
難得的是，這些板式變化皆以客家歌謠中「山歌」與「平板」兩大主要曲調為
基礎，發揚了傳統的精髓。

　　在《大宰門》戲中，相爺因受驚嚇而昏迷不醒，夫人哀求柳逢春予以醫治，
在兩人的互動中，戲劇張力逐漸升高，此段全用山歌系統的唱腔：

柳逢春：【老山歌】我治過疑難絕症算不清，難比此中的怪病症。
　　　　七情反常五臟損，脈象凌亂忽浮沉。哦……想必他……
　　　　樂極生悲種禍根。

崔夫人：（白）樂極生悲……喔！對了……先生你聽我說。

崔夫人：【山歌仔唸】昨夜成親進洞房，大喜過頭起病狂。他娶了
　　　　新人忘舊人，叫我又恨又氣怒心腸。

柳逢春：（唱）醫書云，恐則氣下傷兩腎，驚則氣亂傷元神。六淫
　　　　　邪氣趁虛入，三魂七魄不歸身。

崔夫人：（唱）先生脈理實高明，相爺昨夜見陰人。但求先生開良方，
　　　　　救他一命復原形。

柳逢春：（唱）相爺正氣俱喪盡，邪氣已經五臟侵。毒氣攻心逼命門，
　　　　　壞了肝腸黑了心。此病凶險非尋常，另求良醫請高明。
　　　　　（欲走）

崔夫人：（白）且慢！先生，你連病的來龍去脈都查出來，爲何半
　　　　　途而廢呀？

柳逢春：（白）老夫人，自古道啊！

柳逢春：（唱）一種病症一種方，對症下藥能定當。相爺怪病非尋常，
　　　　　須用那非常之法過保章。我怕你少見多怪亂法章，害得
　　　　　我功虧一簣枉心腸。相爺怪病治不好……（收）相傳招
　　　　　牌面無光。

　　這段唱腔以散板的【老山歌】開始，傳達出柳逢春沉吟思索的心情。夫人
加入對唱之後，【山歌什念】由中速逐漸加快，具有京劇【西皮快板】連彈唱
法的氣勢，胡琴也適當地以顫弓點染激動的情緒。這段唱腔使用了由慢到快的
聯套組合，簡潔有力地製造出一個戲劇高潮。從認知神經心理學的角度來看，
這樣的板式銜接可以拉高緊張的氣氛，是因為觀眾在聆聽速度快的音樂之後，
正腎上腺素的濃度很可能會提高（Yamamoto et al. 2003）。透過唱腔速度由慢
到快的對比，聽眾的交感神經系統（sympathetic nervous system）應會逐漸興
奮，感染到劇中人的緊張情緒。
　　在《喜脈風雲》中，平板系統唱腔的速度對比有個極具創意的設計。當皇

上以為公主已經自盡身亡之後，來至公主身亡之處憑弔，萬萬沒想到身藏其中的是老太醫胡華（三花）。此時皇上自顧自地以慢速的【平板唱唸】唱出真情與苦衷，胡華卻插入輕快的【平板什念子】對觀眾背供，造成了疏離與諷諭的效果。

> 皇上：【採茶搖板】脫下龍袍行近前，一見皇女淚漣漣，
> 【採茶平板唱唸】天下父母皆一樣，父王心像滾油煎，記得皇女來初生，眼睜人見喜笑顏，從良師望女成鳳，懷中偎膝苦心腸，十七年來不曾罵，未曾打過女一鞭，胡華闖宮直言諫，害你夫妻難團圓！
> 胡華：（白）怪我！
> 皇上：【採茶平板唱唸】皇女做事沒想長，你騙父王假無妨，大醫面前不該講，你害父王難下場。
> 胡華：（速度轉快）【採茶什念子】皇帝也會講謊言，生人只對死人騙！
> 皇上：（回原速）【採茶平板唱唸】父親怎不家法懲，皇帝怎能羞龍顏，我女莫怨父心狠，要知為君多為難。
> 胡華：（速度轉快）【採茶什念子】看來團心不抵價，面子還是真值錢。

　　此處的音樂設計以快慢對比來襯托戲劇上悲痛與詼諧的並置，丑角的唱句插入可讓大段抒情唱腔不會成為「一道湯」，[2] 而兩種速度的無預警切換，在觀眾的心理上也會造成意外、驚奇的效果。從認知心理學的角度來看，節拍

2【採茶平板】中唱念交錯的處理也有此功效。

切換與預期（expectation）、同步化（synchronization）這兩個觀念有著密切的關係，Jones 與 Boltz（1989）區分了聆聽節拍的幾個步驟：音樂知覺（music perception）促使了對於拍點的期待，假如這個期待與接下來的音樂進行相符的話，則讓心中的拍子與音樂拍子同步化；假如期待與音樂進行相悖的話，則調整內心的拍子。當音樂以兩種速度作無預警的切換時，觀眾的期待會一直被打破。在每次去同步化（de-synchronization）中所造成的疏離感，或許可以強化此一唱段的諷諭特質。

四、情感與符號

　　眾所周知，不同的旋律可引起不同的情感，此現象在神經音樂學（neuromusicology）中常與語氣的認知相提並論。臨床上發現，腦傷病人的語言理解力，依大腦受損部位在右側或左側而呈現明顯的差異。當右側顳葉受損時，病人只能理解字面的意義，無法理解語氣所傳達的弦外之音。而當左側顳葉受損時，病人無法理解語意，只能從語氣來揣測說話者的意圖。[3] 左側顳葉受損可造成接受型失語症（receptive aphasia），而右側顳葉受損可造成音調辨識不能（amusia）。語氣與旋律的認知皆由右側顳葉掌管，由此可以推知，音樂的情感類似於口語的情感，有相當程度是由旋律所傳達的。

　　由於漢語是一種聲調語言（tone language），因此唱腔的旋律深受唱詞四聲陰陽的規範，戲曲編腔者比較不易像西方歌劇作曲家一樣，在旋律的寫作上可以自由揮灑，在板腔體戲曲中，鮮明的音樂個性常要由板式節奏的閃賺來塑造。在近百年新興的地方戲曲中，通常包含了兩類唱腔：（1）旋律個性鮮明的歌謠小曲，（2）腔隨字轉、有多種速度變化的說唱類唱腔。前者的旋律與

---

3 參見 Oliver Sacks《錯把太太當帽子的人》第九章「謊言不侵的世界」。

表情較為固定，如歌仔戲中的「變調仔」與客家戲中的九腔十八調；而後者的旋律與速度都不固定，可傳達不同的表情，如歌仔戲中的【七字調】、【都馬調】，客家戲中的【山歌子】、【採茶平板】等，這兩類唱腔具有互補的功能。

　　本文所探討的《喜脈風雲》、《大宰門》，在唱腔的取材上更為多元，係屬「亂彈、採茶兩下鍋」的混合料理。在戲曲發展的過程中，常會有「兩下鍋」、「三下鍋」等混合多種聲腔的情形，各曲調依其風格、特性，負載著不同的戲劇功能。來自不同語言、不同地區的聲腔，在長久的共生發展之後，居然能夠互補缺陷、合流為一，這可以說是戲曲史上最美妙的事件之一。民間小戲在發展為大戲的過程中，常常需要吸收其它劇種的音樂養分，因為這些較為古老的唱腔能夠承載較為大氣的戲劇情境，在宮廷戲或神怪戲中有著畫龍點睛的功能。舉例而言，《喜脈風雲》戲中的皇帝由著名亂彈演員劉玉鶯所飾演，出台前先在幕後唱亂彈福路曲【緊中慢】「世人只道皇帝好，愁國愁家費操勞，皇女兵燹遭離散」，然後在鑼鼓聲中出台亮相，續唱五句【平板】，亂彈唱腔充分展現出皇帝的分量。此外，公主的上場配以纏綿綺麗的城市時調【想郎君】、丑角胡華在泥土味十足的【老腔山歌】樂聲中上場。性格、分量不同的角色，甫一上場便能遞出各具風味的「引曲名片」，這也是「兩下鍋」料理的便利之處。而在《大宰門》中，更使用了源自清代俗曲的【女告狀】、【嘆煙花】等，這些北管「幼曲」久未演出，如今在戲台上重現，可以說透著濃濃的古老味。

　　榮興劇團的唱腔音樂，近年來皆採取「亂彈、採茶兩下鍋」的方式，在敷演宮廷戲等較為大氣的戲齣時，多樣的曲調運用起來可說是游刃有餘，然而，在客家戲中演唱「官話系統」的亂彈唱腔，卻也遭到一些質疑。筆者認為，亂彈唱腔改用客家話來演唱乃是一樁美事，因為亂彈戲的板式旋律大多具有相定的可變性，比起一些固定旋律的九腔十八調更能夠適應不同的唱詞，達到腔隨字轉的要求。舉例而言，《大宰門》中使用了亂彈福路曲【緊平板】、【疊板】，

此處的音樂旋律與客語旋律達到巧妙的契合，充分展現編腔者的用心與深厚的功力（譜例參見附錄）。

　　如果說音樂設計者所處理的是唱腔的布局與配樂接縫處的美化，則唱腔本身的實踐與情感表現，就有賴演員在行腔轉韻上作細部的錘鍊。在《大宰門》的演出中，榮興劇團的資深演員完全退居二線，四位主角皆由青年演員擔綱，他們在唱腔上的進步令人刮目相看，尤其是飾演宰相夫人的江彥瑢，不僅能善用滑音來依字行腔，並且注入了豐沛的情感。雖然跟資深演員比起來，青年演員的唱腔似乎受到了較多越劇的影響，但展望未來，他們日後應可唱出屬於當代的採茶歌謠、亂彈新聲。

五、結論

　　本文中以客家戲《喜脈風雲》、《大宰門》為例，說明戲曲音樂中的認知原理，指出了：（1）音樂素材的重覆使用可導致促發效應，有助於戲劇的鋪墊，（2）速度的變化能影響觀眾的交感神經系統，速度的突然切換則可造成諷諭效果，（3）「亂彈、採茶兩下鍋」的曲調取材便於型塑不同的角色，而唱腔旋律的細節錘鍊則是表達角色情感的關鍵。本文的探討還十分粗淺，希望在未來能拋磚引玉，促進戲曲美學與認知心理學的對話。

　　戲曲與觀眾的共演化（co-evolution）是一場雙人之舞，觀眾的審美興趣可以導致劇種的變遷，然而，頂尖的戲曲演出也能引領時尚，影響觀眾的品味。榮興劇團在音樂上作了一些嘗試，如【採茶平板】的板腔化、以客語演唱亂彈唱腔，雖然這些作法皆根植於傳統，但對許多觀眾而言仍然頗為陌生。由於觀眾對於這些曲調不夠熟悉，因此，現階段可能要以「打歌」的方式，讓觀眾逐漸接受、進而喜愛這些唱腔。

附錄：《大宰門》【緊平板】、【平板疊】譜例

參考文獻

守泰主編，1997，《崑曲曲牌及套數範例集‧北套》。上海：上海文藝出版社。

朱維英主編，2004，《戲曲作曲技法》。北京：人民音樂出版社。

武俊達，1999，《戲曲音樂概論》。北京：文化藝術出版社。

洪　蘭，〈未完成的，不一定非要完成〉，2004 年 6 月，《科學人》。

常靜之，2000，《中國近代戲曲音樂研究》。北京：人民音樂出版社。

蔡振家，1997，〈中國南戲與法國喜歌劇中的程式美典比較：以合頭與
　　vaudeville final 的戲劇音樂結構為例〉。《藝術評論》8：163-185。臺北：
　　國立臺北藝術大學。

＿＿＿＿＿＿，2005，〈亂彈、採茶兩下鍋的傳統料理：榮興劇團《喜脈風雲》的音
　　樂設計〉。《戲劇學刊》2：309-311。臺北：國立臺北藝術大學。

＿＿＿＿＿＿，2005，〈青春版客家戲：榮興客家採茶劇團的《大宰門》〉。《中
　　華戲劇學會文藝會訊》2 期（http://com2.tw/chta-news/2005-12/0512-chta-
　　news001-c1.htm）。

鄭榮興，2004，《臺灣客家三腳採茶戲研究》。苗栗：慶美園文教基金會。

＿＿＿＿＿＿，1999，《苗栗縣客家戲曲發展史》。苗栗：苗栗縣立文化中心。

Bergstrom, J., ed., 1999, *Endless Night: Cinema and Psychoanalysis, Parallel
　　Histories.* Berkeley: University of California Press.

Jones, M.R., and Boltz M., 1989, "Dynamic Attending and Responses to Time".
　　Psychological Review 96(3):459-491.

Sachs, H., 1942, The Creative Unconscious--Studies in the *Psychoanalysis of Art*,
　　Cambridge.

Sacks, O. 著，孫秀惠譯，1996，《錯把太太當帽子的人》。臺北：天下遠見出
　　版社。

Wig, G.S., Grafton, S.T., Demos, K.E., and Kelley, W.M., "Reductions in neural
　　activity underlie behavioral components of repetition priming". *Nat Neurosci*
　　8(9):1228-33.

Yamamoto, T., Ohkuwa, T., Itoh, H., Kitoh, M., Terasawa, J., Tsuda, T., Kitagawa, S., and Sato, Y.,"Effects of pre-exercise listening to slow and fast rhythm music on supramaximal cycle performance and selected metabolic variables". *Arch Physiol Biochem* 111(3):211-4.

客家戲曲的文化經驗與創作實踐：

以曾先枝為例

一、前言

　　曾先枝，是臺灣客家採茶戲著名編導兼資深演員，人稱「阿枝先」。他於 1980 年代末加入苗栗榮興客家採茶劇團。[1] 在 1995 那一年，榮興劇團首度將客家採茶大戲帶到國家戲劇院展演的《婆媳風雲》一劇，曾先枝即為編劇。自 1995 年之後，榮興劇團有多個曾先枝掛名為編劇的客家大戲《相親節》、《花燈姻緣》、《喜脈風雲》等，[2] 陸續推上國家戲劇院等大型公演劇場演出。

　　演劇生涯中，曾先枝的戲曲編導身分是他戲曲歷程初期就已展露頭角的一項能力，而他也直接、間接的歷經了至少包含四平戲、亂彈戲、京戲與採茶戲

* 本文原刊登於《關渡音樂學刊》，2016，24 期，頁 75-108。因收錄於本專書，略做增刪，謹此說明。作者林曉英現任國立臺灣戲曲學院客家戲學系助理教授。

1 曾先枝加入榮興客家採茶劇團之前的十餘年，是搭班陳月娥（團長）以至范姜新堯（協助掌理團務）時期的「小月娥歌劇團」，為該團重要排戲導演與資深演員。

2 根據苗栗榮興客家採茶劇團藝術總監鄭榮興教授表示，劇團早期重要製作之編劇作品，多歷經集體討論的過程，在此過程中，曾先枝最重要的貢獻在於處理劇中「丑」的語言表現，以及將作品予以活化。《婆媳風雲》一劇，參與編修者包括：曾先枝、張雪英、王慶芳、鄭榮興等人，將曾先枝掛名為此戲編劇，乃因編修處之語言機趣與舞臺效果，曾先枝是重要貢獻者（林曉英田野訪談，20160505 木柵，報導人：鄭榮興教授）。該劇團部分作品，編劇職銜標示為「榮興編劇小組」，多少反映出該作品歷經集體創作的編創過程，較不是單一個人的編劇作品的情況。

等劇種交融、交織的環境，其所見、所聞的劇曲世界，並非是單一「聲腔」的環境。比方他在年少十餘歲隨親人進到戲曲圈的採茶班，於啟蒙階段即吸收了四平戲的曲調與劇目，便是經由當時也搭班在「新勝園」採茶班的四平戲老前輩而來的藝術養料；[3] 至於亂彈戲與京劇的藝術養分，主要反映在演出實踐過程中，民戲（即神明戲、外臺戲）環境所提供的場域中所吸收的養分（曲調與劇目），尤其是「三國題材」劇目的展演經驗。這樣的遊藝經歷在傳統戲曲界中比比皆是，然而曾先枝戲曲藝術獨特之處，尤其是他戲曲編劇生涯的開展與成就，實則與他「講戲（排戲）」和「賣藥」的遊歷經驗緊密相關，那些看似離開了劇界的遊歷，甚至可說是他編劇藝術成就的重要契機。

　　然而令人好奇的是，因戰爭而在公學校輟學的「阿枝先」，是如何成為能駕馭文字、語言與音樂曲調等技能與知識的戲曲編導？而橫跨多個表藝領域，並曾以獲利較佳的賣藥撮把戲為主力營生職業的他，又是如何成就自身戲曲藝術的高峰？

　　長期與曾先枝合作的傳統表藝世家出身的鄭榮興教授曾如此形容：「他（編導演）的東西很特別。常常看到有三種特色：第一，他將丑行表演得很生活化、很自然，（因為）他長期投注其中（按：指表演相關領域），知道如何貼近觀眾。[4] 第二，（曾先枝）有讀書（的習慣），能夠把文字修得比較文明，又淺白易懂，讓觀眾產生會心一笑的效果。第三，是他的模仿力、吸收力很強，善於剪裁，活潑生動的融會不同東西，比如說三腳採茶戲、賣藥、內臺戲、外臺

---

3 十餘歲的曾先枝初入戲班，在轉型「內台」的戲班「新勝園」見習，既學三腳採茶的山歌（「阿浪旦」吳乾應教），也學四平底老師（郭天奇）所傳武戲與基本功，後來的「勝春園」時期，再受四平戲講戲老師（蔡梅發）薰陶。

4 有關這一點，兼跨亂彈戲、歌仔戲與採茶戲的資深演員劉玉鶯，曾經這般形容曾先枝：「就是奇怪，也不知影他（曾先枝）是做了啥物？他一就（戲）臺，請裁（隨便）扭兩三下，臺腳的觀眾就笑甲〔kah〕嘰哩嘩啦！」（林曉英田野訪談，20150210 中壢，報導人：劉玉鶯女士）。

戲、電視、電影、小說等等，吸收優點，融合到（他的）表演裡面。」[5]

　　學界已經可見曾先枝經手的編劇作品、影像資料的出版，也有有關他的遊藝生涯記述與少數作品之分析，[6] 本文遂在前人研究基礎上，透過一年有餘的數十次親訪，實際接觸曾先枝、賴海銀夫婦，另據埔心曾宅家中書櫃部分資料，參照訪得的演藝相關遊歷，從彼此間多有輝映之處，冀能透過回顧曾先枝編寫劇本（以公演劇目為主）與其中編寫手法等，探看曾先枝身為「苗栗榮興客家採茶劇團」的資深編劇，其文化經驗與創作實踐之間的關係，並思索曾先枝在客家戲曲發展中的時代意義。

　　客家俗諺有云：「四縣山歌，海陸（豐）齋」，「四縣山歌」正好道出臺灣採茶戲曲唱念是以四縣腔客語為主的事實。[7] 是以，本文以下行文討論，凡〔 〕中標示的客語音標，即以四縣腔客語為主，若涉其他語言（包含客語次方言，以及北京話等），將另外註釋標明，以示區別。

---

5 林曉英、陳怡如田野訪談（20150204 後龍，報導人：鄭榮興教授）。

6 如鄭榮興《臺灣客家三腳採茶戲研究》（附錄劇本）、《三腳採茶唱客音：傳統客家三腳採茶串戲十齣》（演出影像光碟暨劇本），蘇秀婷〈講棚頭、聽笑科：曾先枝的人生故事〉（收錄於《兩台人生大戲：劉玉鶯與曾先枝》）、林曉英〈客家戲曲老師傅：客藝「什貨郎」——採茶「精丑」曾先枝〉（收錄於客家委員會「客家老師傅技藝保存報告書」，未刊）、〈客家戲曲的文化經驗與創作實踐：以曾先枝的演藝生涯為例〉等。此外，在前人相關論述、資料的基礎上，本文撰述期間，除了運用筆者親訪曾先枝等相關報導人的第一手資料，亦得以多元的交叉檢證方式，釐清不同或稍異之說法與資訊細節的精準度。

7 因為戲劇效果等考量，也有運用海陸腔客語設計劇中主角唱唸的劇目存在，例如：臺灣戲曲學院客家戲學系張宇喬（武丑表演專業）說戲、主排（編導），胡宸宇（武生專業）協助劇本編齣的《瓜園招親（打瓜園）》，即使陶洪為首的一幫人以客語海陸腔唱念（此劇曾於臺灣戲曲學院客家戲學系 2015 年高職部畢業公演，後來再次展演、錄製為電視台節目，於 2016 年初，在客家電視台播出，此為「客家新苗戲連連」節目劇目之一，電視版由大學部學生展演，編導為張宇喬、黃俊琅（武生表演專業））。

二、大傳統與小傳統——「出走」是「回歸」的踐履？

資深編導曾先枝的遊藝生涯,不僅反映個人文化生活體驗,更重要的是其投映在採茶戲的實踐過程中,種種歷程所織就的、幾縷權屬個人色彩的文化絲線,被編織進此一劇種之中,成為其中一部分。

本文即是循著曾先枝的遊藝歷練,試圖探討他在傳統劇界「小傳統」與社會「大傳統」所共同形構的遊藝網絡中,個人在不同藝術領域的遊歷,在所謂「離開劇界甚久」這種描述說詞的「出走」之表層意義之外,如何蘊藏著未來藝術實踐的另一段「回歸」航程的特殊文化意義,以及其中可能涵藏的別種言詮意涵。

尤其曾先枝於青壯年時期「離開」採茶劇界,投身以賣藥演藝為主的江湖經驗,引領他與劇界當時「非主流」的演出劇目內涵——「三腳採茶戲」的重新相遇,雖說這是相關領域的延伸運用,卻可藉以重新審視曾先枝「出走劇界」的遊藝旅程,其中蘊具的多重文化意涵。

再者,筆者多次訪談可知曾先枝接受了節奏緊湊的武戲(與三國戲),和「攻關頭」運用效益的認同,這與臺灣民間曾經時興「外江京戲(尤其武戲)」,以及內臺時期正戲演出之前加(兼)演「三國劇目」的風潮影響有關。這其中反映著曾先枝對採茶戲劇本結構的某種特殊理解,並投射出其對戲曲展演(作品)的美感認知,因此本文透過議題探討,意欲理解這位資深編導、演員的藝術歷程,以及其與採茶戲曲發展過程中相互輝映的連結。

以下,本文將以「三腳採茶戲賣茶張三郎『十大齣』的復振契機」、「採茶武戲『攻關頭』的美感經驗認知與其應用思考」、「日常生活之生命俗儀與相關素材的採用」等三項子標題,探究曾先枝個人文化經驗的某些事件,是如何與採茶戲此一劇種衍化歷程與其型態有所勾連或呼應。

（一）三腳採茶戲賣茶張三郎「十大齣」的復振契機

曾先枝從演員轉變為兼具編導能耐的「講戲先生」，是少年時期在採茶班入行啟蒙、鍛鍊而來的。以劇界慣用說法，曾先枝的入行出身屬於「採茶底」，這段投身劇界的因緣與其母親魏窗妹的哥哥——魏乾任有關，這段經歷不妨從曾先枝幼年生活型態談起。

曾先枝幼年時期的生活經驗，形塑他早熟的性情與務實的性格。他好奇的觀察周遭事物，往往帶有本於生計所需的現實感。[8] 童稚年紀即知以打零工方式賺取生活費，而他跟隨母親魏窗妹「逐工作而居」的客旅行跡，亦使他個人生命經歷間接與臺灣樟腦產業中的客族遷移歷史有所連結。「務實」可謂是曾先枝生命性情的基調色彩。一如客家三腳採茶「賣茶郎十大齣」男主角張三郎，演繹著生命中的困頓，卻是透過已轉化為逗趣詼諧的喜鬧劇情。當曾先枝站在舞臺上，演唸著〈勸郎賣茶〉的【數板】臺詞：「沒空真沒空，食飽走西東。本莊沒頭路，走到廈門並廣東。……」[9] 並非全然只是劇中張三郎的處境而「戲假不真」，曾先枝的表演詮釋以一派輕鬆的姿態，映照出小人物遭遇生活困頓課題的藝術想像與生活體貼。

---

8 據筆者 2014 年 10 月訪談曾先枝夫婦得知，曾先枝未滿十歲之齡（1940 年前後），因住居處所地緣關係，撿拾檜木碎材轉賣，八、九歲的暑期，跟著母親在南投深山林間幫忙「腦丁」煮飯，十四歲找到山林伐樹計數的零工，大自然環境可謂是曾先枝見識杉林景觀生態的導師。田野訪談過程中，曾先枝曾展現他對自然景觀的廣泛興趣，並可解說相關知識，例如孩提所見中臺灣森林景觀，樟腦產業中有關「紅檜（〔benihi〕）」與「黃檜（〔hinoki〕）」的差異，並細述價格、等級、油脂含量，以至檜木不同的用途。

9 「賣茶郎十大齣」，是客家三腳採茶戲名齣，主體數演的是賣茶郎張三郎出門賣茶，賺得錢財後，流連於煙花酒樓，花盡錢財之後返家，遭姑嫂質問過程的故事，全劇詼諧、逗趣，表現「相褒戲」的喜鬧情味。本文此處摘錄三腳採茶戲「十大齣」《勸郎賣茶》，轉引自鄭榮興著《三腳採茶唱客音：傳統客家三腳採茶串戲十齣》（2007：16），國立傳統藝術中心。另一版本：「無空真無空，食飽走西東。想到沒頭路，走去廈門並廣東」（參見鄭榮興《臺灣客家三腳採茶戲研究》（2001：213），慶美園文教基金會。

　　然而，曾先枝與三腳採茶戲賣茶張三郎之間，並非只是「（被）扮演」關係。演藝遊歷所遇，使得曾先枝成為傳統採茶小戲劇目的「無形文化資產」復振工程裡，扮演了「串連者」的關鍵角色。[10] 儘管他投身採茶戲曲是二次世戰結束、跟隨母親回到龍潭之後的事，尤其在 1940 年代中期當時，民間採茶戲曲早就不是以演出三腳採茶戲劇目為主的年代，[11] 不禁令人好奇他是如何擁有三腳採茶戲技藝（記憶）的？

　　原來，曾先枝在 1950 至 1960 年代左右，因跨界遊藝於民間賣藥場域，因緣際會的遇到幾位樂於交流、擅演，或者擁有三腳採茶戲文本資料的前輩、同行，因而有機會習得（取得）更多三腳採茶戲劇目內容與曲調。[12] 這些機遇埋

---

10 這個官方復振、保存客家三腳採茶戲的正式出版品，另一位關鍵人物是鄭榮興教授。在他著作（2011：152）中曾明言「榮興能恢復三腳採茶戲的工作」有四點因素相關，分別與（1）曾先枝、賴海銀、張雪英，（2）鄭美妹，（3）陳慶松、鄭天送、鄭水火、郭鑫桂、謝顯魁，（4）鄭榮興本人，集眾人之力而產生的結果。

11 二次戰後，曾先枝跟著親族長輩入行，加入改良採茶戲班，當時戲班之中仍有許多出身四平戲底的演員，擔負戲班「講戲」與表演要務，不過臺灣在 1920 年代前後，受到商業劇場興盛風潮影響所及，1940 年代的採茶戲班，早已發展為「改良採茶戲」，不再是以三腳採茶小戲為表演主體的年輕劇種。逐漸轉型的採茶戲曲，也來到外台場域演出民戲（神明戲），並在售票演出的戲園包下檔期，演出內台採茶戲。表演內容以演出「改良採茶（大）戲」為主，有的戲班尚且兼演（或穿插）以客語說白、以北京話唱曲的客版「（外江）京劇」，出身亂彈戲曲或四平戲曲的資深演員，同樣成為採茶戲劇界藝術養料的導入者。此時戲班演出劇目，早非演員編制相對簡易、情節相對簡單的三腳採茶戲。

12 依據筆者 2014 年 10 月中旬，以至 2015 年 12 月中旬，期間數次田野訪談曾先枝夫婦，談及有關三腳採茶戲的文本來源。曾先枝表示，自己所會有關三腳採茶戲「張三郎賣茶」戲齣，是他長期收集、或觀摩他人演出，加上自己與妻子賴海銀編想，幾過演出實踐，逐步彙整出來的。初期手上資料主要來自賣藥場老前輩，如莊木桂（資料來源乃屬：何阿文－卓青雲－莊木桂），以及阿婉姨（原竹東「巫安丑「按：即巫石安，曾參與那批與何阿文一行人在 1914 年赴日本東京灌錄發行唱片的客籍藝人之一」」所有）所贈，而其〈送金釵〉一劇，則曾觀摩竹東「大丁姨」與其夫「大丁丑」演出，正是有了這些基礎，後來他與鄭榮興教授（其資料來源：何阿文－梁阿才－鄭美妹）一起整理、修編三腳採茶戲，才有了現在國立傳統藝術中心出版《三腳採茶唱客音》的版本。學者蘇秀婷之前發表的相關論述中（2011），亦得大同小異的田野資訊，可為另一佐證。

藏了多年後重新復振三腳採茶戲的伏筆。實際上，這段個人經歷反映的特殊意義至少有二。其一，曾先枝所獲之資料與其師承網絡關係，呼應著臺灣有聲唱片發展史的背景；再者，這一段前後橫跨大約百年，有關採茶小戲復振工程的前情與現況的連結，曾先枝恰好是中介的串連點。[13] 以下，本文將以如下幾個座標年代與特殊事件，把其中的連結和呼應，略加說明。

事件一：1910 年代：林石生、范連生、何阿文、何阿添、黃芳榮、巫石安、彭阿增等十五名客籍樂師與歌手，[14] 搭船赴日為日本蓄音器商會錄製多張唱片圓盤。[15]

---

13 本文僅就曾先枝個人經歷之中，幾項與其師承、藝術內涵來源等相關人際網絡，檢視箇中的脈絡座標，並非要探討完整生命歷程中所有相關有聲錄音之事件的全貌與關係，特此說明。

14 樂師與歌手的此份名單（包含前場與後場），已經多位學者（呂訴上 1954、徐麗紗 2000、范揚坤 2000、鄭榮興 2001、林曉英 2001 與 2011、陳運棟 2003、洪惟助與黃心穎等 2004、蘇秀婷 2005、林良哲 2008 與 2015、施慶安 2012 等）文章提及，或撰文探討，本文另據查得唱片圓標標寫名姓補充校改之。而相對較早述及名字的呂訴上，乃引述日人山口龜之助《レコード文化發展史》（大阪：錄音文獻協會，1936：197-198）而來。

15 當時唱片公司名稱，感謝匿名審查委員提供資訊，使本文更為周延，本文另據林良哲（2015：62）查對，亦作「日蓄」。筆者查考這批以林石生為首，1914 年錄製的唱片，不只一次被發行，查索圓標圖像，至少包含客家八音曲目的【一串年（按：一串連）】（日蓄鷹標 NIPPONOPHONE 紅標，編號：4000，標為「鼓吹樂」）、【大開門】（日蓄鷹標 NIPPONOPHONE 紅標，編號：4001）、【漢中山】（黑利家 REGAL 編號 T-55（4006），標為「鼓吹樂」）、【懷胎】（日蓄鷹標 NIPPONOPHONE 紅標，編號：4104）等。若是依照《聽到臺灣歷史的聲音》附錄（江武昌等 2000：163）所見，經彙整之總目，並參照林良哲（2015：63）表列資料，則可見「鼓吹樂（按：應是客家八音吹打樂曲）」的【一串連】、【大開門】（T-52，即 4000、4001）、【高山流水】、【二錦】（T-53，即 4002、4003）、【緊通】、【大五虎〔按：大五對〕】（T-54，即 4004、4005）、【漢中山】、【十八摩〔按：十八摸〕】（T-55，即 4006、4007）、【開金扇】、【黃金娘】（T-56）、【懷胎】、【小開門】（T-57，即 4117、4118）等六片。至於，坊間標寫為林石生等人所錄唱片中，曲目【點燈紅】的唱片，目前可查見之唱片圓標，有「黑利家 REGAL 編號 T-258」（參江武昌等 2000：163），以及「日蓄鷹標 NIPPONOPHONE 紅標，編號：4060、4061」兩種，據國立臺灣歷史博物館「臺灣音聲 100 年」網站「歌曲試聽」有聲資料，其所唱乃閩南語【桃花過渡】（網址：http://audio.nmth.gov.tw/VoiceDetail.aspx?Cond=c9536e85-816f-4640-a9ec-43e6095d4dbc，查詢日期：2016.03.26）。此與

事件二：1940 年代中期：曾先枝在戰後跟隨舅舅魏乾任進入傳統戲曲劇
　　　　界，啟蒙階段受到四平戲、採茶改良戲等藝術內涵的薰陶浸染。

事件三：1950 年代末，以至 1970 年代中期前後：曾先枝夫婦民間遊藝賣
　　　　藥的活動高峰期，期間以戲曲演劇和賣藥表演兩種演藝形式兼具
　　　　的型態維生，視市場景況調整二者比重。此一時期獲得「阿婉姨」
　　　　所贈、來自人稱「巫安丑」的巫石安所擁有的三腳採茶戲資料，
　　　　同時期亦與莊木桂有戲齣資料的交流。[16]

事件四：1992 年、1990 年代末（2007 年出版）：曾先枝搭班「苗栗榮興
　　　　客家採茶劇團」期間，與鄭榮興教授聯手整理、編修三腳採茶戲

林良哲〈日治時期臺語流行歌詞之研究〉（2008：32-33）持論，當時這批藝人應灌
錄一百面以上、出版近六十張唱盤之說，留下可能是「錯標」以外的、其他解讀結
果的可能空間，比方說：唱片內容為器樂曲者，通常表演者標示「個人」或「團體」
名稱，至於樂師擔任後場樂隊的人聲演唱樂（劇）種，則往往標誌演唱者或演唱團
體名稱，這說明了以「4xxx」的唱片編碼中，林石生等人確實有可能跨劇（樂）種
參與錄製。而有關當時唱片灌錄內容，繼范揚坤（2000）、林曉英（2001）、蘇秀
婷（2005）等所稱，包含「客家八音」與「三腳採茶（戲）」之外，另據林良哲（2008、
2015）持論，以及相關有聲資料的線上試聽（如：國立臺灣歷史博物館），尚且包
含「閩南歌仔（老歌仔）」以及其他劇（樂）種內容的可能。

16 關於「莊木桂－卓青雲－何阿文」這一脈傳承，另有 1996 年創辦，1999 年正式登
記之新竹地區「霓雲社客家三腳採茶戲劇團（前身為「新竹縣客家三腳採茶戲發展
協會」）」，2004 年改由徐進堯接任團長。標榜以三腳採茶戲教學、演出為主，因
徐進堯意識到「重複演這十大齣，觀眾看久了會膩」，從歌仔戲、車鼓戲借鏡，新
編小戲劇目，早期師資為林榮煥，師承莊木桂，另聘身段教師彭翠華。（參見段馨
君（2012，第七章相關論述），以及文化部文化資產局「文化資產個案導覽」，網
址：http://www.boch.gov.tw/boch/frontsite/training/reserverDetailAction.do?method=do
ViewReserverDetail&caseId=JI10201000425&version=1&preserverId=&menuId=603，
「霓雲社客家三腳採茶戲團」，查詢日期：2016.04.23，與「八大電視」「石怡
潔的感動時刻－霓雲社三腳採茶戲」採訪影片，網址：https://www.youtube.com/
watch?v=Tl0oWLb8tR8，查詢日期：2016.04.23）。依據該團團長徐進堯曾將莊木桂
「十大齣」劇目內容彙整（1984：1-164），包括：1.〈上山採茶〉、2.〈送郎出門〉、
3.〈送郎十里亭、挷遮尾〉、4.〈糶酒〉、5.〈酒娘送茶郎（送茶郎回家）〉、6.〈賣
茶郎回家〉、7.〈山歌對、打海棠〉、8.〈盤賭〉、9.〈十送金釵〉、10.〈桃花過
渡〉等。

「張三郎賣茶」劇目內容，並於 1990 年代末錄製，國立傳統藝術中心數年之後正式出版《三腳採茶唱客音》專輯。[17]

上述四項事件分屬於不同時空條件，但後三項事件卻因具有潛在的共同交集——「師承」網絡關係，因而能將上列四項事件勾連在一起，而生於 1930 年代的曾先枝恰好是可以串連起這個交集關係的關鍵人物。具體原因分述於下：

1、「事件二」，曾先枝的舅舅魏乾任，上溯其師承（「魏乾任—阿浪旦—何阿文」）可追溯到何阿文。

2、「事件三」，「阿婉姨」轉贈給曾先枝的三腳採茶戲資料，乃源於巫石安而來，而巫石安即是 1910 年代與何阿文同赴日本錄音的其中一員。而在曾先枝以「賣藥表演」為主的時期，與莊木桂有往來交流，包含三腳採茶戲的表演內容，莊木桂亦屬「何阿文」師承（「莊木桂—卓青雲—何阿文」）。

3、「事件四」，鄭榮興所有的三腳採茶戲資料，主要來源為其祖母鄭美妹，究其師承，則可用「鄭榮興—鄭美妹—梁阿才—何阿文」表現其資料（師承）傳承。

「事件四」《三腳採茶唱客音》專輯的產出，是經曾先枝與鄭榮興聯手整理，再予編修的「張三郎賣茶」劇目內容，但其背後可謂是前承了至少包含：「事件一」、「事件二」、「事件三」層累、交織而成的當代版本。[18]反之，「事

---

17 《三腳採茶唱客音》影像的錄製與出版年分，前後相距近十年。而在 1990 年代末進行錄製之前，榮興客家採茶劇團曾於 1992 年在「臺北市傳統藝術季」以及赴美國紐約公演的機會中，將〈上山採茶〉、〈十送金釵〉、〈糶酒〉、〈桃花過渡〉等「十大齣」劇目，搬上較為正式的對外演出平台，此舉理應也為劇團後來的錄影版本奠下編修參考基礎。（參見鄭榮興 2011：221-223）

18 曾先枝、鄭榮興聯手整理的「賣茶郎十大齣」從文本的文學角度觀察，各劇情節主

件二」、「事件三」、「事件四」，共同指向「事件一」之中的何阿文（目前臺灣客家三腳採茶戲可溯及的祖師級人物）與巫石安，也可知八音與三腳採茶戲之間的技藝流動。由是，曾先枝與鄭榮興教授的相遇，非但促成了採茶戲張三郎賣茶劇目的官方復振版本的誕生，同時也使得曾先枝的「非劇界」遊歷，有了獨特的文化意義。

因此，「事件三」曾先枝的賣藥遊歷間接說明了常用於於民間賣藥「撮把戲」的三腳採茶戲，在採茶戲「改良時期」少見或罕見於戲曲展演舞臺之時，表演者反而是在其他場域（賣藥場或書面手抄紀錄）重拾，而讓他重新再回到戲曲舞臺上，後來甚至成為文化公演的特色演出。

曾先枝個人的遊藝經歷呼應了採茶戲發展歷史中，有關三腳採茶戲復振過程的文化現象，同時說明三腳採茶戲具有「落地掃」的性格特徵。顯然，相對於採茶大戲來說，三腳採茶戲是此一劇種的「小戲」階段，而在改良採茶戲（大戲階段）之時，三腳採茶戲則又以「復古」思維，被重新整理、恢復，成為採茶大戲的基底根本。於是，曾先枝個人於劇界的「出走」與「回歸」，以及他與鄭榮興在戲曲藝術方面的碰撞、互動，遂也有了另一層的歷史意義。「出走」未必「回歸」，但若從結果觀察，曾先枝的劇界「出走」卻是造就他日後「回歸」劇界、並且成就他編導劇業的重要歷練。

（二）採茶武戲「攻關頭」的美感經驗認知與其應用思考

20世紀初以來，採茶戲在「改良」階段曾經受亂彈戲、四平戲、外江京

線建立在「六齣（或稱七齣）」上，與「外加三齣」共同形成「十齣」的不同版本，而就其音樂角度觀察，可見鄭榮興在音樂內部系統建構的意圖，以具創作意識的編腔和剪裁，此一版本反映出身為當代編創者的鄭榮興，其對歷史材料的理解與接受。相關分析論述，可參見林曉英〈採茶戲文本「張三郎賣茶」的演變：從《兄弟賣茶》談起〉（2013）。有關何阿文三腳採茶戲之師徒傳承關係，以及何之家族成員基本資訊，可參考鄭榮興《臺灣客家三腳採茶戲研究》（2001：51-56）。

劇等的影響，尤其「武戲」劇目與表演風格的形塑、繼承，大抵即是從這三個大戲劇種而來，在吸收、融合大戲養分的過程中，也形成了業界稱之為「攻關頭」的內容。

採茶戲所謂的「攻關頭」，主要是指戲齣開場以「武戲」開打方式開場的段落（場次），後面的劇情會再接續回戲齣要鋪陳的情節。有別於三腳採茶戲常見的「棚頭段」數板，棚頭段運用「數板」道白，也經常和正戲劇目前後劇情不相連結，但數板主要表現語言機趣或劇中人的心境、情境，而「攻關頭」最為要緊的功能和特徵，就是表現演員「武打」的能耐。

「攻關頭」似乎已成為採茶大戲劇目的「傳統」之一，從曾先枝編寫過的劇目中（比如《婆媳風雲》、《李阿三嫁阿姆》等多個大戲劇目），也都可以見到如此的結構特徵，「攻關頭」不僅是戲班展現演員群武藝與實力的「展現」方式，同時也反映這是普遍被接受的美學形式之一。

這樣的開場方式確實較為精彩、熱鬧，相對容易吸引觀眾注目，但有時在場次、情節銜接上，卻不免顯得較為突兀或斷裂，演出文本（含表演）容易表現出「外部（外加）結構」與「主要劇情結構」兩個區塊共構為一個文本的內在對比感，亦即，一個文本容易具有「兩段式」結構（組構痕跡）的特徵。

筆者不禁要問，這種「兩段式」結構之組構特徵，是否適合以發展過程中「階段特徵」來理解？這反映出何種美感經驗認知？又是基於何種需求而產生的結果？倘若這是採茶戲曲歷經日治時期劇界風行的、無論是來自亂彈戲、四平戲或外江京劇（海派京劇）留下的「武戲」影響所及，是否僅意味著「改良採茶戲」「未臻成熟」的認知印象，而無其他解釋可能？

本文挑選恰有「攻關頭」，且為曾先枝為榮興劇團重新編寫的《李阿三嫁阿姆》為例來探討，也因當代另一客家戲劇團亦有同劇的改本（該劇曾錄製播映於客家電視臺），便於進行（劇情）結構的參照比較。

　　依據可考資料，曾先枝為榮興劇團編修的《李阿三嫁阿姆》，曾經多次演出過，除了民戲演出，也留下官方公演展演紀錄。[19]此劇是客家採茶戲曲圈中，耳熟能詳的神明戲（民戲）劇目，也被寫為《李阿三嫁（阿）母》或《老樹開嫩花》。擁有多張客家劇團牌照的李永乾先生也有電視改編版，該劇演出單位為「龍鳳園」，戲齣在 2011 年首播（2015 年重播）於客家電視臺，稱為《賣身記》，[20]是此劇相對較為正式的演出紀實之一。曾（榮興）、李（龍鳳園）的兩個版本，[21]雖說因應不同場合、媒材展演條件而有差異，然而回到文本檢視、探討其結構特徵，仍可看出二者差異顯示的特殊意義。

　　《李阿三嫁阿姆》演繹劇中人李阿三因債務問題，發想設計自己母親出嫁，以便從中騙取好友聘禮的逗趣情節，是一齣以「錯配姻緣」為題旨的喜劇戲碼，而設計出雙喜姻緣（老配老、少配少）圓滿結局的戲，情節屬雙線結構。「龍鳳園」李永乾版較之榮興劇團版，僅見「文戲」段落，換言之，該劇團演出版不似榮興劇團的「武戲＋文戲」兩段式結構，客臺錄影版僅見文戲劇情段落，整齣戲即是以文戲情節構成該劇主要情節或說核心結構的主體。

　　本文取得榮興劇團提供 2001 年的書面劇本（以下簡稱「A 版本」），此一版本的前段（第一場至第四場）即是「攻關頭」武戲段落，用以間接鋪陳女

---

19 1996 年榮興劇團曾參與「臺北市傳統藝術季」，此劇以客家大戲之姿，登上官方行之有年的傳統藝術表演節目之列。而 2002 年「文建會文化環境年」之「傳藝宜蘭元年」的「傳古藝創新意」展演活動，榮興採茶劇團亦曾演出此劇。參見國立傳統藝術中心出版，中華民俗藝術基金會主編《2002 兩岸戲曲大展成果專輯》，頁 40-41。當時是以《老樹開嫩花》為劇目名稱，編劇：曾先枝、鄭榮興，李阿三一角由曾先枝扮飾。

20 客家電視臺於 20150427 曾重播（首播於 2011 年）龍鳳園戲劇團（劇本改編、編修：李永乾）的《賣身記》，即是《李阿三嫁阿母》，為劇中「李阿三」改名為「黃阿三」，第一集乃是從女主角（李秀英）父親的病亡帶入劇情。

21 此劇不只這兩個劇團演出，本文以正式展演、播映的「公演版」取樣，相對有可比較的基準條件。然兩個文本更細膩的比對，並非本文關注所在，有待日後另撰再述。

主角身世坎坷的背景環境，使其（第五場）不得不流落煙花青樓，獲妓院老鴇收留。因此第五場「得救」成為銜接前後結構的轉折場次，以利後續文戲開展。此一版本可謂有武、有文，符合民間演劇觀劇心理期待，並具展示戲班成員能武、能文的陣容規模、技藝能耐功能。就情節結構觀察，實可分為「外加結構」與「主體結構」兩部分：

表 1：榮興客家採茶劇團版《李阿三嫁阿姆》場次結構表 [22]

劇本（場次）	情節結構	備註
第一場 探路 第二場 第三場 坐寨 第四場 掠莊	武戲「攻關頭」相關場次 （結構一）	外加結構 不可獨立、單獨演出
第五場 得救 第六場 尋友 第七場 託婚 第八場 想婚 第九場 第十場 錯配 第十一場 改約 第十二場 和鳴	文戲相關場次 （結構二）	主體結構 可獨立演出

---

22 表單中的「情節結構」與「備註」中文字為筆者所加，非劇團提供劇本標示之文字，特此說明。此外，學者蘇秀婷亦留意到榮興演出版「新增場次」（2011：323），該文將第一至五齣定義為「新增」，本文認為第五場「得救」位於劇情轉折點，在場次分野上，本介於第四場與第六場之間的轉折場次，是以筆者以其不屬「武戲」，且較之李永乾版開場女主角與其父親的貧病交迫情節等的對應關係，皆具「起始」場次作用，姑且暫時將之歸於後半「文戲段」之首。

　　較之於榮興劇團，李永乾「龍鳳園」電視演出版（以下簡稱「B版本」），並沒有「攻關頭」武戲，戲一開場直接演出女主角與其貧病父親流落民間，父親突然暴死，女兒只能賣身葬父，再接後續嫁作富商之妾、立下賣身契約等的情節。

　　本文關注重點不在於A版本、B版本的所有差異，而在於兩者情節結構的明顯差別——「一段式（文戲）」或「兩段式（武戲＋文戲）」，與其背後反映的認知意涵。一如多次演過「三國戲」題材劇目、擅演張飛、董卓等角色的曾先枝，數次於筆者訪談期間提到「要有武（戲）个正（才）好看」的觀點。這反映戲曲圈流行風尚（大傳統），映照在採茶戲曲（小傳統）的影響，並且在圈中人曾先枝（其個人認知，甚或包括榮興客家採茶劇團藝術總監鄭榮興教授的美感經驗認知）的言談中顯現，甚至在作品中也不斷的印證著。

　　具體而言，四平戲相對於亂彈戲，其節奏更顯得氣氛熱烈、熱鬧，並以武戲著稱，而繼亂彈戲、四平戲之後，臺灣流行的「海派」外江京劇，則以「連臺本戲」、「武戲」與「機關布景」為其特色，此早為公認的時代風尚趨勢。曾先枝投身戲班之初，曾跟在四平底資深演員身旁觀摩，耳濡目染的薰陶，並受到日治時期外江京劇流行風潮影響所及，也擅演「三國（武）戲」，雖然難以分野曾先枝的三國戲是從哪一劇種承繼而來，但在曾先枝從藝生涯中，隨著時代風潮餘緒與前輩指引，他還參照自購的演義小說故事，做起演員功課與「講戲」功課，培養出更厚實的說、演三國戲的能耐。

　　特殊的演劇、觀劇心理認知多少反映「武戲」進入採茶戲，是在「改良文戲」專演家庭戲、愛情劇之後，代表受風潮影響而產生的美學思維。這大抵循著二十世紀初以至中葉以來臺灣戲曲發展趨向。這樣的展演美學觀至今仍可在許多採茶戲作品保留這項特色，此中強調的是表演技能的展現，以及最能吸引觀眾注目的效果追求。武戲必能襯托文戲，增添可看性的認知思維，也是出身

四平戲曲底的曾先枝在入行採茶戲班，爾後又處於流行外江京劇大環境下，相對容易會接受的價值觀。

值得一提的是，「武戲＋文戲」的兩段式結構，除了反映「以武戲為尚」的當時代品味，還表現出以演員為中心的本位思考，目的在於「展技」以吸引觀眾，考量的優先順位是表演優先於戲曲作品的文學性。然而，在未必僅「以武戲為尚」的多元文化時代，「攻關頭」武戲或許依舊具有文武調劑之效，並能符合某些觀眾的觀劇趣味，恐怕已非市場保證。藝術從業者面對當今的市場考驗，勢必需要重新思考「攻關頭」在整個作品（製作）中的作用，衡酌「武戲＋文戲」的兩段式結構，在基於功能性存在為優先考量之外，其結構屬性畢竟屬於「外加結構」，假使該劇目的核心結構是文戲（劇目的「主體結構」），應該如何開發更多可產生調劑劇情的方式，以因應當代挑戰。再者，採茶戲具備「攻關頭」的劇目常見的「武戲＋文戲」兩段式結構，不免反映著如下的幾層思維：

1、在採茶戲發展歷程中，劇目結構具有「未臻成熟」意謂的衍化痕跡。

2、儘管受到武戲流行風潮的影響，仍可分辨「外加結構」與「主體結構」，對應於「武戲」段與「文戲」段，反而可知文戲段落方是該劇核心主體，武戲段落難以獨立、單獨演出，文戲段落反而可獨立展演。

3、榮興劇團採取保留兩段式結構的處理策略，反映其以「演員（展技）」為優先考量的本位思考，應是有意識的美感經驗的選擇結果，不宜直接以第一層所謂「未臻成熟」定義之。

當「武戲＋文戲」兩段式結構的「攻關頭」已成為採茶大戲文本「傳統」的結構特徵之一，在持續發展建置自身藝術內涵的過程中，採茶戲不免還是要回到作品的藝術性及其舞臺效果來衡酌思慮，亦即：如何能夠既兼顧藝術與效果，又能於藝術方面再予提升的嚴酷課題。當代的「攻關頭」還需要採茶戲從

業者們保持像前輩們「改良」採茶的初衷與思慮，不斷覓尋可與當代時尚呼應的展現方式，以便能持續吸引目光。

（三）日常生活之生命俗儀與相關素材的採用

　　回顧曾先枝夫妻口述的遊藝生涯，曾先枝廣泛涉獵各類知識的日常習慣，也有一些反饋到他經手的編劇作品中。例如民間習俗基本知識的運用，曾先枝藉助坊間常用的農民曆，或自修、自學而來，亦有從各式跑江湖的、博學多聞的朋友諮詢請益而得的知識。賴海銀曾提及家中「安太歲」一類的事情都是曾先枝處理，若有人需要合婚、算命，也會找曾先枝幫忙，廣泛的「閱讀」儼然是曾先枝謀生專營的不二法門。曾先枝似乎化身為採茶戲《送金釵》裡那一位挑著百寶貨擔的雜貨郎，販售著人生的各式機趣與智慧經驗。

　　以下再以曾先枝為榮興劇團修整之《李阿三嫁阿姆》，探看曾先枝藉由坊間尋常迎親吉祥話語，是如何將其延伸、擴充，使之成為劇本內容的一部分。本文茲以下表列出劇本編寫內容，並以民間婚慶常用吉祥話以為討論之例。

表2：坊間常見婚慶吉祥話與《李阿三嫁阿姆》第九場之對照

坊間常見婚慶吉祥話之一	《李阿三嫁阿姆》第九場[23]
一拜祖宗在高堂， 二拜乾坤福壽長， 三拜三元生貴子， 榮華富貴發其祥， 夫妻相拜、送入洞房。	一拜祖宗在高堂〔tong〕， 二拜乾坤福壽長〔cong〕； 三拜三元生貴子〔zii〕， 雙生貴子讀書郎〔long〕。 新郎牽娘入洞房〔fong〕， 兩姓成婚百年長〔cong〕； 將錢拿去做好種〔zung〕， 買田買地買樓房〔fong〕。

上表左欄所列文句，可知在民間俗文學與韻文學的大傳統裡，坊間婚慶吉祥話也在此一框架中，若以北京話發音，押韻句在第一、二、四、五句（堂、長、祥、房四字）。至於上表右欄所列唱詞，則出現於榮興劇團《李阿三嫁阿母》第九場，劇中人李阿三誆騙母親與好友馮玉林兩人成親之際，他在一旁所講臺詞，押韻分別安置在前四句與後四句的第一、二、四句（前四句：堂、長、郎，後四句：房、長、房）。

曾先枝把慣常聽到的婚慶吉祥話，藏入可以令人發笑的字眼，略為調整幾字便達到畫龍點睛效果。兩相對照可知，曾先枝可謂是採用了常見吉祥話延伸、擴充而來，而此應涉及了四項手法概念：

1、數字排序的串連模式。

2、既有韻字的沿用與調整。

3、韻字的複製與韻字的發想。

4、語詞的連結與戲梗的鋪設。

第一點「數字排序的串連」，置入劇本中的內容掌握了坊間版前三句文句直接予以沿用，並以民間通俗文學中，戲曲、音樂常用的、聯章式的「數字歌」概念手法（如「四季（春、夏、秋、冬）」、「五更（一更、二更……）」、「十二月（一月、二月……十二月）」等），以連續的數字串聯起興，用喻景、寓情之法組構整組唱段內容。劇本版文句是由兩組四句念白組構為八句，暗用「偶數句」成雙不成單的形式，以「一、二、三、四」之序，雙雙對對的成偶概念，映襯劇中拜堂燭成親儀俗情節所需的喜慶氣氛。因此第四句處理為「雙生貴子讀書郎」，即是講夫妻倆生下雙胞胎，既保留次第上「四」的存在，又

---

23 曾先枝編寫《李阿三嫁阿姆》劇本，由苗栗榮興客家採茶劇團提供（2001 版）於研究論述之用，謹此致謝。

避開民間對數字「四」的禁忌，也暗藏預祝喜上加喜的未來祝福。

　　至於第二點「既有韻字的沿用與調整」，可見原文辭是第一、二、四句押韻，第五句作結亦押韻。劇本版襲用第一句至第三句，並沿用了既有第一、二、五句末字「堂、長、房」，微調第四句末的「祥」為「郎」字，則是重新填詞構句，賦予新的文意。

　　順其理路，劇本版從原有的五句衍為八句，應是從第三點「韻字的複製與韻字的發想」而來。過程應是將原有的「四句＋一句」的五句文詞，擴充、衍生為八句念白，並將韻字押在「一、二、四句」兩次。

　　劇本版內容顯示曾先枝用了「重複既有韻字」以及「由詞到句」的發想方式延伸新句。亦即重複第二句「長」字，以及第五句的「房」字做韻字，並從韻字發想、延伸，以及將第二句的「福壽長」對應第六句的「百年長」，而將第五句的「入洞房」對應第八句的「買樓房」，並增為「買田買地買樓房」。「雙雙對對（新郎新娘、兩姓成婚）」的人生想望，以「好種」、「買田」、「買地」、「買樓房」來證成心願，凸顯出人們渴望幸福美滿的家庭，所冀求好緣分與安定感的價值想望，並探知曾先枝對人生追求的某些想望。[24]

　　第四點「語詞的連結與戲梗的鋪設」尤為重要。其中「語詞的連結」乃從「夫妻相拜送入洞房」拆解延伸為「（新郎牽娘）入洞房」、「兩姓成婚」。而此處所謂「戲梗的鋪設」，是指八句文句中安置「戲梗」笑料之所在。

　　關鍵在於「新郎牽娘入洞房」的「新郎牽娘」四字，直接點出劇中人李阿三用心良苦的設計，打算讓自己的朋友（年輕的馮玉林）跟他徐娘半老的母親

---

24 「買田買地買樓房」雖也可用於講述一般人想望的人世追求之普遍性，倘若此劇亦屬集體創作編寫，卻也投射出屬於曾先枝個人經驗的獨特性與價值認同。畢竟，26歲前後的青年曾先枝，當年帶著妻子賴海銀來到埔心，用長時間積累存下的金飾換成頭期款，以「買地、建屋」的實際行動，實踐心中想盼已久，追尋安定的真實心聲。

拜堂成親，因此當口白念出「新郎牽娘」之時，視覺上強烈反映兩人的年齡差異（即便拜堂未見真面目，但觀眾已經是知情的），打破理應相互匹配的「新郎新娘」的預期，因而反差出齣中的荒謬。曾先枝輕巧的微調，便將「錯配姻緣」的荒謬感從「視覺」到「聽覺」串起來，只要配搭合宜的身段做表，便可達到頗佳的戲劇效果。

三、個人多元閱讀與集體創作層累的交會

民間戲曲作品常見以集體創作方式產生（包括層層相因的長期舞臺實踐），劇本（作品）的原創比例相對少。曾先枝編寫採茶戲劇本也多借既有劇本與既有素材的基礎，進行編修或編寫的加工，更進一步的衍生、擴充或轉化，賦予新意。曾先枝勤於閱讀各式書籍是眾所皆知的，他善用前人智慧和語言，並且具有剪裁、取捨的能耐，加上擁有長期舞臺實踐的經驗值與敏銳直覺，他經手的戲曲作品常有頗佳的戲劇效果，這也是榮興劇團多個重大公演作品儘管歷經過內部集體創發的編修過程，仍常將曾先枝尊為編劇的要因。

不過，曾先枝的「閱讀」不單是「狹義的」各式書籍的查讀，還包含「廣義的」於人生閱歷，積累知識。尤其是曾先枝的識字基礎並非是在正規教育體制內奠定的，反而是他進到劇界之後，各種遊歷機緣啟發了他日後自學的開展。[25]

---

25 筆者訪知，曾先枝日治時期於公學校綴學，十餘歲搭班「勝春園」時，因為四處演劇，跟著戲班來到錦水，遇到私塾先生張國文，他免費為有購書的人提供識字、點讀教學，曾先枝買了《三字經》與《百家姓》，用七天點讀完畢（類似的訪談訊息，亦可參見蘇秀婷相關撰述（2011））。這一段啟蒙學習，啟發了曾先枝日後自學的開始。既要維持生計，又想克服失學的不足，曾先枝採取了自行閱讀的方式，到書局購買字典、辭典與演義小說等書，從了解字音、字義與典故開始。至今，埔心曾宅現今所見臥房書桌旁的各類書籍（包含禮俗、諺語、小說、辭書等）顯然是曾先枝編寫劇本的重要工具書。

　　因此從其編修作品與其手法、特色等實例之探討，應有助於從事戲曲劇本編創者之借鏡。以下，本文擬用實際例證，以「《李阿三嫁阿姆》與小說、歌謠之對應」、「《中國民間通俗小說》與《萬事由天》之孟姜女唱詞」為標題，各舉數例探究。

（一）《李阿三嫁阿姆》與小說、歌謠之對應

　　《李阿三嫁阿姆》流傳於客家聚落，曾先枝以此劇目為榮興採茶劇團編寫為新版本，其中部分內容與曾先枝青壯年時為廣播電臺錄製《濟公傳》的講古經歷，以及民間歌謠唱詞都有連結。

　　曾先枝於廣播電臺節目錄製的參與，和地方性廣播電臺的紛紛成立、興盛，以及 1970 年代之前民間賣藥演藝的文化景觀息息相關。曾先枝在賣藥演藝期間，結識了三腳採茶戲樂師莊木桂，還有長期民間賣藥表演的許秀榮等人，經常策略結盟式的支援各自承接的案子（包含賣藥廠、錄音、灌錄唱片，甚至合夥「整戲班」等），曾先枝也因為某些工作之需而有延伸閱讀的「指定」功課。比如《濟公全傳》小說的運用，便是與某次電臺節目錄製有關，曾先枝挑了民間信仰的「濟公」故事來講古，而那一次的準備功課（閱讀），也應用在他日後的編劇作品——《李阿三嫁阿姆》。

　　檢視榮興劇團《李阿三嫁阿姆》劇本，發現其與章回小說《濟公全傳》頗有聯繫，劇本也化用了民間歌謠唱詞入內。劇本裡的這段奇緣摘用、轉化了小說中既有詩詞文句，成為豐富戲曲唱段、唱詞極佳的養料來源。

　　本文以下以《李阿三嫁阿姆》第五場、第八場的具體例證驗證劇本中借用、轉化小說的痕跡所在。（例如劇中第五場「得救」，老鴇上場所唱，以及第八場「想妻」開場不久，由藝旦間姑娘們所唱唱段。包含第五場【山歌子】，以及第八場【鳳陽歌】與【嘆煙花】的三段曲詞內容的採錄、修編）。以下將摘錄相關唱詞，用以對照章回小說《濟公全傳》，並且從劇中人物的雕琢，探究

其編修手法及其思維。

1. 類型人物「老鴇」的雕琢

（1）既有詩句的摘用與改字

下表左欄詩句可見於《濟公全傳》第二十五回「尹春香煙花遇聖僧　趙文會見詩施惻隱」回目，濟公與朋友來到勾欄院煙花巷的妓院，想見那位「流落煙花的宦家之女」，途經東院時屏門上的題詩，便被改寫為《李阿三嫁阿姆》老鴇所唱【山歌子】，曾先枝將題詩轉化為適於勾欄院老鴇的唱辭。

小說裡老鴇導引眾人參觀上房、院落，途經四扇屏門，每一扇屏門皆有情色意謂的題詩，而且箇中的情色指涉一扇更甚於前一扇所見。這四首題詩，曾先枝選擇其中第三扇的題詩調整為劇中老鴇所唱，文字裡面本就藏有情色雙關，經過重新編修、微調，僅將原版本裡帶有不經世事意謂的「未」字，更改為「來」字，便將妓院裡老鴇楊葉姐經驗老道的感覺表現出來。

表 3：《李阿三嫁阿姆》採用章回小說唱段之文辭對照表（一）

《濟公全傳》[26]	《李阿三嫁阿姆》／末字之四縣音
欲砌雕欄花兩枝，	欲砌雕蘭〔欄〕花雨〔兩〕枝〔giˊ〕。
相逢卻是未開時，	相逢卻是來開時〔siiˇ〕。
姣姿未慣風和雨，	姣姿來慣風和雨〔iˋ〕。
囑咐東君好護持。	囑咐東君好護持〔ciiˇ〕。

僅改「未」字為「來」字，便使原本「處子」含蓄嬌羞情味，變為意有所指、帶有老於經驗、適合捏塑老鴇形象的字眼，無需大幅更動即見效果，顯然

26 參見《濟公全傳》六十回本，第二十五回「尹春香煙花遇聖僧 趙文會見詩施惻隱」。

曾先枝善於摘用既有詩句，並於文字關鍵處琢磨，微調一、二字即有說不盡的
奧妙暗喻涵藏其中。

（2）民間歌謠的援引與改編

《李阿三嫁阿姆》劇中鴇母楊葉姐所唱【老時採茶】曲詞：「河邊石子生
溜苔，燈心悶悶風打開。七寸枕頭眠三寸，留便四寸等妹來」四句，與臺灣民
間流傳的客家山歌唱詞也有其疊合、重組的現象，可見應是採用了民間相對固
定的唱詞文句再予微調而成。以下列出筆者查索可得的其中兩個業經正式出版
的有聲資料版，據以將見於《李阿三嫁阿姆》的【老時採茶】曲詞相互參照、
比對。

表 4：「七寸枕頭眠三寸」之曲詞對應比較表 [27]

曾先枝修編版本	與不同版本的對應情況	說明
河邊石子生溜苔，燈心悶悶風打開。七寸枕頭眠三寸，留便四寸等妹來。	【版本一】「山珍海味」（HL-215）【山歌仔】[28] 南風利利對面來。燈心悶悶風打開。 七寸枕頭墊三寸。留便四寸等哥來。	疊合第二、三、四句。
	【版本二】「才女寶蓮會木珍」【平板】[29] 河邊石子生溜苔，千思萬想望哥來。 七寸枕頭墊三寸，留得四寸等哥來。	疊合第一、三、四句。

27 一般曲名，除曲調名之外，常見或以首句唱句標誌之，本表以相疊合的第三句為名
　　稱，特此說明。
28 此處引用之資料訊息，出自中壢湯玉蘭演唱，苗栗美樂唱片，彭雙琳出品，
　　1963 年 發 行。（ 參 考 資 料 來 源， 網 址：http://www.hakka.gov.tw/content.
　　asp?CuItem=7442&mp=1925，檢索日期：2016.03.26）
29 徐木珍、陳寶蓮對唱，1982 年，愛華音樂（卡帶，初版卡帶全集編號 8）。（參考

　　民間歌調曲詞的疊合，說明流播過程中未必用相同曲調演唱，「改調歌之」本是民間劇、曲常見現象，尤其是七言四句的通用句式。曾先枝在這首【老時採茶】置入的唱詞，也是用來塑造老鴇「甚了風情」的典型印象，唱辭與坊間客家山歌有其疊合，在襲用既有唱句、韻字之餘，相對於表 4 右欄所列兩個比較版本，顯然有留意到押韻不重複同一韻字的講究，因而處理為苔〔toiˇ〕，開〔koiˊ〕，寸〔cun〕，來〔loiˇ〕，在音韻聽覺上有其錯落之感，並且保留一、二句所提供的視覺意象，以看似「賦」的手法描繪景象，實則更可說是用「比興」方式引發三、四句較為直白的情感表述。

　　具體來說，三個版本都使用景物意象暗示情慾騷動。無論是上表【版本一】的「南風利利對面來。燈心閂門風打開」，比喻慾望像似鋒利的南風吹來，用單薄脆弱的燈芯想要把門關上鎖緊，根本是無從抵擋。抑或者是【版本二】「河邊石子生溜苔，千思萬想望哥來」，借景暗喻熱切情愫潮動般的直白傾訴。

　　經曾先枝之手的版本，可謂打破另兩個版本一、二句的連結，反之，卻也可以說是同時用了兩個版本提供的意象，將深解風情的老鴇，捏塑的更具人性。再者，三者疊合的第三句，曾先枝經手的版本所用「眠」字，較之其他二者，更明白直指愛侶們夜晚相會同眠的春情。此例可見曾先枝善用既有詩詞唱句，將其「改良」置入採茶（戲）的巧思和功力。

　　（3）也談「棚頭段」的韻律感

　　《李阿三嫁阿姆》老鴇楊葉姐出場所念的「棚頭」【數板】，可延伸探討其語言韻律，檢視曾先枝在這方面的著力所在。第五場老鴇楊葉所念「棚頭」

　　資料來源：客家委員會「臺灣客家音樂網」，網址：http://music.ihakka.net/web/web_songs_view.aspx?id=151，檢索日期：2016.03.13）另據愛華唱片客家傳統歌曲目錄，可知專輯名稱「平板調（三）」（轉引自葉美週〈客家民間藝師徐木珍的多元音樂世界〉，國立交通大學客家社會與文化學程碩士論文，2012：65）。

【數板】雖未與後續劇情直接相關，卻在逗趣、暗藏春情的文字裡，讓觀眾看見一位有年紀、又見錢眼開的老鴇人物形象被塑造出來。採茶戲的數板經常用以襯托劇中人的性情、形象，且具有調劑、熱場的作用。不過，這段念詞從各句末字到通段押韻情況，若從語音的共通特徵著眼，將發現採茶唱念押韻與其手法的定義和範圍值得深入探討。以下，即就此一【數板】之句序將其羅列，以利討論：

表5：《李阿三嫁阿姆》老鴇【數板】用韻與韻律感說明表

《李阿三嫁阿姆》第五場老鴇【數板】	末字拼音	韻律感
01. 人老就嚕嗦〔囉嗦〕	〔so′〕	○
02. 面皮打摺又打窩	〔vo′〕	○
03. 水粉拿來刷	〔sod`〕[30]	○
04. 胭脂拿來塗	〔tuˇ〕	X
05. 打扮起來和那十七八差不多	〔do′〕	○
06. 有一日公園坐	〔co′〕	○
07. 見著一位老帥哥	〔go′〕	○
08. 身穿花西裝	〔zong′〕	X
09. 腳穿黑皮靴	〔hio′〕	○
10. 銀票拿出又噯〔恁〕多	〔do′〕	○
11. 我問他拿錢做什麼	〔mo`〕[31]	○
12. 他講邀我唱介哪噯喲麼哪噯喲	〔iou`〕	X

---

30 苗栗榮興客家採茶劇團提供之劇本，此處寫為「擦」，此乃海陸腔用字語彙，音〔cad〕，客語四縣腔的同義字，寫做「刷」，音〔sodˋ〕，本文基於押韻概念，據以將書面劇本文字更改為同義的「刷」字，特此說明。

31 劇本這裡末三字念的是北京話，而「做什麼」的「麼」字北京話發音接近〔moˋ〕。

這段【數板】各句末字（若視為是韻腳），多以〔o〕元音（母音）為韻，不像詩文或曲文押韻規範在偶數句出現。具體來說，這段【數板】十二句裡以〔o〕收尾的計有八個（包含入聲字「刷」），然而，其他四句卻有三句的末字的音節結構中其實也包含了〔o〕元音（指：裝〔zong′〕、靴〔hio′〕與喲〔iou`〕，第十二句裡的噯〔oi`〕念了兩次，也具有〔o〕元音）。換言之，除了第四句之外，其他十一句的末字皆有〔o〕這個單元音為「主要元音」。

裝〔zong′〕、靴〔hio′〕與喲〔iou`〕三字與其他句末字的異同處在於共同以〔o〕為主要元音，卻又因為與其他非聲母音節結構組合，形成不同聲響組合，而又有所區別。是以，這段【數板】多數句末字音節落在元音〔o〕，成為串連起各句、又形成各句休止處聲響統一感的「韻」，上表右欄所標「韻律感」的「○」與「X」，即是以其音節結構最後是否落在元音〔o〕以為區分，由是表5末字拼音一欄，將有助於讓這組【數板】各句之間所形成的語言音韻的「韻律感」較為清楚的表現出來。值得一提的是，在「○○○ X ○○○ X ○○○ X」的聽覺裡，三個不押韻處（指「X」）讓整個數板段有了聽覺上的「差異」調節，反而形成了語音另一層的韻律感。

藉此可觀察民間戲曲押韻作法的不同可能，語音聲響特徵除了不限於詩韻的規範，不限於曲韻通押的操作，各句、各詞之間尚且有著更為彈性的語言音韻旋律美感的存在。這種既有「出格」質性，又具有指向押韻韻腳元音的穩定感，若非經過自覺、有意識的設計，便是無意間繼承、或擷取了前人實踐累積的經驗結果，無論是哪一種路徑，此一版本「棚頭」【數板】表現出的語言律動已具有相當程度的音樂感之質性，亦可見證民間口傳文學長期實踐、流播、汰選的過程中，吟唱內容蘊含語言（語音）音韻美之例證。

2. 類型人物「煙花女子」的雕琢——遭遇坎坷女子之情境移植與取捨

曾先枝筆下（依據其手抄筆記所記），煙花女子人物的類型，除了老鴇，

身世坎坷的有情女子的無奈與苦楚也是其中一類。《李阿三嫁阿姆》女主角李香君以及在她周圍的煙花院醉仙樓眾家姑娘大抵皆屬此類。對照劇本內容,部分唱段可見於《濟公全傳》第二十六回「救難女送歸清淨庵　高國泰家貧投故舊」,包括《李阿三嫁阿姆》第八場藝旦姑娘所唱【鳳陽歌】,以及其後李香君所唱【嘆煙花】。

《李阿三嫁阿姆》眾姑娘所唱【鳳陽歌】,較之《濟公全傳》所見疊合之詩句,曾先枝主要改「喜」字為「洗」字,改了「國」字為「園」字,變動不多,幾乎可謂是直接移植而來,既有句子沿用為唱段,連韻字也一併襲用,因此原有小說所見是押韻押在第一、二、四、六、七、八句,可謂是在首句以及偶數句押韻的基本規範下,多押了第七句,在《李阿三嫁阿姆》第八場可謂是沿襲無甚改動。

表 6:《李阿三嫁阿姆》採用章回小說唱段之文辭對照表(二)

《濟公全傳》[32]	《李阿三嫁阿姆》/ 末字
	第八場 /【鳳陽歌】(用於醉仙樓姑娘所唱)
教坊脂粉喜鉛華,	教坊胭脂洗鉛華〔faˇ〕。
一片閑心對落花,	一片閑心對落花〔fa′〕。
舊曲聽來猶有恨,	舊曲聽來猶有恨〔hen〕。
故國歸去卻無家。	故園歸去卻無家〔ga′〕。
雲鬟半綰臨妝鏡,	雲鬟半綰臨妝鏡〔giang〕。
兩淚空流濕絳紗,	兩淚空流濕絳紗〔sa′〕。
安得江州白司馬,	安得江州白司馬〔maˋ〕。
樽前重與訴琵琶。	樽前重與訴琵琶〔paˇ〕。

　　小說《濟公全傳》第二十六回前半段，女主角尹春香是位歷經「賣身葬父、奸人拐賣、誤入煙花」的不幸女子，小說中她所題詩句被摘用於《李阿三嫁阿姆》【鳳陽歌】，編劇把這首安排給眾姑娘迎賓時來唱，雖未明指唱的是誰家遭遇，但顯然意圖指向劇中女主角李香君，尤其她在【鳳陽歌】之後接著獨唱【嘆煙花】，更使得姑娘們唱的【鳳陽歌】成為襯托她身世坎坷的鋪陳曲目，曲詞某個程度「移植」了《濟公全傳》裡尹春香的情境與遭遇。這裏見識到的是曾先枝善用他平日閱讀所見，於鑑賞小說之餘，另以「（人物）類型」的方式整理筆記，遇到恰當時機便可隨手捻來運用於戲中。

　　眾姑娘唱詞中指出這位昏倒醉仙樓前，不得不委身於煙花巷的李香君，並非是「喜鉛華」愛打扮的女子，反而是「洗（去）鉛華」、有空閒便「對著落花」想心事，易感而無家可歸的可憐姑娘，強調李香君淪落煙花的無奈與悲苦。編劇改「國」字，為「園」字，去除原有詩句中名妓歌詠國破家亡的傷感之情，轉化為貼近小兒小女般屬於個人飄零遭遇，感嘆「小我」的孤寂感。此外，除了凸顯和老鴇的反差，並且對比醉仙樓姑娘群與李香君之間的差異，劇本【鳳陽歌】沿用原詩句中有關江州司馬白居易《琵琶行》的典故，也為女主角將會遇到與其相知的男主角埋下伏筆。

　　較之上列的【鳳陽歌】，女主角李香君所唱【嘆煙花】曲詞，其調整幅度相對稍多一些，編劇捨棄小說中尹春香個人遭遇部分不適用之處（或者說編劇認為不適於「移植」的某些人物設定），編寫重點落在首句的「一家拆散各逃亡」，以及末句「何時逢得如意郎」兩句，而「入為娼」與「入教坊」可解讀為身處妓院以及歌舞技藝學習，形塑其身世飄零、客途暫居的窘迫處境。

---

32 參見《濟公全傳》六十回本，第二十六回「救難女送歸清淨庵　高國泰家貧投故舊」，淪落煙花院的尹春香題詩，展現文才素養。

表 7：《李阿三嫁阿姆》採用章回小說唱段之文辭對照表（三）

《濟公全傳》[33]	《李阿三嫁阿姆》/ 末字
	第八場 /【嘆煙花】（用於淪落藝旦聞李香君）
骨肉傷殘事業荒〔fong´〕，	一家拆散各逃亡〔mongˇ〕。
一身何忍入為娼〔cong´〕，	不〔小〕奴不忍入為娼〔cong´〕。
涕垂玉箸辭官捨〔sa`〕，	涕垂玉筋辭家鄉〔hiong´〕。
步蹴金蓮入教坊〔fong´〕。	步蹴金蓮入教坊〔fong´〕。
對鏡自憐傾國色〔sed`〕，	對鏡自憐傾國色〔sed`〕。
向人羞學倚門妝〔zong´〕，	問〔向〕人休學倚門妝〔zong´〕。
春來雨露深如海〔hoi`〕，	春來雨露深如海〔hoi`〕。
嫁得劉郎勝阮郎〔longˇ〕。	何時逢得如意郎〔longˇ〕。

女主角遭遇「一家拆散各逃亡」的變故，繼而「辭家鄉」、「入為娼」，生離別的飄零悲傷，不禁令人垂涕淚漣，「教坊」一詞雖然為其修飾了身處「煙花院」的不堪，最終僅能期盼「逢得如意郎」來脫離火坑。曾先枝筆下的李香君所唱的悲辭，捨去小說所用劉晨、阮肇入天臺遇仙女的典故，把典故的艱澀文意，改為通俗的愛情期盼，直接傳達給觀眾理解，加上保留前面【鳳陽歌】寫作《琵琶行》白居易的尋常典故，讓那位遭遇困頓、有同理心的詩人，生出惜花、愛花之情，寓寄「同是天涯淪落人，相逢何必曾相識」的情感，用「知己難逢」的感嘆惋惜，直接訴諸觀眾引起共鳴。此段唱詞的韻字韻腳沿用《濟公全傳》韻字，押〔ong〕韻，除首句外，偶數句押韻，第三句則包含〔i〕介

33 參見《濟公全傳》六十回本，第二十六回「救難女送歸清淨庵 高國泰家貧投故舊」，同為尹春香所題詩句。

音而與各個韻字稍有區別，也因編劇配搭劇情走向與人物形象，既借用既有詩句的文意，又能微調使其適用於劇中女主角，措辭用字則往更加淺白易懂的方向調整。

　　曾先枝經手編修的戲曲作品，精彩之處通常在於語言的機趣，不僅詼諧逗趣極富生活感，而且逸趣橫生，這是他處理劇本的強項所在。若從他取材《濟公全傳》詩句入戲的運用看來，既有詩句的摘用、改寫也是他常用手法之一。

　　再者，從曾先枝筆記的抄寫模式，常見他以劇目、唱段為標目之外，還有以劇中應用的「情節情境」或「人物類型」為標誌的分類方式，可知曾先枝善用「典型（如人物）」與「類型（如情境）」兩個概念，把適宜的情境與人物（包含人物關係），予以組織，並採取了戲曲「戲套」組構手法，予以編修調整。他編修戲曲劇本的要訣之一，是他廣泛閱讀後，能有機的予以「剪裁」與「（再）組織」，使得編寫劇本的過程更具「編創」的開放意義，而非僅執著於摘用材料之「複製（移植）」的封閉意義。

（二）《中國民間通俗小說》與《萬事由天》[34] 之孟姜女唱詞

　　曾先枝透過閱讀吸收、轉化與構思劇本所需素材，在榮興劇團為客家電視臺錄製的《萬事由天》也有具體例證。其中孟姜女故事段落的編寫，對應曾先枝楊梅自宅書櫃裡的《中國民間通俗小說》，以及採茶戲常用曲調【十二月古人】唱詞，可見曾先枝編寫《萬事由天》孟姜女唱句的剪裁、運用之妙。唱辭除了合乎文化生活邏輯，也道出編寫者對一年四季月令、節氣的感受與認知。

　　本文後續探討將依據下列三個方向開展，包括：「韻字與用字、文句與文意」、「風俗與文化景觀」與「修辭、句意與劇意」分別討論。以下，先以「韻

---

34 有關《萬事由天》一劇，曾先枝以「那是講《七世夫妻》的故事」稱之。依照朝代先後，「孟姜女與范杞梁」的故事是第一世。

字的沿用和轉化，文句、文意的延伸和調整」為段落標目進行探討。

以下所論將依據筆者初步分析、分類列出相關月份與其唱辭（不以月份次第列序），而為免重複、雜沓，後續的總表（表 12）僅列各月唱辭首句，各個月份的完整唱辭需參照表 8 以至表 11 各分表內容，以利後續討論。[35]

1. 韻字的沿用和轉化，文句、文意的延伸和調整

《萬事由天》孟姜女段唱段的押韻，可見曾先枝將《中國民間通俗小說》既有詩句末字用四縣客語發音不押韻者，在韻字與文意兩方面做了轉化處理。而且除了以一、二、四句押韻通例之外，曾先枝編修的押韻模式尚有其他樣式，比如說：第一、二句同韻，第三、四句同韻者（比如「四月」唱段各句末字「忙〔mongˇ〕、桑〔songˊ〕、死〔siˋ〕、衣〔iˊ〕」）。是以，藉此觀察其他月份押韻情況，發現其運用、變化，以及牽動文句更改的幅度有不同的差異，將其用韻與更調情況略加分類，以如下四種情況分別說明各月份唱辭修改、調整的情形：

（1）沿用韻腳，而較嚴謹者

沿用既有韻腳韻字，較為嚴謹者，是一月與十一月的唱段。承襲《中國民間通俗小說》「正月」押的〔ien〕韻，《萬事由天》對應唱段裡沿用既有句意，也一併沿用了〔ien〕韻，而微調修辭表達。至於「十一月」守住既有〔i〕韻，除維持第一句的句意不變，第二句以至第四句的句意皆另行延伸，與原詩語意稍遠，不過兩者在唱辭裡依然鎖在關鍵、且能代表孟姜女尋夫情節意象的「寒衣送（送寒衣）」。

35 學者劉新圓（2011：180-181）博論中，亦見浙江地區「孟姜女」題材之採錄與討論分析，其所錄內容（含唱詞）雖可參酌，然非本文所論曾先枝版本之所本，亦非本文所欲探討之主對象，故不另再述。

表8：「孟姜女故事」唱段對照表（一）³⁶

《中國民間通俗小說》	「孟姜女故事」唱段摘錄
正月梅花得氣先〔sien′〕。 家家戶戶過新年〔ngienˇ〕。 人家夫婦團圓敘〔si〕。 我獨孤零有誰憐〔lienˇ〕。	正月裡來是新年〔ngienˇ〕。 家家新春貼對聯〔lienˇ〕。 合〔闔〕家團圓度佳節〔jied`〕。 孟姜尋夫泪連連〔漣漣〕〔lienˇ〕。³⁷
十一月裡雪花飛〔fi′〕/〔bi′〕。 丈夫一去杳無音〔im′〕。 奴家親把寒衣送〔sung〕。 不見丈夫誓不回〔fiˇ〕。	十一月裡霜雪飛〔fi′〕/〔bi′〕。³⁸ 霜雪摧殘嫩花枝〔gi′〕。 …………難行走〔zeu`〕。 万里尋夫送寒衣〔i′〕。

　　不過「十一月」的用韻情況有一項特殊之處值得一提，亦即：採茶戲曲唱念明顯存在著某些「四海音」的文字。比方十一月唱段韻字：「飛」、「枝」、「衣」三者之中的「飛」字，在戲曲舞臺上，實際發音唸作〔fui′〕，而不是教育部公告四縣腔的文讀音〔fi′〕，或者其俗讀音〔bi′〕。這類字音現象在戲曲唱念操作裡，基本上是以四縣腔客語的聲調為基礎，而採用海陸腔客語的韻

---

36 《中國民間通俗小說》無論以何語言發音，為了對照曾先枝編寫內容，每句尾字暫以四縣腔客家話查索字音，以明是否合於客家戲曲唱念之四縣腔押韻。而孟姜女唱段摘錄自曾先枝手抄筆記《萬事由天》部分內容，感謝曾先枝提供研究論述之用。然原抄本中本缺十月，特此說明。部分唱詞，基於保護曾先枝的創作，未涉舉例必要之處，部分文字暫以「…………」標示，以下皆同。表列右欄中，有關曾先枝手抄編寫以簡體字書寫之處，本文盡量予以保留原樣（表8至表12皆同），特此說明。

37 或可改為意思相近之「淚漣漣」，尾字亦音〔lienˇ〕，同韻。

38 客家採茶戲舞臺表演，演員唱唸「飛」字，唱為〔fui／〕，而非四縣腔〔fi／〕或〔bi／〕兩者之一。

母，結合為某種「混合語」，這種語音現象或許也是學界所謂「四海客語音韻擴散現象」[39]的例證。

實際上「四海腔」的語音現象在戲曲舞臺上並不罕見，類似的例證在旦行表演者江彥琛編修的《孟姜女過關》「十一月」唱段也可聽聞得到。[40] 把四縣腔〔i〕念為海陸腔〔ui〕的語音現象，或許即是語言學界所言的「音韻擴散」現象，或是「丟失韻頭」[41]的語音變化，但這其中是否兼具有表演聲音效果等其他因素所致，則有待進一步的分析探討。

（2）沿用韻腳，而稍寬鬆者

沿用既有韻腳韻字，而又稍微寬鬆的是七月、九月和十二月，差異的共同點在於「介音」的講究與否，可說是以介音作為區別指標。

以客語檢視《中國民間通俗小說》七月與十二月詩句，皆為〔iong〕韻（有元音〔i〕作介音），九月則是〔iong〕與〔ong〕通押。至於《萬事由天》在七月、九月與十二月的三個月分唱句韻字，則都呈現〔iong〕與〔ong〕通押的情況，可見民間戲曲在押韻語音的聽覺方面，注重的是「求其同」的語音回返，而非著眼在「別其異」的層次區分。

---

39 「混合語」、「四海客語音韻擴散現象」乃語言學學者呂嵩雁研究「四海客語」的觀察、分析用詞。研究成果主張臺灣客語的四縣腔與海陸腔之間，存在著音韻演變「雙向擴散」的現象（2007：45、48-49、53-56）。目前筆者觀察實例，至少包括中古韻母「蟹攝（合口一等）」的「回」、「會」，「蟹攝（合口三等）」的「廢」字，以及「止攝（合口三等）」的「非」、「飛」、「圍」、「揮」……等字。

40 此一版本「十一月」唱詞：「冬月裡來雪紛飛〔fi ˊ〕/〔fui ˊ〕。好似鵝毛滿身圍〔vi ˇ〕/〔vui ˇ〕。有錢身上穿〔著，zog ˋ〕皮襖〔o ˋ〕。我夫北方受寒罪〔cui〕。」「飛」與「圍」之韻母唸作〔ui〕，方與「罪」押韻。

41 「丟失韻頭」，這裡意指韻字的韻腳從本來的〔ui〕，丟失〔u〕而變為〔i〕的情況。

表9：「孟姜女故事」唱段對照表（二）

《中國民間通俗小說》	「孟姜女故事」唱段摘錄
七月菱花貼水香〔hiong′〕。	七月秋風漸漸涼〔liongˇ〕。
蚊子如雷鬧嚷嚷〔ngiong`〕。	家家戶戶做衣裳〔songˇ〕。
但願吃盡奸臣血〔hied`〕。	…………多景致〔zii〕。
好使丈夫脫災殃〔iong′〕。	冷風切莫吹俺郎〔longˇ〕。
九月天氣日漸涼〔liongˇ〕。	九月九日是重陽〔iongˇ〕。
籬邊黃菊正芬芳〔fong′〕。	家家釀酒菊花香〔hiong′〕。
倘能尋得親夫主〔zu`〕。	有雙有對好作樂〔log〕。
同飲茱萸賞重陽〔iongˇ〕。	孟姜孤單受風霜〔song′〕。
十二月裡水仙香〔hiong′〕。	十二月到年又將〔jiong′〕。
想起高堂二爹娘〔ngiongˇ〕。	家家殺豬又殺羊〔iongˇ〕。
去年守歲人三個〔go〕/〔ge〕。	姜女尋夫受艱苦〔ku`〕。
今年缺少女孟姜〔giong′〕。	求請軍爺放行往〔vong′〕。

　　若從文句觀察兩個版本七月與十二月的文意對應，歧異是比較大的。尤其是《中國民間通俗小說》謂之七月熱，而《萬事由天》相應段的七月已開始吹起涼風，即使是指農曆七月「秋天」季節，勉強以「漸漸涼」來過渡，以便安置押韻韻字。此外，前者的十二月重點在於「家」與「團圓」的感慨，用第一人稱或第三人稱皆可通，但後者以孟姜女「求情」之語處理，更具第一人稱的色彩，而顯得「演劇」成分濃於「說唱」，加上濃縮「家」與「團圓」的句意，層次又另有延伸。《萬事由天》相應段九月沿用了前兩句，另延伸了後兩句唱辭，將之轉為「有雙有對好作樂」，尾句回到表述孟姜女的心境。

　　（3）沿用韻腳，而稍寬鬆者，且前後不同韻

　　沿用既有韻腳韻字，而又稍微寬鬆，但前後押不同韻的是四月。

《中國民間通俗小說》四月詩句，可視為是一、二、四句押〔ong〕韻，而非依照第一、二句的〔iong〕為韻。較之《萬事由天》版所見，非但不沿用《中國民間通俗小說》的〔iong〕或〔ong〕韻，反而是在第一、二句採用〔ong〕韻，而在第三、四句另押〔i〕韻，形成第一、二句押一韻，第三、四句另押一韻的特殊情況，有別於以往第一、二、四句押韻的常見形式。

表 10：「孟姜女故事」唱段對照表（三）

《中國民間通俗小說》	「孟姜女故事」唱段摘錄
四月薔薇滿架香〔hiong´〕。	四月裡來養蠶忙〔mong˘〕。
千里尋夫女孟姜〔giong´〕。	⋯⋯⋯⋯去採桑〔song´〕。
丈夫隻身長城去〔hi〕。	姜女桑樹焦枯死〔si`〕。
不知死活與存亡〔mong˘〕。	万里尋夫送寒衣〔i´〕。

再者，此二版本文句與文意的差異也相對較大，並非像其他月分多是沿用、轉化的關係。前者以「四月薔薇」的意象用文學手法「興」之，而後者則鎖定「採桑養蠶」一事，編者雖可能意識到絲「布」與寒「衣」之間的物質連結，實際上，蠶「絲」亦可連結「思念」的指涉。可惜《萬事由天》版四月末句為了押韻在〔i〕韻上，雖複製了「十一月」末句「万里尋夫送寒衣」句意，但是對應「四月」當時氣候時序，以臨近歲冬尋夫送衣的時機點（時序）之合理性考量，此一版本相對顯得較為唐突。

（4）擺脫原有用韻，完全另起一韻者

《萬事由天》孟姜女唱段中，擺脫原有用韻而另起一韻的月分至少有五個，即二、三、五、六、八月，而且除了明確節日或節氣，文辭語意多已改變，表現出不同的景致或意象。這應該和小說既有詩句韻字以四縣客語發音並不押

韻（六月的詩句有押韻除外）有關，也使得採茶戲劇本編寫者勢必要重新一定
幅度的改寫唱段。

　　《萬事由天》版的韻腳，二月押〔ai〕韻，三月押〔in〕韻，五月通押〔iong〕
與〔ong〕兩韻，而六月則是改掉原有〔ien〕韻，改為押〔ong〕韻，八月則
改押〔iu〕韻等。不過戲曲劇本中的是書面文字，與演出實際發音在文字上未
必完全一致，但若依押韻規則反推，可知「二月份」唱詞中的「俺」字，應該
要發音為〔ngaiˇ〕，方可與第一、二句末字的「泥」、「低」押韻，是以劇本
書寫文字與實際用字的差異，也應留意釐清、分辨。[42]

表 11：「孟姜女故事」唱段對照表（四）

《中國民間通俗小說》	「孟姜女故事」唱段摘錄
二月春分柳色新〔sin′〕。 百草萌芽遍地青〔qin′〕。 眼中只有春光好〔hoˋ〕。 唯有奴家最傷心〔sim′〕。	二月燕子口含泥〔naiˇ〕。[43] 一隻飛高一隻低〔dai′〕。 …………一句話〔fa〕/〔va〕。 系〔係〕喜系〔係〕悲話知俺〔ngaiˇ〕/〔am〕。
三月桃花是清明〔minˇ〕。 雙雙燕子把巢尋〔qimˇ〕。 幾多燕子雙來去〔hi〕。 孟姜獨自路上行〔hangˇ〕。	三月掃墓是清明〔minˇ〕。 一聲爺來一聲親〔qin′〕。 家家坟墓飄紙錢〔cienˇ〕。 姜女尋夫去上京〔gin′〕。

---

42 此處「俺」字，可改寫為代表「我」的客語字「𠊎」，音標〔ngaiˇ〕，方有押韻。

43 燕子通常代表「春暖花開」春天到來之意。其繁殖期多寫為三至八月，或四至七月，
　　此處移作「二月」歸來，較一般所見稍早，若以之用來表示「春到」，無關與氣候
　　連結精準與否，或無不可。

表 11:「孟姜女故事」唱段對照表（四）（續）

《中國民間通俗小說》	「孟姜女故事」唱段摘錄
五月榴花耀眼紅〔fung˘〕。 端陽競渡樂事多〔do´〕。 路上來往人多少〔seu`〕。 不見親夫萬祀〔杞〕梁〔liong˘〕。	五月裡來是端阳〔iong˘〕。 蚊虫咬人苦難当〔dong´〕。 蚊子愛咬奴家血〔hied`〕。 莫咬我夫万杞良〔梁〕〔liong˘〕。
六月荷花紅正鮮〔sien´〕。 不堪回首話當年〔ngien˘〕。 可憐夫妻團圓日〔ngid`〕。 欽差捉去恨難填〔tien˘〕。	六月裡來日子長〔cong˘〕。 烈日当空似火燙〔tong〕。 孟姜吃苦為夫主〔zu`〕。 千山萬水路頭長〔cong˘〕。
八月桂花滿園開〔koi´〕。 孤雁獨自到南邊〔bien´〕。 我同孤雁一樣苦〔ku`〕。 一對鴛鴦兩分開〔koi´〕。	八月十五是中秋〔qiu´〕。 月圓人缺泪雙流〔liu˘〕。 雁鵝同俺來帶信〔sin〕。 勸我丈夫莫愁忧〔iu´〕。

　　再者，從文意觀照、比對，二者文字雖有歧異，但句意仍有所連結，可見《萬事由天》鎖定在關鍵字或意象上有另種「沿用」的操作。比方說，二月唱辭著眼在「春（天）」與「燕子」，因而用了《中國民間通俗小說》三月的「燕子」，三月唱辭則鎖定在「清明」，推衍其掃墓所見景象，五月唱辭聚焦「端午」，並帶入日常生活對季節轉變的感受，八月唱辭則是把秋之「桂花」改寫為有朗朗圓月的「中秋」，並且把「孤」、「獨」調整為和「團圓」意義相反的「人缺」。

　　是以，曾先枝編寫的唱詞不僅相當生活化，而且帶有視覺景致的想像。在他的唱辭裡，觀眾可以感受到報春燕子在屋簷間飛來飛去的忙著築巢，一邊忙碌一邊嘰嘰喳喳，報的訊息不知是喜是憂（二月），再如清明時節家家戶戶的

掃墓情景（三月），而端午節的天候轉暖，抓住「夏至」蚊蟲活躍的切身感受
（五月），至於烈日當空的「大暑」前後正表現夏日炎炎的氣候溫度（六月），
而面對中秋佳節的明亮圓月，也容易聯想到與之對比的「人缺」悲涼。顯然，
上表所列這幾個月份的唱辭，其改寫幅度較之其他月分來得大，已脫離既有唱
段、韻字的語意框限而另有發展。

　　從編修角度檢視曾先枝的用韻情況，可見既有詩文（唱句）韻腳押韻的掌
握，是有意識的轉化處理手段。亦即，在既有素材的基礎之上，巧妙以「沿
用」、「轉用」與「另起」等方式處理韻字韻腳，並從中引伸相關情境與心境，
作為編修再創的基本盤。至於詩文語意的沿用與否，涉及的思考更為複雜，以
下本文即以「沿用」與「挪用」，談在地氣息與編劇者個人感受，以實例將某
些特徵與訊息提出。

　　2. 情景修辭的「沿用」與「挪用」——也談在地氣息與個人感受

　　客家採茶戲也常見聯章體的歌謠，有「更鼓」、「季節」、「月分」等。
聯章體結構有助於層疊效果的累積，使劇情的情感、情緒更易渲染，唱詞的次
第與層次便成為編劇的功課。不過，除了層疊之外，連續的「變化」也是聯章
體手法值得觀察的角度，從語意與劇意來看《萬事由天》孟姜女唱段，曾先枝
把他對自然景觀的體悟，以「挪用」文本的方式改寫唱句，並使其符合劇意與
主角心境的感受，形成「外景」與「心境」間的深刻連結。

　　尤其「孟姜女」唱段的編寫可見到曾先枝「擅於剪裁」的能耐。這其中涉
及了文字、修辭的改寫，以及不同來源之取材（素材），還有不同材料彼此間
的連結與取捨。以下，再以《中國通俗小說》相關詩句為例，將各月首句列出，
以為比較之基礎：

表 12：「孟姜女故事」唱段各月份首句對照表[44]

《中國民間通俗小說》	曾先枝「孟姜女故事」唱段首句
正月梅花得氣先〔sienˊ〕。	正月裡來是新年〔ngienˇ〕。
二月春分柳色新〔sinˊ〕。	二月燕子口含泥〔naiˇ〕。
三月桃花是清明〔minˇ〕。	三月掃墓是清明〔minˇ〕。
四月薔薇滿架香〔hiongˊ〕。	四月裡來養蠶忙〔mongˇ〕。
五月榴花耀眼紅〔fungˇ〕。	五月裡來是端陽〔iongˇ〕。
六月荷花紅正鮮〔sienˊ〕。	六月裡來日子長〔congˇ〕。
七月菱花貼水香〔hiongˊ〕。	七月秋風漸漸涼〔liongˇ〕。
八月桂花滿園開〔koiˊ〕。	八月十五是中秋〔qiuˊ〕。
九月天氣日漸涼〔liongˇ〕。	九月九日是重陽〔iongˇ〕。
十月芙蓉北風號〔hoˇ〕。	
十一月裡雪花飛〔fiˊ〕/〔biˊ〕。	十一月裡霜雪飛〔fiˊ〕/〔biˊ〕。
十二月裡水仙香〔hiongˊ〕。	十二月到年又將〔jiongˊ〕。

　　從句意改寫情況觀之，《萬事由天》孟姜女唱段的編寫，可見編者對自然月令不同景觀的感受，具體言之即是：「正月新年」、「二月燕來」、「三月清明」、「四月養蠶」、「五月端午」、「六月烈日當空」、「七月秋風漸起」、「八月中秋」、「九月重陽」、「十一月霜雪紛飛」、「十二月一年將盡」等。而無論是具體或抽象的意象感知，顯見曾先枝選擇的標的與《中國民間通俗小說》所見不盡相同，即使是同一節日或節氣概念。

　　《中國民間通俗小說》注重的是季節（月分）與當月花種的連結（正月對梅花，二月對柳樹，三月對桃花，四月對薔薇，五月對榴花，六月對荷花，七

---

44 本表左欄《中國民間通俗小說》之既有詩句末字，以及右欄《萬事由天》唱段唱句末字，皆以四縣腔客語標音，特此說明。

月對菱花，八月對桂花，九月對黃菊，十月是芙蓉，十一月雪花紛飛，十二月
水仙綻香），頗符合文人文字遊戲趣味。相對的，曾先枝編寫內容較側重在季
節（月分）與節氣、節慶、農事等鄉村生活中（包含之外），他所感知或認知
的、生活的直覺連結。

　　因此，相對於《中國民間通俗小說》的「三月燕」，曾先枝版的春燕是二
月現身，且成雙成對，對比孟姜女孤單一人；相對於《中國民間通俗小說》的
「七月蚊鬧」，曾先枝的蚊子在五月就儼然來襲；[45] 而相對於《中國民間通俗
小說》「九月天氣日漸涼」，曾先枝的「秋風」，已在七月就有「漸漸涼」的
發展趨勢。是以，曾先枝對不同月分、節氣的經驗感受，以及他直覺的想像世
界，其「挪用」改寫帶有「在地」氣候氣息的寫照，但多少也反映出曾先枝對
自身所處環境的感受與認知（包括自然景觀與人文景觀的感知），甚至也包含
著考量看戲觀眾的理解與認同。[46]

　　除了上列孟姜女唱詞採取聯章體「月令」形式編寫，藉由鋪敘並深化孟姜
女尋夫之悲情，不過，曾先枝理應也參酌了民間常見的【十二月古人】唱段唱
詞，故而沿用了其「七月裡來秋風起」，改為「七月秋風漸漸涼」，而「六月
裡來日子長，烈日当空似火燙」則隱約與【十二月古人】的「四月裡來日又長」
以及「六月裡來熱難當」可相呼應。【十二月古人】每月唱辭首句皆以「某月
裡來」起始，十二個月共計四十八句，亦是聯章體形式，唱辭重點擺在借不同
戲齣劇目之名或主角與其關鍵情節，豐富各月唱段的歌詞內容，並形成押韻關

---

45 江彥瑮編修的《孟姜女過關》（2016 客家電視臺播映），孟姜女所唱唱段，蚊子出
　　現在六月，唱詞如下：「六月裡來熱難當〔dong ˊ〕。蚊蟲耳邊叫嚷嚷〔ngiong ˋ〕。
　　蚊蟲肚餓〔枵，iau ˊ〕吃〔食，siid〕我血〔hied ˋ〕。不可咬我个夫郎〔long ˇ〕。」
46 有關「觀眾的理解與認同」一事，確實是曾先枝長期舞臺實踐念茲在茲的重要思考，
　　感謝匿名審查委員提醒。

係的連結。以下，即是常見的【十二月古人】唱辭：[47]

　　正月裡來是新年，抱石投江錢玉蓮（哪唉呦）；

　　繡鞋脫忒爲古記，連喊三聲王狀元（哪唉呦嘟呦）。

　　二月裡來龍抬頭，小姐南樓拋繡球（哪唉呦）；

　　繡球拋落呂蒙正，蒙正頭上正風流（哪唉呦嘟呦）。

　　三月裡來三月三，昭君娘娘去和番（哪唉呦）；

　　回頭不見毛延壽，手攬琵琶馬上彈（哪唉呦嘟呦）。

　　四月裡來日又長，馬上拋刀楊六郎（哪唉呦）；

　　京州做官劉智遠，房中挨磨李三娘（哪唉呦嘟呦）。

　　五月裡來蓮花紅，瑞蘭遇著蔣世隆（哪唉呦）；

　　有緣千里來相會，無緣對面不相逢（哪唉呦嘟呦）。

　　六月裡來熱難當，漢朝出有楚霸王（哪唉呦）；

　　霸王死在烏江上，韓信功勞在何方（哪唉呦嘟呦）。

　　七月裡來秋風起，孟姜烈女送寒衣（哪唉呦）；

　　去到長城尋夫主，哭崩城牆八百里（哪唉呦嘟呦）。

47　【十二月古人】，一般認定為「古詞曲」，民間所見各版本差異不大，然各月分所
　　用典故，人名容易產生訛誤，本文所引內文，筆者彙整數個版本，初步校勘而成
　　（如：「正月」中投江者，應寫作「錢玉蓮」，其人乃指《荊釵記》中與王十朋締
　　結婚姻的女主角，或有版本作「王玉蓮」應從王十朋的姓氏，故從「連喊三聲王狀
　　元」而誤寫。而「五月」瑞蘭所遇之人，應是《拜月亭》（又稱《幽閨記》），女
　　主角王瑞蘭與蔣世隆的奇遇，非坊間所寫瑞蘭遇到「張子龍」。至於「八月」的典
　　故，出自周幽王故事，相關人名應改為「梅妃」、「潘葛」）。有聲資料之唱詞採
　　錄，可參劉楨整理「美樂唱片」山歌小調，（唱片初版編碼：T117）」，梁阿才所
　　唱【十二月古人（上）】、【十二月古人（下）】歌詞的解說撰文（參考網頁網址：
　　http://music.ihakka.net/web/web_songs_view.aspx?id=106，檢索日期：2016.03.26），
　　或參見苗栗美樂（國際）唱片發行，竹東賴碧霞所唱【十二月古人】（唱片編碼：
　　HL-371）（參考網址：http://web3.hakka.gov.tw/content.asp?CuItem=7479，檢索日期：
　　2016.05.28）。

八月裡來秋風涼，梅妃害死蘇娘娘（哪唉呦）；

李氏夫人來代死，潘葛一本奏君王（哪唉呦嘟呦）。

九月裡來是重陽，甘羅十二為丞相（哪唉呦）；

甘羅十二年紀少，太公八十遇文王（哪唉呦嘟呦）。

十月裡來過大江，單人獨馬關雲長（哪唉呦）；

過了五關斬六將，擂鼓三通斬蔡陽（哪唉呦嘟呦）。

十一月裡來又一冬，孟宗哭竹在山中（哪唉呦）；

孟宗哭竹冬生筍，郭巨埋兒天賜金（哪唉呦嘟呦）。

十二月裡來又一年，文公走雪真可憐（哪唉呦）；

橋頭遇著韓湘子，雪擁藍關馬不前（哪唉呦嘟呦）。

　　《萬事由天》孟姜女唱段與數個不同類型的資料有所對應、呼應，其中至少包含了《中國民間通俗小說》既有詩句為基本盤（這本小說在曾先枝家中書櫃可見）、坊間【十二月古人】「古詞」的參酌，以及曾先枝的認知、剪裁與取捨。不同文本來源的「沿用」或「挪用」，最終根據編寫者判斷、取捨而成另一樣貌，可知「集體創作」所呈現的生活體會，即便難說已完全融合、內化完成，但不同資料的異同之處正是值得玩味之處。

　　因此，無論何者較為可信，《中國民間通俗小說》十一月的唱段中，孟姜女因「十一月裡雪花飛」而「奴家親把寒衣送」，坊間流傳的【十二月古人】則是在「七月裡來秋風起，孟姜烈女送寒衣」，而《萬事由天》則安置在四月，讓無心農務的孟姜女預設似的（或後設似的）唱出「姜女桑樹焦枯死。万里尋夫送寒衣」，此時月分的合理與否似乎已不要緊，版本間的差異歧出反倒顯得「眾聲喧嘩」而意趣盎然。

3. 從修辭、句意到劇意，看曾先枝筆下「孟姜女之苦」

　　從修辭和語意的轉化情況檢視《萬事由天》孟姜女唱段，首重營造孟姜女心境之悲苦，採用聯章體配上合宜的唱辭，易有層累與渲染之效，隨著各月分唱辭的推進，越唱越見其苦楚。然在層疊手法之外，孟姜女唱段與十二月令聯章在修辭、句意到劇意上的連結，曾先枝手筆雖未必是最工整的，卻帶有濃厚的在地、草根氣息，以更加生活化的場景、意象的直感連結，較之《中國民間通俗小說》既有詩句，以及坊間【十二月古人】「古詞」，更易引起觀眾共鳴，有助於進入戲劇情境。

　　（1）延續與層疊：「月令」起迄相終始的雙重意涵

　　曾先枝採用聯章體形式，對於鋪敘孟姜女的苦楚是有效果的。而且「十二月令」除了可層疊情感情緒，尚且潛藏週而復始、綿延不絕的隱喻效果。「正月」的意象既是新的一年的開始，也是過去那一年的結束，具有延續的況味。既然破題明言「孟姜尋夫」之苦，也為將來的悲痛也先定了調。

　　曾先枝編寫的正月唱段：「正月裡來是新年。家家新春貼對聯。闔家團圓度佳節。孟姜尋夫淚連連〔漣漣〕」四句，前兩句新年過年的普遍印象，用以凸顯樂與悲的反差，因此唱段第四句「孟姜尋夫淚連連〔漣漣〕」，連結「一年將近（新年起始）」的雙重指涉，使得無論是言說孟姜女故事的第三者說唱，或者交由飾演孟姜女的演員演唱，將顯得更加苦情，並且一苦就苦了十二個月，甚至超過十二個月。

　　「年」由「月」構成，「月」由「日」構成，「日」由「時」構成，以致於一連十二個月，月月敘述孟姜女之苦，宛如盡訴著孟姜女時時刻刻的揪心苦楚。而在第一、三、四、六、九、十二等六個月分唱詞裡，嵌入「孟姜（女）」、「姜女」自稱之詞，使女主角的悲悶情懷，唱段指涉的主體對象更形明確；再者，在數個唱段中又以「（丈）夫」、「郎」、「万杞良〔按：范杞梁〕」等詞，

喚稱急欲尋找的夫婿，足見引惹孟姜女悲痛的根源所在，亦見孟姜女之情深。

這是延續、沿用「聯章」書寫策略中，呈現的雙重效果與雙重意涵。

（2）對應與共鳴：劇中守關者的多重作用

有別於說唱的第三人稱，《萬事由天》以第一人稱方式表演，因有對應的「角色」，確立是用戲曲形式表現孟姜女的悲苦，則使故事的演繹更為立體。

曾先枝手稿中唱詞十二段，獨缺「十月」唱詞，其他十一個月分唱辭皆是由孟姜女演繹，末段唱段交付給守關人。這位守關人為孟姜女的遭遇發出悲憫，呼應孟姜女先前所唱、所述之苦。是以，為增添守關人的唱句而致獨缺「十月」唱段應是經過思考後的結果。

但守關人並非只是扮演一位與女主角對應的角色而已。當守關者聽著孟姜女殷殷切切的訴悲，無形中變成一名在「場上」聆聽的觀眾（聽眾），既是劇中與孟姜女對應的實體對象，也是臺下觀眾的另一個（代言）分身。因此當他回應著孟姜女，唱出如下的歌詞：

　　曲曲詞詞痛人腸〔cong˘〕。
　　確系〔係〕貞烈好姑娘〔ngiong˘〕。
　　條條琴線割腸肚〔du、〕。
　　歷盡千山萬水長〔cong˘〕。

或可視為是舞臺上另一位替觀眾發出心聲，能直接對應孟姜女苦情，使觀眾「入戲」的共鳴媒介。將守關人的反應編寫為十二月唱段之一，而不用道白方式帶過（勢必需要捨去某一月唱詞，以維持十二段、偶數段的基本規範），適見此一編寫策略（手段）不僅讓整個唱段表現有所變化，也產生更好的共鳴效果。儘管《萬事由天》「孟姜女」唱段乃屬改編，但已浸潤著編修者巧手靈

心的剪裁與編寫妙思,演出劇本因而被賦予新的樣貌。

四、結語

　　本文藉由探討曾先枝其人的文化經驗與創作實踐出發,考察他與臺灣客家採茶戲的關係。透過曾先枝參與苗栗榮興客家採茶劇團所見留的部分戲曲作品,探求作品中藝術創作與生命經驗之間的連結與其編寫特色。

　　身為戲曲編劇的曾先枝,因長年而廣泛的閱讀習慣(包含演義小說、民間故事、辭典、諺語等),使他有別於業界一般戲曲編劇,在草根氣息之外也具有文學質地的特質;而他善於靈活運用不同文本素材,並且長期紀錄、抄寫、整理戲曲適用情境的筆記習慣,也成為他編寫劇本、構思設計的重要支撐,尤其曾先枝具備相當的剪裁、融會功力,使得他參與編修的劇本雖然很多並非是原創、新寫,經他之手處理後,往往具有相當明顯的戲劇效果,適於舞臺實踐、運用。

　　正如長期與曾先枝合作編寫採茶大戲劇本的鄭榮興教授所形容:「(曾先枝)善於融會貫通」,[48] 從本文上述所舉之例,可見一端。多年搭班榮興客家採茶劇團,擅演採茶「阿丑」的黃鳳珍女士也曾經如此形容:「『阿枝先』佢當厲害个所在,係佢(講个東西)毋會走忒遠,佢要形容一椿事情,就會戴該位一直轉、一直轉。」[49] 黃鳳珍這段話意指曾先枝在編劇或講戲之時,擅長於深刻挖掘,並且不偏離主題情境的特色。

　　然而,與其說曾先枝善用「典型(類型)」,以適宜的情境、人物(人物關係)來編寫劇本,倒不如說曾先枝長年的閱讀習慣,以及講戲、排戲經驗,

---

48 林曉英田野訪談(20151004 後龍,報導人:鄭榮興教授)。
49 林曉英田野訪談(20151003 苗栗,報導人:黃鳳珍女士)。

使他更容易融會貫通，將他的經驗、經歷，所見所聞以「戲套」概念組構，把不同來源的素材予以再組織、再調整，形塑出他認為最有效果的樣態。因此，不妨將他戲曲劇本編創的重心與特徵理解為：重在「剪裁」與「（再）組織」的開放意義，而非著眼於「複製（移植）」的封閉意義。

　　綜此而論，本文認為：曾先枝年輕時多年跨界遊藝於民間「作場賣藥」、「廣播講古」等領域的經驗，未必只能以純然「出走」於傳統戲曲圈之外來看待之，反過來應該將之視為是成就他日後編寫客家採茶戲曲劇本的重要歷練，且視之為他「回歸」傳統劇界、成為具有代表性編劇身分的關鍵踐履過程。此外，透過他的作品可以見證採茶戲曲這個「小傳統」被傳統文化、藝術「大傳統」所包覆著，而曾先枝個人的文化經驗與創作實踐，也反饋到他自身所處的表演藝術之中；顯然，即使是歷經所謂「集體創作」過程的戲曲作品，也涵藏著當代人的回應。

參考文獻

一、期刊／專書

王櫻芬，2008，〈聽見臺灣：試論古倫美亞唱片在臺灣音樂史上的意義〉。《民俗曲藝》160：169-196。

何大安，1988，《規律與方向：變遷中的音韻結構》。臺北：中央研究院歷史語言研究所。

呂訴上，1954，〈臺灣流行歌的發祥地〉。《臺北文物》2（4）：93-97。

呂嵩雁，2007，〈臺灣四海客語的音韻擴散研究〉。《臺北市立教育大學學報》38（1）：45-70。

林良哲，2008，《日治時期臺語流行歌詞之研究》。國立中興大學臺灣文學研究所碩士論文。

＿＿＿＿＿，2015，《臺灣流行歌日治時代誌》。臺中：白象文化。

林曉英，2001，〈臺灣客家採茶戲的發展與變遷：以各時期有聲出版為中心的討論〉，《兩岸客家表演藝術研討會論文集》，頁78-95。苗栗：苗栗縣文化局。

＿＿＿＿＿，2011，〈北部客家八音中的戲曲養分：以《糶酒》為例〉（未刊）。宣讀於「2011臺灣傳統音樂文化資產學術研討會」（2011年10月16日），臺中：文建會文化資產總管理處籌備處主辦，臺北：臺灣民族音樂學會承辦。

＿＿＿＿＿，2013，〈採茶戲文本「張三郎賣茶」的演變：從《兄弟賣茶》談起〉。《南藝學報》7：41-73。

＿＿＿＿＿，2015，〈客家戲曲的文化經驗與創作實踐：以曾先枝的演藝生涯為例〉（未刊）。宣讀於「2015音樂傳統與未來學術研討會」（2015年11月14日），主辦單位：臺灣民族音樂學會、國立臺灣師範大學音樂學院、國立臺灣師範大學音樂系，地點：國立臺灣師範大學音樂系演奏廳。

＿＿＿＿＿，2017，〈特色「採茶」的展示場域〉，《流轉‧發聲：鈴鈴、美樂與遠東唱片目錄彙編》，頁313-327。宜蘭：國立傳統藝術中心。

林曉英、蘇秀婷，2011，《兩台人生大戲：劉玉鶯與曾先枝》。桃園：桃園縣政府文化局。

施慶安，2012，《日治時期唱片業與臺語流行歌研究》。國立政治大學歷史研究所碩士論文。

范揚坤，2000，〈玖‧這些老唱片裡的客家聲音〉，《聽到臺灣歷史的聲音（1910~1945臺灣戲曲唱片原音重現）》，頁50-52。臺北：國立傳統藝術中心籌備處。

＿＿＿＿＿，2003，〈入庄入劇場，不改天真：從客家歷史看採茶戲的發展與劇種特質〉。《表演藝術》127：12-15。

＿＿＿＿＿，2005，《雙貴長春：王慶芳生命史》。苗栗：苗栗縣文化局。

段馨君，2012，《戲劇與客家》。臺北：書林出版社。

徐亞湘，2000，《日治時期中國戲班在臺灣》。臺北：南天書局。

＿＿＿＿＿，2003，〈桃園縣傳統戲曲的發展與變遷〉。《民俗曲藝》140：245-278。

_____，2007，《客家劇藝留真：臺灣的廣東宜人園與宜人京班》。桃園：桃園縣政府文化局。

_____，2011，《母女同行：阿玉旦・黃秀滿的客家戲曲人生》。桃園：桃園縣政府文化局。

徐進堯，1984，《客家三腳採茶戲的研究》。臺北：育英出版社。

莊美玲，2006，〈臺灣三腳採茶戲「棚頭」之研究：以《張三郎賣茶故事》十大齣為例〉。《臺灣戲專學刊》12：137-157。

陳運棟，2003，〈由九腔十八調談到何阿文〉，《客家民間文學藝術研討會論文集》，頁 48-55。臺北：臺灣客家公共事務協會。

曾先枝、鄭榮興，2000，《客家三腳採茶戲選讀》。臺北：國立臺灣戲曲學院。

楊寶蓮，2007，〈榮興劇團經典戲曲《丹青魂》：臺灣客家採茶大戲定型的界碑〉。《國文天地》271：37-42。

葉美週，2012，《客家民間藝師徐木珍的多元音樂世界》。國立交通大學客家文化學院客家社會與文化學程碩士論文。

劉新圓，2011，《音樂即興：理論與實務初探》。國立臺灣師範大學音樂學系音樂學組博士論文。

劉美枝，2012，《回首四平風華：古禮達與莊玉英的演藝人生》。宜蘭：國立傳統藝術中心。

蔡欣欣，2010，〈萌生與交疊：臺灣「拋採茶」之歷史景觀、表演套式與源流演化探析〉。《民俗曲藝》170：81-141。

蔡振家，2005，〈亂彈、採茶兩下鍋的傳統料理：榮興劇團《喜脈風雲》的音樂設計〉。《戲劇學刊》2：309-311。

_____，2006，〈試論戲曲音樂與認知心理學：以客家戲《喜脈風雲》、《大宰門》為例〉。《臺灣戲專學刊》12：159-172。

鄭榮興，2001，《臺灣客家三腳採茶戲研究》。苗栗：財團法人慶美園文教基金會。

_____，2007，《三腳採茶唱客音：傳統客家三腳採茶串戲十齣》。宜蘭：國立傳統藝術中心。

_____，2009，〈臺灣客家採茶戲唱腔初探：以採茶腔「平板」為例〉。《戲曲學報》6：141-172。

_____，2011，《客家戲的榮興》。苗栗：財團法人慶美園文教基金會。

鍾榮富，2006，〈四海客家話形成的規律與方向〉。《語言暨語言學》7-2：523-544。

蘇秀婷，2005，〈媒材採借與藝術創造：十九世紀末至二十世紀中的採茶戲與八音活動之探討〉。《新竹文獻》19：99-130。

_____，2011，《臺灣客家採茶戲之發展及其文本形成研究》。國立政治大學中國文學系博士論文。

二、劇本與相關影音

石怡潔主持《感動時刻》，（八大電視台客家文化節目）「石怡潔的感動時刻 ─ 霓雲社三腳採茶戲」單元，網址：https://www.youtube.com/watch?v=Tl0oWLb8tR8，檢索時間：2016.4.23，網站紀錄影片上傳日期：2010.10.14。

江彥琚、蘇國慶編導主排、劇本編修，[50]《孟姜女過關》（收錄於客家電視台2016年2月7日播映之新春戲曲節目「客家新苗戲連連」，演出單位：國立臺灣戲曲學院客家戲學系）

李永乾改編、編修，龍鳳園戲劇團演出，《賣身記》（重播於2015年4月27日，客家電視台「客家戲曲」節目（首播於2011年）。

徐木珍、陳寶蓮對唱，1982，「才女寶蓮會木珍」【平板】（卡帶，初版卡帶全集編號8），臺北：愛華音樂。參考來源：客家委員會「臺灣客家音樂網」，網址：http://music.ihakka.net/web/web_songs_view.aspx?id=151，檢索日期：2016.03.13。

張宇喬、黃俊琅編導主排，胡宸宇劇本編修，[51]《瓜園招親（打瓜園）》（收錄於客家電視台2016年2月7日播映之新春戲曲節目「客家新苗戲連連」，演出單位：國立臺灣戲曲學院客家戲學系）

---

50 鑑於電視臺掛名名單，未必反映完整的內部分工職司，業經請教節目後名單中該劇之主其事者（江彥琚老師），補入相關職司名單，特此說明。

51 鑑於電視臺掛名名單，未必反映完整的內部分工職司，業經請教節目後名單中該劇之主其事者（張宇喬老師），補入相關職司名單，特此說明。

梁阿才演唱，劉楨解說撰文，「十二月古人歌」歌詞，（資料來源：唱片初版編碼：T117）【十二月古人（上）】、【十二月古人（下）】，苗栗：美樂唱片「採茶小曲」，參考來源網址：http://music.ihakka.net/web/web_songs_view.aspx?id=106，檢索日期：2016.03.26。

曾先枝，《李阿三嫁阿姆》劇本。（榮興劇團提供，2001 年版，未出版）

＿＿＿＿，《婆媳風雲》劇本。（榮興劇團提供，未出版）

＿＿＿＿，《萬事由天》手稿筆記（部分）。（曾先枝提供，未出版）

曾先枝、榮興劇團編劇組，《春江花月夜》劇本。（參考資料搜尋網址：www.hakka.gov.tw/public/Data/77517231971.doc，檢索擷取日期：2015.09.13，未出版）

曾先枝編演，《喜脈風雲》影像（部分提供）。（榮興劇團提供，未出版）

湯玉蘭演唱，1963，「山珍海味」（HL-215）【山歌仔】，苗栗：美樂唱片（彭雙琳出品），參考來源網址：http://www.hakka.gov.tw/content.asp?CuItem=7442&mp=1925，檢索日期：2016.03.26。

賴碧霞演唱，1967，【十二月古人】，（唱片編碼：HL-371）苗栗：美樂唱片（彭雙琳出品），參考網址：http://web3.hakka.gov.tw/content.asp?CuItem=7479，檢索日期：2016.05.28。

三、訪談與其他

林曉英田野訪談（20150210，中壢，報導人：劉玉鶯女士）。

林曉英、陳怡如田野訪談（20150204，後龍，報導人：鄭榮興教授）。

林曉英、陳怡如田野訪談（20141011 以至 20151214 期間，埔心，報導人：曾先枝先生、賴海銀女士）。

林曉英田野訪談（20160505，木柵，報導人：鄭榮興教授）。

文化部文化資產局「文化資產個案導覽」，詞條「霓雲社三腳採茶戲」，參考來源網址：http://www.boch.gov.tw/boch/frontsite/training/reserverDetailAction.do?method=doViewReserverDetail&caseId=JI10201000425&version=1&preserverId=&menuId=603，檢索日期：2016.4.23。

論客家戲《霸王虞姬》之「三下鍋」腔調 [*]

施德玉

一、前言

　　我國戲曲劇種非常多樣而龐雜，目前學術界研究戲曲的類型有以體製劇種分類，有以聲腔劇種分類，其中聲腔是和語言及音樂有密切的關係。明清以來戲曲有崑山腔、高腔、梆子腔和皮黃腔的四大聲腔劇種，以及一些以地方戲腔調為主的劇種，而這些劇種大多以一種聲腔或腔調為代表，並且各有其特色。此為戲曲音樂重要的研究內容。而戲曲在長時間的發展期間，就音樂方面有許多不同變化的創意，除了在文武場增加變化之外，在演員的腔調上也有許多新的嘗試與設計。即使是傳統戲也試著加入不同方言所形成的音樂腔調，讓傳統戲曲多一些變化。

　　2013 年在臺北國家戲劇院演出的《霸王虞姬》是「榮興客家採茶劇團」為慶祝創團 25 週年所新編的客家大戲，戲中是以客家語言為主的演出，但是又加入了「京劇」與「歌仔戲」的說白、腔調、音樂和表演，所以是三劇種同台獻藝的創新設計，稱為「三下鍋」。這次三下鍋的《霸王虞姬》演出後，引起許多討論，尤其關於劇中腳色不同方言的說白和腔調，更是有不同面向的意

---

[*] 本文原刊登於《戲曲學報》，2016，14 期，頁 147-177。因收錄於本專書，略做增刪，謹此說明。作者施德玉現任國立成功大學藝術研究所特聘教授。

見與評論，這也為客家戲曲的演出形式，提供更多元面向的探索。

二、創作背景與故事主題

在探討客家戲《霸王虞姬》三下鍋的演出內容之前，應先了解這齣戲的創作背景、製作過程和主要演員的背景，以能深入的探析這三下鍋《霸王虞姬》設計的緣由與特色，而後才能對於此劇的創作手法與表演特色提出論述。

（一）堅強的創作和演出陣容

客家戲《霸王虞姬》是一齣結合傳統與現代演出風格的新編大戲，由中研院院士、世新大學中文系講座教授、臺大中文系名譽教授、著名戲曲研究者、編劇家曾永義老師編劇，其中歌仔調的臺語部分，由陳建星先生修辭。編腔分別由三位音樂專業創作者擔任，客家腔由臺灣戲曲學院前校長鄭榮興教授編腔；歌仔腔由歌仔戲音樂創作者劉文亮先生編腔；京劇皮黃腔由中國國家一級作曲家、北京京劇院腔調設計者朱紹玉擔任編腔。整體音樂設計由鄭榮興教授擔任。同時身為此劇製作人的鄭榮興教授，特別安排出生梨園世家的中國大陸一級演員、梅花獎得主陳霖蒼先生擔任該戲的導演。

劇中主要腳色，分別邀請京劇、歌仔戲和客家戲的專業演員擔綱演出，其中項羽由該劇導演陳霖蒼擔任，他目前是北京中國戲曲學院表演系教授，曾在《夏王悲歌》和《駱駝祥子》裡的表演在 1995 年（第 12 屆）和 1999 年（第 16 屆），得到中國戲劇梅花獎。飾演虞姬的江彥瑮原是學京劇出身，後來加入榮興客家採茶劇團擔任臺柱演員，其扮相俊秀，嗓音甜美，戲路寬廣，表演準確，能著眼於細微之處並自成一格，極具舞臺感染力，有採茶戲劉三姐之美稱。[1] 最特別的設計是邀請臺北市傳統藝術藝師、臺北市文化資產歌仔戲保存者，更是歌仔戲全才的小咪，以說書人的腳色，飾演烏江亭長，以閩南語說白，

並唱歌仔調，貫串全劇的首尾。這三位主要腳色，在劇中都有重要的戲分，並且分別以三種語言、腔調進行演出。

客家戲《霸王虞姬》從編劇到編腔到音樂創作到演出人員，都是文學、戲曲、客家戲、京劇和歌仔戲極具知名度的重要人物，也都是當今在創作和展演方面極有功力的學者和專家，可謂編、導、演和製作方面都陣容堅強。

（二）劇本創作歷程與旨趣思想

戲曲中有許多劇種都有「楚漢相爭」敘述項羽和劉邦爭天下的歷史故事，而不同的劇種中，又有從不同角度展現同一主題的劇目。曾永義老師編撰此劇是以項羽為核心，歷史政治為背景，將虞姬和項羽妝點成他心目中「英雄美人」的樣子，甚至於讓他們烏江同殉，因此名為《霸王虞姬》，而非《霸王別姬》。[2] 從平日餐敘中，曾老師興致來時總會吟唱一曲【垓下悲歌】，唱出項羽「霸業縱然歸寂滅，誰人到此不悲歌」的心聲，道盡今人「一說垓下淚珠多，萬古傷心可奈何」的無奈，可見曾永義老師對於《霸王虞姬》的主題是非常喜愛的。

這齣戲的劇本曾歷經多劇種和不同表演形式的改編。曾老師最早於 1986 年編撰《霸王虞姬》歌劇的劇本，由馬水龍教授作曲，原本規畫是歌劇的演出形式，但是馬水龍教授取其二分之一的內容，以清唱劇的形式進行作曲，於 1997 年在基隆文化中心「亞洲藝術節」演出。2009 年又為了陳霖蒼先生量身訂製編劇，而以歌劇《霸王虞姬》劇本為基礎，依照京劇體製規律修改成京劇劇本，但是仍然沒有演出。直至 2012 年才又以京劇的版本，調整為客家戲《霸

---

1 2013 年 11 月 8 日到 11 日在國家戲劇院演出《霸王虞姬》節目單。頁 23。
2 2013 年 11 月 8 日到 11 日在國家戲劇院演出《霸王虞姬》節目單。頁 9。

王虞姬》的劇本。這中間歷經了 26 年，同一主題的劇本，表演形式由歌劇而清唱劇而京劇而客家戲。

　　曾永義老師在國家戲劇院演出《霸王虞姬》節目單中「成敗有英雄、誰是真英雄——我編撰《霸王虞姬》三上鍋」一文中說明：「為了編撰《霸王虞姬》，我首先做了些學術功夫，考索史事之外，還探討歷代史家如何論劉、項，詩人如何詠劉、項，戲曲如何演劉、項。」[3] 他認為歷史劇雖然在故事發展上，可以進行部分改編或渲染情節，但是現在民智大開，不像往昔之閉塞，過分扭曲和改變歷史情結和人物形象，必造成讀者和觀眾很大的衝擊和排斥。因此劇中對於歷史事件和人物作適度的剪裁布置和渲染襯托，從而發揮所要表達的旨趣和寄託的思想。[4] 這是他從歷代史家、詩人和各劇種的戲曲中考察劉邦、項羽，進而編撰《霸王虞姬》的觀點。

　　曾老師編此劇時，引用吳汝煜《史記論稿·論項羽》對項羽的結論，認同項羽是憨直剛猛的英雄，雖有過暴行，卻沒有忘記人民。又在史學家的眼中，項羽嗜殺成性，而詩人卻讚揚他，雖然戰敗，但是到最後一刻仍不改英雄本色。因此，他在【幕前曲】寫下「英雄有成敗，誰是真英雄」和「今日重展楚漢史，頓覺榮辱轉頭空」的唱詞。曾老師也把項羽和虞姬塑造成英雄、美人，安排兩人在烏江同殉，因此劇名使用《霸王虞姬》，而不是使用京劇的《霸王別姬》。

　　由於《霸王虞姬》曾經是為了陳霖蒼先生量身創作的京劇劇本，那麼楚霸王項羽一定是由他擔綱演出，但是這次又將京劇劇本改編成客家戲，編劇曾永義老師便和製作人鄭榮興教授商量，此劇在音樂上不得不用「兩下鍋」，而曾老師更建議：「與其兩下鍋，不如三下鍋更來的驚世駭俗」，這在臺灣戲曲界

---

3 2013 年 11 月 8 日到 11 日在國家戲劇院演出《霸王虞姬》節目單。頁 6。
4 2013 年 11 月 8 日到 11 日在國家戲劇院演出《霸王虞姬》節目單。頁 9。

還算是首次的三下鍋表演，曾老師認為除了別出心裁，還有實驗之意。於是這部客家戲便結合京劇和歌仔戲的語言和腔調同台演出，鄭榮興教授說明這也顯示臺灣的族群融合。

三、「兩下鍋」、「三下鍋」的分野基準

臺灣是多元文化的社會，所屬族群使用的語言主要有：原住民語言、客家語、閩南語（臺語）和北京語（國語），因此在臺灣都有特定的民眾分別使用這些語言進行溝通。自然不同語言的文化也在臺灣特定地區或是特定族群中發展，例如表演藝術中的歌謠、戲曲，因地、因人都有使用不同的語言進行表演的情形。就臺灣常見的戲曲劇種而言，基本上歌仔戲是以閩南語演出、京劇是以湖廣結合北京方言演出、豫劇是以河南方言演出，而客家戲則是以客家語演出。這些劇種都有特定的觀眾群，也有一些民眾喜愛欣賞多種劇種。

在戲曲的發展過程中，為適應當地民眾的理解與欣賞內涵，大多戲曲劇種是以一種方言，一種腔調進行展演，以達到吸引觀眾的目的。但是戲曲在流播的過程中會汲取不同腔調的養分，而產生質變，讓該劇種有更多的變化，例如川劇，雖然是以高腔為主，但是有些劇目則有崑腔、胡琴腔、亂彈腔和燈戲腔等，這就是多腔調劇種。雖然川劇是多腔調劇種，但是這些腔調大都是使用於不同的劇目中，也就是一齣戲一個排場僅使用一種腔調演出，不同的戲才使用不同的腔調演唱，嚴格的說這些不同的腔調也是分開使用。

又雲南的滇劇也是多腔調劇種，主要有三種腔調：絲弦腔、襄陽腔和胡琴腔，此外還有一些雜腔雜調。[5] 其中絲弦腔近於秦聲，乾隆時伊齡阿關於禁

---

5 金重主編《中國戲曲志・雲南卷》中國 ISBN 中心出版，1994 年。頁 57。

戲的奏摺中，提到秦腔已經流傳雲南，並且乾隆時雲南石屏人張月槎（1680-1759）在《劉硯堂詩集》中提及滇劇唱絲弦腔，已被張月槎稱為滇曲，可見乾隆時期秦聲已經滇化了；滇劇中的襄陽腔源於楚腔，清末又吸收西皮，與皮黃非常接近；胡琴腔又名二黃腔，滇劇中的胡琴腔主要源於徽調，又融合諸種二黃聲腔，逐步形成滇劇中的胡琴腔。[6] 張銘齋《咸同變亂經歷記》記載：他親自在杜文秀帥府串演並看了三齣戲，這三齣戲在現在的滇劇中《取高平》唱「絲弦」；《絕纓會》唱「襄陽」；《二進宮》唱「胡琴」。[7] 可見咸豐、同治時期，杜文秀帥府的一次演戲活動，記錄了三種腔調同台演出的情形，但是這也和川劇相似，呈現了不同戲使用不同的腔調，而非一齣戲使用多種腔調。

而京劇則是「西皮」和「二黃」兩種腔調使用於同一齣戲、同一排場、同一情節中，為因應情節需求，演員有時唱西皮的曲調，有時唱二黃的曲調，因此稱為皮黃腔，基本上這才是二種腔調進一步融合的劇種。

戲曲在不同時期的發展中，在語言和腔調的應用上也有許多變化的情形，例如潮劇《辭郎洲》在 1969 年雛鳳鳴劇團取材而編成同名粵劇，演出的宣傳單寫著「潮劇原創，粵劇繼承」，當時是粵潮兩組演員同台演出，前半場唱粵調，下半場又潮又粵，很特別的「粵班潮劇」搭配，同時也以兩劇種的鑼鼓進行伴奏，稱為「兩下鍋」。[8] 這是不同劇團以不同的方言和音樂腔調演出同一齣戲的例證。

又北京京劇院與廣東漢劇院於 2002 年在香港文化中心大劇院，公演的《蝴

---

6 金重主編《中國戲曲志・雲南卷》中國 ISBN 中心出版，1994 年。頁 58。

7 金重主編《中國戲曲志・雲南卷》中國 ISBN 中心出版，1994 年。頁 59。

8 張敏慧 〈一台風景〉，網址：https://www1.hkej.com/dailynews/culture/article/1234250/%E5%85%A9%E4%B8%8B%E9%8D%8B+%E9%84%89%E5%9C%9F%E6%83%85, 瀏覽日期：2016.2.23。

蝶夢》是京劇、漢劇「兩下鍋」的演出。[9]北京和廣東以地域而言，距離更遠，方言差距更大，而演員也能運用不同的語言、不同的音樂同演一齣戲。探其原因，戲曲是有很強的生命力的，在其流播的過程中，許多劇種是能夠汲取彼此的養分而逐漸壯大，京劇、漢劇這二劇種是有血脈關係，所以能夠融合。[10]

　　基於以上觀點，我們可以說「兩下鍋」是指兩個劇種同台演出，而劇目、表演各自保持原狀不相混合；或者是同一個劇目裡使用兩種不同劇種的音樂腔調。那麼「三下鍋」要能夠融合的順遂又互補有無，就更複雜或更加困難了。

　　蔡振家〈亂彈、採茶兩下鍋的傳統料理：榮興劇團《喜脈風雲》的音樂設計〉：

> 把戲曲腔調比擬為一盤牛肉，或許是將問題太過簡化了，因為除了作為全劇重心的長篇唱段之外，短小唱段的導引、穿插，更必須達到襯托角色、調劑耳目等功能，在戲中的重要性亦不可輕忽。有趣的是，在各劇種的發展過程中，常會有「兩下鍋」、「三下鍋」等混合多種聲腔的情形，各曲調依其風格、特性，負載著不同的戲劇功能。來自不同語言、不同地區的聲腔，在長久的共生發展之後，居然能夠互補短處、合流為一，這樣的劇種誕生與成長，不能不說是戲曲史上最美妙的事件之一。[11]

---

9 香港新聞公報報導，網址：http://www.info.gov.hk/gia/general/200204/17/0417087.htm
10 京劇、漢劇二劇種的血脈關係並非本文探究主題，另文探討。
11 蔡振家〈亂彈、採茶兩下鍋的傳統料理：榮興劇團《喜脈風雲》的音樂設計〉，
　《戲劇學刊》2 期（2005），資料來源：http://homepage.ntu.edu.tw/~tsaichengia/pub/mixed.html，瀏覽日期：2016.2.23。

姑且不論他文中所言不同地區的不同「聲腔」或是「腔調」結合演出等，名詞的應用是否合適，重要的是他認為只要是不同語言不同音樂風格能結合演出，就是很特別的設計，尤其安排得巧妙，往往能達到意想不到的效果。

在 2013 年「榮興客家採茶劇團」推出的新編戲《霸王虞姬》節目單中，曾永義老師文章〈成敗有英雄 誰是真英雄：我編撰《霸王虞姬》「三上鍋」〉中寫道：

> 就方今尚存之地方戲曲劇種而言，用「三下鍋」者，我至今可以舉出十九種；而用四種腔調以上者，更起碼有三十四種之多。雖然腔調各有屬性，同台並奏，如西皮、二黃之自然伴合者，爲數不多；則其艱難可想。[12]

從曾老師所統計這些地方戲曲劇種，所使用「三下鍋」和「四下鍋」的數量而言，不算少數，也就是有許多地方戲曲劇種，也都分別設計使用多腔調或者多種語言同演一齣戲，但是曾老師認為，深度伴合的作品並不多。當然不成功的因素非常多，筆者認為，成功的「兩下鍋」或「三下鍋」，最主要的原因是所使用不同劇種的音樂在音樂語法上必須要能夠融合或互補有無，才能在腔調或聲腔曲調上取得協調和襯托情節的功能，達到協調順暢不突兀的效果。

又蔡振家〈亂彈、採茶兩下鍋的傳統料理：榮興劇團《喜脈風雲》的音樂設計〉：

---

12 曾永義老師〈成敗有英雄 誰是真英雄：我編撰《霸王虞姬》「三上鍋」〉。見「榮興客家採茶劇團」《霸王虞姬》節目單（2013）。頁 10。

　　本文所要談的客家大戲《喜脈風雲》，就是一個「亂彈、採茶兩下鍋」的混合料理。亂彈，指的是清初從福建、廣東傳入臺灣的花部戲曲，也有人稱爲北管。採茶，泛指九腔十八調與【山歌子】、【平板】等，源於客家三腳採茶戲與改良戲的曲調。[13]

　　蔡振家所述，客家大戲是亂彈戲的腔調加上採茶戲的腔調，已經是「兩下鍋」的音樂設計，筆者觀察榮興客家採茶劇團多年來所推出的客家大戲，如：《姻緣疒錯》、《大宰門》、《羅芳伯傳奇》、《楊家心臼》和《金孫緣》等，腔調曲調的設計，都應用了採茶、山歌、小調和亂彈戲的腔調，在音樂方面已經融合了多種腔調的同台表現。臺灣多年傳承的客家八音和客家採茶調，都有共同的地緣性和屬性，也有共同的方言腔調，所以結合演唱，能自然俟合，但是亂彈戲是以官話演唱，這中間就需要音樂和語言配搭的轉換技巧。經過長時間的交融，我們幾乎已經將客家大戲中有亂彈腔，視爲理所當然的發展趨勢。

　　如果誠如曾老師所言，京劇的西皮和二黃二聲腔的結合，已經是「兩下鍋」；蔡振家所述榮興劇團《喜脈風雲》的音樂設計是「兩下鍋」，那麼「榮興客家採茶劇團」2013年推出的新編戲《霸王虞姬》，腔調有採茶、客家山歌、小調、亂彈戲腔調、歌仔戲腔調和西皮腔、二黃腔，這何止「三下鍋」，可說是「多下鍋」了。因此目前學術界對於「兩下鍋」、「三下鍋」都有不同的認知和分類基準。至於「榮興客家採茶劇團」2013年推出的新編戲《霸王虞姬》，編劇曾永義老師稱此劇爲「三下鍋」，明顯的是以方言爲基礎，劇中使用歌仔戲、客家戲和京劇等三種語言，而音樂部分則以這些劇種的傳統腔調爲主，有

---

13 蔡振家〈亂彈、採茶兩下鍋的傳統料理：榮興劇團《喜脈風雲》的音樂設計〉，《戲劇學刊》2 期（2005），資料來源：http://homepage.ntu.edu.tw/~tsaichengia/pub/mixed.html，瀏覽日期：2016.2.23。

歌仔戲腔、客家戲腔和京劇腔,因此稱為「三下鍋」。

四、多腔調的音樂設計

　　「榮興客家採茶劇團」演出的新編戲《霸王虞姬》,由於故事情節有說書人在每一幕開始前,以第三人稱為觀眾講解內容,因此觀眾在清楚劇情的發展當下,演員就可以運用大段的唱腔,表達劇中人物的性格與情節中的心境,呈現戲曲幽微細膩的藝術表現。這些能呈現故事張力的大量唱腔,都是由演員以其各自熟悉的語言唱出其心聲,因此這是一齣大量運用唱曲音樂的客家大戲。

　　筆者統計,全劇使用了 91 個唱曲,其中「幕前曲」有 9 首,第一幕「鴻門宴」有 13 首,第二幕「分我一杯羹」有 12 首,第三幕「十面埋伏」有 16 首,第四幕「四面楚歌」有 20 首,第五幕「烏江同殉」有 21 首,見表 1。[14] 其中緊張氛圍的第四幕和無奈感人的第五幕唱曲最多,可見劇作家曾永義老師和音樂設計鄭榮興教授都規劃設計以歌樂呈現劇情和劇中人物的情感。

---

14 表 1 是以客家戲《霸王虞姬》曲譜的分類進行數量的統計。有關語言是以客家戲語、歌仔戲語和京劇語紀錄,因為京劇並非僅有北京方言,也涵容有湖廣音,很難以一個地名記錄,因此選用劇種名稱紀錄語言應該比較合適。

表 1：客家戲《霸王虞姬》不同語言唱曲內容和數量表

幕次名稱	每幕曲譜分類	數量 / 唱曲 / 板式	演唱者	語言
幕前曲 9 曲 閩：2 曲 京：0 曲 客：7 曲	幕前曲一	1. 吟唱 2. 老山歌	眾小孩幕後朗讀 男 1 幕後唱 女 1 幕後唱	客家戲語 客家戲語 客家戲語
	幕前曲二	1. 山歌什唸仔 2. 破窯詞	眾男女幕後唱 說書人	客家戲語 歌仔戲語
	幕前曲三	1. 破窯詞	說書人	歌仔戲語
	幕前曲四	1. 老腔山歌 2. 山歌搖板 3. 山歌什唸仔	陳勝 項羽 劉邦	客家戲語 客家戲語 客家戲語
	幕前曲五	1. 風雲會	眾人唱	客家戲語
壹、鴻門宴 13 曲 閩：3 曲 京：3 曲 客：7 曲	鴻門宴一	1. 雜念調 2. 雜念調 3. 七字調	說書人 說書人 說書人	歌仔戲語 歌仔戲語 歌仔戲語
	鴻門宴二	1. 下南山歌	劉邦	客家戲語
	鴻門宴三	1. 平板什唸仔 2. 西皮搖板	劉邦 項羽	客家戲語 京劇語
	鴻門宴四	1. 流水 2. 散板 3. 平板	項羽 項羽 虞姬	京劇語 京劇語 客家戲語
	鴻門宴五	1. 汕頭山歌	劉邦	客家戲語
	鴻門宴六	1. 項莊舞劍一 2. 項莊舞劍二 3. 屠咸陽	眾人唱 眾人唱 眾人唱	客家戲語 客家戲語 客家戲語
貳、分我一杯羹 12 曲 閩：2 曲 京：0 曲 客：10 曲	分我一杯羹一	1. 都馬調 2. 彰化背	說書人 說書人	歌仔戲語 歌仔戲語
	分我一杯羹二	1. 老腔平板 2. 平板什唸仔 3. 老腔平板	虞姬 虞姬 虞姬	客家戲語 客家戲語 客家戲語
	分我一杯羹三	1. 緊西皮 2. 緊下南山歌	劉邦 太公	客家戲語 客家戲語
	分我一杯羹四	1. 山歌搖板 2. 山歌什唸	呂雉 呂雉	客家戲語 客家戲語
	分我一杯羹五	1. 緊十二月採茶 2. 緊十二月採茶	眾人唱 眾人唱	客家戲語 客家戲語
	分我一杯羹六	1. 護虹霓	眾人唱	客家戲語

表 1：客家戲《霸王虞姬》不同語言唱曲內容和數量表（續）

幕次名稱	每幕曲譜分類	數量／唱曲／板式	演唱者	語言
參、十面埋伏 16 曲 閩：1 曲 京：3 曲 客：12 曲	十面埋伏一	1. 將水	說書人	歌仔戲語
	十面埋伏二	1. 西皮導板	項羽	京劇語
		2. 西皮搖板	項羽	京劇語
	十面埋伏三	1. 西路緊板	眾人唱	客家戲語
		2. 散平板	虞姬	客家戲語
	十面埋伏四	1. 西皮散板	項羽	京劇語
		2. 福路半彩	韓信	客家戲語
		3. 福路緊板	韓信	客家戲語
	十面埋伏五	1. 福路緊板	英布	客家戲語
		2. 撲燈蛾	樊噲（唸唱）	客家戲語
		3. 撲燈蛾	彭越（唸唱）	客家戲語
		4. 福路半彩	劉邦	客家戲語
		5. 緊十二丈	劉邦、呂雉	客家戲語
		6. 平板疊	劉邦、呂雉輪唱	客家戲語
	十面埋伏六	1. 緊中慢	虞姬	客家戲語
		2. 垓下悲歌	幕後眾女唱	客家戲語
肆、四面楚歌 20 曲 閩：2 曲 京：3 曲 客：15 曲	四面楚歌一	1. 五更歌	幕後眾女唱	歌仔戲語
		2. 五更歌	眾宮女唱	歌仔戲語
	四面楚歌二	1. 虞姬嘆	虞姬	客家戲語
		2. 散平板	虞姬	客家戲語
	四面楚歌三	1. 平板	虞姬	客家戲語
		2. 平板什唸	虞姬	客家戲語
	四面楚歌四	1. 平板	虞姬	客家戲語
		2. 二黃散板	項羽	京劇語
	四面楚歌五	1. 平板	虞姬	客家戲語
		2. 二黃原板	項羽	京劇語
		3. 平板	虞姬	客家戲語
	四面楚歌六	1. 二黃原板	項羽	京劇語
		2. 山歌	幕後眾男唱	客家戲語
		3. 山歌什唸仔	幕後眾男唱	客家戲語
	四面楚歌七	1. 想郎君	虞姬	客家戲語
	四面楚歌八	1. 四季春	虞姬	客家戲語
		2. 四季春	眾女唱	客家戲語
	四面楚歌九	1. 四季春	虞姬	客家戲語
		2. 繡幅欄杆	眾女唱	客家戲語
		3. 奮力衝	眾男女唱	客家戲語

表 1：客家戲《霸王虞姬》不同語言唱曲內容和數量表（續）

幕次名稱	每幕曲譜分類	數量 / 唱曲 / 板式	演唱者	語言
伍、烏江同殉 21曲 閩：5曲 京：5曲 客：11曲	烏江同殉一	1. 風蕭蕭	說書人	歌仔戲語
		2. 霜雪調	說書人	歌仔戲語
		3. 留書調	說書人	歌仔戲語
	烏江同殉二	1. 高撥子導板	項羽	京劇語
		2. 高撥子	項羽	京劇語
		3. 反二黃緊板	虞姬	客家戲語
	烏江同殉三	1. 高撥子	項羽	京劇語
		2. 反二黃緊板	虞姬	客家戲語
	烏江同殉四	1. 曲池	船夫(說書人)	歌仔戲語
		2. 批	項羽	京劇語
	烏江同殉五	1. 山歌搖板	虞姬	客家戲語
		2. 悲歌	項羽	京劇語
		3. 何聊生	虞姬	客家戲語
		4. 散平板	虞姬	客家戲語
	烏江同殉六	1. 平板	虞姬	客家戲語
		2. 山歌	幕後男一人清唱	客家戲語
		3. 老山歌	幕後男一人清唱	客家戲語
		4. 山歌什唸	劉邦	客家戲語
	烏江同殉七	1. 山歌	眾男女唱	客家戲語
	烏江同殉八	1. 都馬調	說書人	歌仔戲語
	烏江同殉九	2. 吟唱	眾小孩幕後朗讀	客家戲語

製表者：施德玉

（一）客家戲曲調之應用

臺灣的客家戲已經從早期的客家三腳採茶戲發展為客家大戲，所使用的音樂腔調有四個體系，一個體系是應用【採茶】、【老時採茶】、【新時採茶】到【老腔平板】的音樂，而後發展到【平板】的音樂，已經趨於板式化了；第二個體系是【老腔山歌】、【老山歌】、【山歌仔】；第三個體系是客家民歌小調；而在逐漸成熟的精緻大戲中，為因應情節需求也融入第四個體系的亂彈

戲腔調。其中前三者都是以客家方言演唱的腔調，但是亂彈戲則是以地方官話演唱，要使用其曲調轉化成客家語言演唱，是需要一些編腔的技巧，才能使亂彈腔調完全融入客家戲中，直至目前為止，客家大戲中還有許多使用亂彈腔唱的唱詞，因為很難轉成客語演唱，因此仍然使用官話唱。[15]

　　戲曲腔調和伴奏樂器有緊密的關係，臺灣客家戲各腔系伴奏樂器和定弦的情形分述如下，【採茶】腔系統的音樂，主奏樂器原先是使用 Sol Re 定弦，近年來有時改為 La Mi 定弦，一般是依照採茶曲調風格之改變，而選擇定弦的應用。【山歌】腔系統的主奏樂器殼仔弦，是使用 La Mi 定弦。民歌小調音樂原使用胖胡伴奏，可以 Re La 定弦，也可以 Mi La 定弦，但是近年來也已經使用殼仔弦伴奏。而亂彈戲的主奏樂器原為吊規仔，在臺灣亂彈戲的【福路腔】使用殼仔弦主奏，Sol Re 定弦，【西皮腔】經常使用京胡主奏，La Mi 定弦。[16] 而這些來自於不同系統的腔調，和所使用的不同主奏樂器，雖然定弦不同，但是經過音樂設計，目前都能融合於客家大戲之中。

　　鄭榮興教授《論三腳採茶十大齣》提到一個很重要的觀念，就是客家民謠九腔十八調，相當多的曲調是出自於「三腳採茶」的戲曲部分，也因為戲曲的流行，才廣為人知，並非是純然的民間俗謠。例如：【平板】、【陳仕雲調】、【十送金釵調】、【勸郎怪姐調】等這類屬於小調（或近似於小調）的出現與流行，都與三腳採茶戲有關。[17] 所以許多客家民謠與客家三腳採茶戲有極為緊密的關係，而發展至今的客家大戲中，以客家山歌與民謠小調為基本的腔調曲調，是

---

15 筆者訪談《霸王虞姬》音樂設計鄭榮興教授。訪談地點：臺灣戲曲學院內湖校區。訪談日期：2016.2.25。

16 筆者訪談《霸王虞姬》音樂設計鄭榮興教授。訪談地點：臺灣戲曲學院內湖校區。訪談日期：2016.2.25。

17 鄭榮興《論三腳採茶十大齣》收錄於《兩岸客家表演藝術研討會論文集》，苗栗縣文化局出版（2001）。頁 295。

極為自然的現發展現象。而更加入了長時間在客家地區流行的客家八音，亂彈戲的腔調曲調，使客家大戲音樂內容更豐富，更具有藝術性。

黃新穎《臺灣客家戲劇現況之研究》第四章〈臺灣客家戲劇的危機與展望〉中提及：

> 野台客家戲於日戲要演「正戲」；夜戲演出的採茶戲雜入歌仔調、
> 國、臺語流行歌、日本演歌等；武打場面、身段、服裝又有太多京
> 劇的影子，沒能表現出客家戲劇本身的傳統與腔調之特色。[18]

從黃新穎的田野調查中了解，客家戲的夜戲中為了因應觀眾的需求，已經加入了歌仔戲曲調，和國語臺語日語的音樂唱曲。只是無法確定是同一齣戲，同一排場運用這四種語言演唱，還是分別在不同戲碼中，使用這些不同語言的腔調。也無法判斷運用這四種語言演出的客家戲，是拼貼的表現手法，還是融入式的四下鍋創意表現。但是可以確定的是，民間劇團已經自發地加入了不同語言的曲調，以增加戲曲演出中音樂的變化性。

新編戲《霸王虞姬》雖然是以客家戲語、歌仔戲語和京劇語同台演出，腔調包含客家腔、歌仔調和皮黃腔，但是該劇全劇的情節，以第一人稱演出的演員，主要是使用客家戲語、客家戲腔，加入京劇語皮黃腔的演出，但是其中也有規劃整幕戲僅使用客家戲語和客家戲腔的部分，就無所謂兩下鍋了。例如第二幕「分我一杯羹」，除了開場前說書人以閩南語交代劇情，唱了【都馬調】、【彰化背】二曲，和幕後項羽的一句旁白「劉邦，俺要烹爾父滅爾嬌妻」是使

---

18 黃新穎《臺灣客家戲劇現況之研究》，輔仁大學中文研究所碩士論文（1997）。頁268。

用京劇語之外，其他整幕戲的說白和腔調都是使用客家戲語、客家戲腔演出。劇中有虞姬、劉邦、太公、呂雉和群眾都是使用客家戲語唱客家戲腔，這是《霸王虞姬》中唯一一幕戲沒有使用「兩下鍋」的情形。如表 2。

表 2：第二幕「分我一杯羹」腔調表

幕次名稱	曲譜分類	數量 / 唱曲 / 板式	演唱者	語言
貳、分我一杯羹 12 曲 閩：2 曲 京：0 曲 客：10 曲	分我一杯羹一	1. 都馬調	說書人	歌仔戲語
		2. 彰化背	說書人	歌仔戲語
	分我一杯羹二	1. 老腔平板	虞姬	客家戲語
		2. 平板什唸仔	虞姬	客家戲語
		3. 老腔平板	虞姬	客家戲語
	分我一杯羹三	1. 緊西皮	劉邦	客家戲語
		2. 緊下南山歌	太公	客家戲語
	分我一杯羹四	1. 山歌搖板	呂雉	客家戲語
		2. 山歌什唸	呂雉	客家戲語
	分我一杯羹五	1. 緊十二月採茶	眾人唱	客家戲語
		2. 緊十二月採茶	眾人唱	客家戲語
	分我一杯羹六	1. 護虹霓	眾人唱	客家戲語

製表者：施德玉

在該劇第二幕「分我一杯羹」中，使用客家戲的腔調音樂有採茶系統的【緊十二月採茶】、【老腔平板】、【平板什唸仔】，山歌系統的【緊下南山歌】、【山歌搖板】、【山歌什唸】、民歌小調【護虹霓】和亂彈戲音樂的【緊西皮】等八種曲調。並且有些曲調已經因應情節的需求，進入更複雜的板式變化了，雖然使用了四種不同系統的腔調，但是在以語言為分類基準的情形之下，本文也不稱之為四下鍋，而是一種腔調。

　　該劇在多樣系統腔調音樂的應用，選擇符合情節風格的腔調曲調設計，呈現非常細膩的音樂表現，讓腔調能展現詞情與聲情的緊密結合，這不僅使該劇腔調更具有變化和藝術性，進而能透過多層次效果展現情節張力。

（二）歌仔調的應用

　　《霸王虞姬》在每一幕之前，由閩南語的歌仔調唱出故事的發展，筆者整理出幕前曲、每一幕開始前、第五幕中和結尾，所使用的歌仔曲調，共 15 曲，如表 3。

表 3：客家戲《霸王虞姬》歌仔調唱曲表

幕次名稱	每幕曲譜分類	數量 / 唱曲 / 板式	演唱者	語言
幕前曲 2 曲	幕前曲二	1. 破窯詞	說書人	歌仔戲語
	幕前曲三	2. 破窯詞	說書人	歌仔戲語
壹、鴻門宴 3 曲	鴻門宴一	1. 雜念調	說書人	歌仔戲語
		2. 雜念調	說書人	歌仔戲語
		3. 七字調	說書人	歌仔戲語
貳、分我一杯羹 2 曲	分我一杯羹一	1. 都馬調	說書人	歌仔戲語
		2. 彰化背	說書人	歌仔戲語
參、十面埋伏 1 曲	十面埋伏一	1. 將水	說書人	歌仔戲語
肆、四面楚歌 2 曲	四面楚歌一	1. 五更歌	幕後眾女唱	歌仔戲語
		2. 五更歌	眾宮女唱	歌仔戲語
伍、烏江同殉 5 曲	烏江同殉一	1. 風蕭蕭	說書人	歌仔戲語
		2. 霜雪調	說書人	歌仔戲語
		3. 留書調	說書人	歌仔戲語
	烏江同殉四	1. 曲池	船夫	歌仔戲語
	烏江同殉八	1. 都馬調	說書人	歌仔戲語

製表者：施德玉

　　客家戲《霸王虞姬》中，使用歌仔戲唱曲共 15 首，除了【七字調】、【都馬調】、【雜念調】之外，還有【破窯詞】、【彰化背】、【將水】、【五更歌】、【風蕭蕭】、【霜雪調】、【留書調】和【曲池】等 8 種曲調，大多是感傷的音樂氛圍。由於此劇中歌仔調大多應用於每幕之前，以說書人的身分敘述故事背景或情節，除了第五幕中【曲池】一曲是用於演員對話表演中，其他歌仔調和劇中人物幾乎沒有交集，所以是獨立的展現，因此在音樂設計的三下鍋中，歌仔戲曲調與其他腔調的銜接，比較沒有是否融合的問題。

　　客家戲《霸王虞姬》在國家戲劇院演出當天，小咪飾演烏江亭長的表現非常好，所以獲得滿堂彩。在劇本設計之初，考量臺灣閩南人比較多，為了推行客家大戲到閩南語系的族群，而設計使用閩南語說故事貫穿全劇。[19] 但是筆者認為客家戲，是否說書人以客家方言來說故事會比較有同系統的統一性，這是值得討論的問題。

五、「兩下鍋」音樂設計

　　「榮興客家採茶劇團」2013 年推出的新編戲《霸王虞姬》是以客家戲語、歌仔戲語和京劇語同台演出，腔調包含客家腔、歌仔調和皮黃腔，這種戲曲音樂的設計和規劃，稱為「三下鍋」。就該劇的語言和腔調而言，由於是客家大戲，因此全劇主要是以客語說白和演唱。只有二個腳色人物出場是使用歌仔戲的閩南語和京劇語，其一是由歌仔戲演員小咪所扮飾說書人身分的烏江亭長，使用閩南語說白和唱歌仔調；其二是由京劇演員陳霖蒼扮飾的項羽唱皮黃腔。三下鍋的安排可說是因參與演出的演員專長而量身設計的，並非因為劇情內容

---

19 筆者訪談《霸王虞姬》音樂設計鄭榮興教授。訪談地點：臺灣戲曲學院內湖校區。
　　訪談日期：2016.2.25。

的需求而特別規劃的。

　　客家戲《霸王虞姬》是以三種語言和腔調同台演出，整體而言是「三下鍋」的特殊設計，但是基本上該劇是使用客家戲語言和客家腔調貫串全劇，而歌仔戲語的歌仔調和京劇語的皮黃腔，則是穿插運用。其中歌仔戲的閩南語和歌仔調幾乎僅使用於每一幕的開頭和全劇結束前的收尾部分，是以第三人稱說書人的身分，敘述故事的內容和發展情節。嚴格的說，該劇中歌仔戲語和歌仔調應該是獨立表現的設計。

　　全劇的音樂安排，僅有第五幕〈烏江同殉〉中，小咪飾演船夫，扮飾劇中人物，唱一曲歌仔調【曲池】並以閩南語勸項羽和虞姬搭船往江東，將來可以捲土重來的說白。這是此劇中，小咪唯一以第一人稱在劇中唱歌仔調和說閩南語，和劇中人物對話的情節，因此可以說該劇除了第五幕〈烏江同殉〉中有「三下鍋」的腔調設計，其它每幕的演出中，音樂腔調大多是安排客家調與皮黃腔同台演出的「兩下鍋」。

　　《霸王虞姬》音樂大部分是使用客家戲和京劇二劇種音樂交織的設計，其中客家戲語和京劇語直接對話，或客家腔和皮黃腔接著對唱，就是緊密「兩下鍋」的設計規劃。就音樂而言，如果劇中二個腳色不同方言不同腔調直接的對唱，中間沒有說白，則這二曲音樂的融合度、互補性就很重要了。例如第一幕〈鴻門宴〉由陳霖蒼扮飾的項羽，唱皮黃腔的【西皮搖板】、【西皮流水】、【西皮散板】，尤其是【西皮流水】以快速度唱出項羽的兵力強大，聲勢浩浩，但是劉邦卻先入關中稱王，使他非常氣憤，要向劉邦宣戰的情節。而後江彥瑮飾演的虞姬以客家戲語口白「大王呀」三個字，緊接著便由虞姬接唱客家腔【平板】，勸項羽息怒，不宜爭鬥，否則天下百姓定遭殃。這樣二人同台對演的情節，分別使用不同的語言，唱不同的腔調，因此稱為「兩下鍋」。

　　就此段「兩下鍋」的戲曲表現和音樂設計，筆者提出幾點可以討論的看法：

首先，項羽和虞姬是家喻戶曉的人物，而他們所處的時空和當時所發生的政治事件，使他們有更緊密的情感，尤其是彼此細膩的關懷和深情，在劇中不時的呈現，應該是要令人動容的。但是此劇因為演員的背景和劇種專業不同，讓項羽說京劇語，虞姬講客家話，在對話中自然就呈現隔閡不親暱的情境，因此很難讓觀眾融入他二人的款款深情。還好，扮飾項羽的陳霖蒼形象和聲音都霸氣十足，演活了項羽的剛毅性格；而飾演虞姬的江彥瑮，扮相和聲情都柔美似水，透過他二人的表現，還能展現強烈的對比，和詞情中親暱的氛圍。

其次，就音樂的設計，第一幕〈鴻門宴〉項羽唱皮黃腔的【西皮搖板】、【西皮流水】、【西皮散板】，使用京劇的【西皮】曲調，讓項羽流暢的敘述他的心聲，而後音樂一轉，虞姬直接唱客家腔【平板】，呈現她對項羽的關懷、細膩的心思和善良的性格，都是非常適切的規劃。因為板腔體的音樂曲段，本身性格不明顯，可以彈性的應用，並且京劇的【西皮】曲調也適合敘述的表現，項羽的唱詞「子弟兵三千人如虎似狼」，使用【西皮搖板】緊拉慢唱，呈現張力；緊接著大段敘述唱詞以【西皮流水】流暢展現；最後用【西皮散板】唱出「且看我雷霆萬鈞何處藏」，自由的節奏道盡了項羽的怒氣。此時緊接著四小節的【平板】過門，音樂風格就立刻改變了，可以感受到從大將的霸氣，轉到柔美秀氣的氛圍，而後虞姬便以婉約的客家腔唱【平板】。

【平板】在客家戲中是近於城市小調的音樂，曲調旋律沒有【老腔山歌】、【老山歌】、【山歌仔】那麼高亢、激烈，音程大跳少，級進和小跳多，並且曲調婉轉曲折，很適合展現虞姬當時的情節，所以此處應用【西皮】接【平板】也更明顯的呈現項羽和虞姬性格的對比性。

其三，京劇的【西皮】和客家戲的【平板】，在分別使用的伴奏樂器京胡和殼仔弦上都是使用 La Mi 定弦，因此調子是可以順暢連結的。傳統客家三腳採茶戲是小戲階段時，原使用二弦和頭弦伴奏，但是近年來已經轉由殼仔弦擔

任主要伴奏樂器，其中【山歌仔】和【平板】的曲調，可以使用 La Mi 定弦，也可以使用 Sol Re 定弦。此處項羽所唱的【西皮】和接虞姬所唱的【平板】，是使用 La Mi 定弦，鄭榮興教授巧妙的安排，讓同定弦的主奏樂器由京胡轉入殼仔弦。另外，在第三幕〈十面埋伏〉、第四幕〈四面楚歌〉，也都有「兩下鍋」的展現，其中第四幕〈四面楚歌〉，項羽和虞姬飲酒的唱段，是運用【平板】、【二黃散板】、【平板】、【二黃原板】、【平板】、【二黃原板】相間銜接的唱段。其中京劇的【二黃】和客家戲【平板】的曲調，都是使用 Sol Re 定弦，才能使不同腔調音樂緊密的接合。所以在「兩下鍋」的腔調音樂銜接上，使用相同的定弦，能使音樂自然而順暢，這是鄭榮興教授成功的編腔轉法之一。

關於兩下鍋不同腔銜接的形式，音樂設計鄭榮興教授分別應用了鑼鼓點打擊樂，或一句具有旋律性的口白帶過，或不同腔調卻同調高的過門，將一種腔調順暢的轉入另一種腔調，讓緊密「兩下鍋」的腔調能自然而流暢。

六、「三下鍋」音樂設計

以多腔調表現的客家大戲《霸王虞姬》，前文已論及，除了說書人的部分獨立觀之，情節中主體內容是以「兩下鍋」呈現，唯獨第五幕〈烏江同殉〉中，有同排場「三下鍋」的設計。情節是項羽知道所處環境大勢已去，卻又捨不得虞姬和烏錐馬，而使用【高撥子導板】、【高撥子】曲調，以京劇語唱出其心聲，而後沒有說白，緊接著由虞姬以客家戲語接唱亂彈腔【反二黃緊板】，以樂觀的角度表達支持並鼓勵項羽。一小段鑼鼓後，接著項羽繼續以京劇語唱【高撥子】，道盡其無奈的心聲。又在烏錐馬叫幾聲之後，由飾演船夫的小咪，以歌仔戲語唱一段歌仔調【曲池】，並以閩南語勸項羽和虞姬搭船往江東，將來可以捲土重來的說白，這是同一排場，以第三種語言和腔調加入表演的設計，很明確的是「三下鍋」的表現。見表4。

表 4：客家戲《霸王虞姬》第五幕〈烏江同殉〉三下鍋唱曲表

幕次名稱	曲譜分類	數量／唱曲／板式	演唱者	語言
伍、烏江同殉 21 曲 閩：5 曲 京：5 曲 客：11 曲	烏江同殉一	1. 風蕭蕭	說書人	歌仔戲語
		2. 霜雪調	說書人	歌仔戲語
		3. 留書調	說書人	歌仔戲語
	烏江同殉二	1. 高撥子導板	項羽	京劇語
		2. 高撥子	項羽	京劇語
		3. 反二黃緊板	虞姬	客家戲語
	烏江同殉三	1. 高撥子	項羽	京劇語
		2. 反二黃緊板	虞姬	客家戲語
	烏江同殉四	1. 曲池	船夫	歌仔戲語
		2. 批	項羽	京劇語
	烏江同殉五	1. 山歌搖板	虞姬	客家戲語
		2. 悲歌	項羽	京劇語
		3. 何聊生	虞姬	客家戲語
		4. 散平板	虞姬	客家戲語
	烏江同殉六	1. 平板	虞姬	客家戲語
		2. 山歌	幕後男一人清唱	客家戲語
		3. 老山歌	幕後男一人清唱	客家戲語
		4. 山歌什唸	劉邦	客家戲語
	烏江同殉七	1. 山歌	眾男女唱	客家戲語
	烏江同殉八	1. 都馬調	說書人	歌仔戲語
	烏江同殉九	2. 吟唱	眾小孩幕後朗讀	客家戲語

製表者：施德玉

　　第五幕「烏江同殉」的三下鍋，在音樂設計上的確比較困難，原京劇劇本的《霸王虞姬》中〈烏江同殉〉項羽就是唱帶有小調色彩的【高撥子】呈現一個高潮點，而客家戲中當然項羽也是唱【高撥子】。飾演船夫的小咪就和該劇

編歌仔腔的劉文亮老師討論，選擇她所熟悉的曲調【曲池】演唱，鄭榮興教授說這在音樂配器和編腔上已經產生一些困難，因為小咪的腔調比陳霖蒼先生高一個調門，又這二種曲調是不同主奏樂器、不同定調，中間又要再加入江彥瑮飾演虞姬的唱段，形成三下鍋，這樣更難使三種語系的音樂融合呈現。

　　鄭榮興教授巧妙的將介於項羽和船夫之間的虞姬腔調，選擇使用亂彈戲【反二黃】。亂彈戲【反二黃】是以 Do Sol 定弦的吊規仔為主奏樂器。【反二黃】的旋律進行起伏跌宕較大，曲調性很強，既有級進，亦有大跳，一般多用於悲劇場合下表現慷慨、悲憤、蒼涼、壓抑的感情，[20] 因此很適合此處虞姬的唱段。加以項羽所唱的【高撥子】曲調，是以京胡為主奏樂器，定弦和亂彈戲【反二黃】一樣是 Do Sol，並且【高撥子】的主音也是 Do 和 Sol，因此銜接亂彈戲【反二黃】曲調是可以順暢銜接的。這二曲調中間又運用打擊樂器的演奏，將項羽所唱的【高撥子】轉到虞姬所唱的亂彈戲【反二黃】。

　　而虞姬腔調亂彈戲的【反二黃】又銜接小咪演唱歌仔調【曲池】，是由主奏樂器吊規仔的 Do Sol 定弦，轉到殼仔弦 Sol Re 定弦，這中間也不好銜接，鄭榮興教授運用樂器模擬馬叫聲為區隔，讓音樂腔調順利轉接。這次「三下鍋」的音樂設計，就音樂而言是緊密而順暢的創作手法；但是就語言而言，則是三種不同系統的語言。從西皮與二黃的結合，京劇演出時，除了特殊情形，劇中人幾乎都是以相同的語言演出；一般的客家戲使用採茶、山歌和民歌小調，也都是以客家方言演出，即使劇中使用亂彈戲腔調，也已經將官話轉化成客家方言演唱，所以結合多種腔調音樂演戲的前提，是使用相同的語言，基本上會帶給觀眾異中有同的感受，而疏離感自然減少。

---

20 張正治編著《京劇傳統戲皮黃唱腔結構分析》，（北京：人民音樂出版社）。
　　1992。頁 305。

　　臺灣豫劇團曾經演出新編戲《花嫁巫娘》，是描寫巫娘媚金和外族人瞿言的愛情故事，他二人在劇中是以豫劇方言和京劇方言對話，使用豫劇腔調和京劇腔調對唱，因為瞿言是外族人，在情節上也說得過去，並且豫劇與京劇在聲腔流播上也有一定的血緣關係，所以不顯得格格不入。同理，客家戲《霸王虞姬》中以閩南語唱歌仔調的小咪飾演船夫，使用不同的方言和項羽虞姬對話對唱，也可以說是合乎常理，只是歌仔戲腔調、傳統客家戲腔調和京劇腔調，似乎在流播中沒有血緣關係。因此鄭榮興教授也將歌仔調【曲池】，與之前的亂彈戲腔【反二黃】和之後的京劇腔【批】切割呈現，突顯歌仔調在此處的獨立特色。

　　連橫《臺灣通史》卷二十三〈風俗志・演劇〉所記「臺灣之劇」：「……臺灣之劇：一曰亂彈，傳自江南，故曰正音；其所唱者，大都二簧、西皮，間有崑腔；今則日少，非獨演者無人，知音亦不易也。……」[21]。又曾永義老師著〈梆子腔戲新探〉中對於亂彈的名義變遷進行探析，論述「亂彈」一詞之義有四變：其一，亂彈原指秦腔；其二，亂彈成為花部諸腔的統稱；其三，梆子亂彈腔；其四，浙江秦吹腔亦稱亂彈。[22] 由以上二段資料都說明亂彈戲的腔調與秦腔或皮黃腔有脈絡關係，那麼客家戲中應用亂彈戲中的腔調與皮黃腔的腔調，也可以說是有同血緣的脈絡關係，因此自然是能融合的。

　　蔡振家〈亂彈、採茶兩下鍋的傳統料理：榮興劇團《喜脈風雲》的音樂設計〉：

---

21 連橫《臺灣通史》卷二十三〈風俗志・演劇〉，（臺北：幼獅文化事業公司）。1988。頁 476。

22 曾永義著〈梆子腔戲新探〉，《中國文哲研究期刊》第三十期，（臺北：中央研究院文哲研究所主編）。2007。頁 143-178。

放眼當代劇壇，戲曲音樂大多受到國樂、樣板戲、越劇，甚至是西洋歌劇的影響，音樂設計者常花費許多心思在配器、和聲、串場合唱曲及背景音樂的編創，真正致力於挖掘傳統曲調之美的音樂設計反而少見。其實從本質上而言，戲曲音樂乃是用既有符號來書寫的，傳統程式的規範下有許多變化的彈性，運用之巧拙，實存乎一心。戲曲的音樂程式就像生物的基因一樣，以有限的單元造出無限的作品，同中有異、殊途同歸。更有趣的是，在基因轉殖、混合料理之後，假以時日還可產生新的物種。

以「三下鍋」多腔調表現的客家大戲《霸王虞姬》，結合客家、京劇與歌仔戲的腔調於同一排場中的設計，實屬不易。在當代表演藝術走向跨界與跨文化之際，能在同一劇種中創作不同劇種傳統曲調結合的音樂現象，是難能可貴的，真是需要懂得這三劇種腔調和音樂的專家，進行不斷的試煉演化歷程與經驗累積之後，才能有純熟與融合的「三下鍋」體現。像客家大戲《霸王虞姬》多腔調展現的手法，應該是戲曲音樂工作者重視的創作手法。

七、結論

「榮興客家採茶劇團」2013 年推出的新編戲《霸王虞姬》，製作人鄭榮興教授精挑細選的演員，非常適合各自所飾演的腳色，主要演員有陳霖蒼飾演項羽、江彥瑮飾演虞姬、小咪飾演烏江亭長和船夫，就演員演出而言，他們精湛的身段表演，絲絲入扣的腔調表現，都能生動、精緻與細膩的詮釋這齣戲。

就劇本而言，導演陳霖蒼指出，《霸王虞姬》有許多獨特的地方，故事內容有深度，因此愛恨情仇演起來別有一番滋味，這齣戲能品到獨特的味道，也可從中感受到特殊的情感，感受到新鮮的霸王虞姬。從陳導演自己飾演霸王項

羽的經驗和體悟,可以瞭解這個大家所熟悉的故事情節,在曾永義老師的研究、解讀與詮釋之下,又有些許新意與獨特之處。

　　客家戲《霸王虞姬》最特別的就是融合京劇、歌仔戲、客家採茶戲的腔調,運用「兩下鍋」和「三下鍋」的編腔手法,將這三劇種的傳統腔調保留,應用在該劇中。基本是以京劇腔調展現霸王項羽的情節;以客家採茶戲的腔調來詮釋虞姬這角色;而全劇以小咪飾演的烏江亭長為說書人,敘述故事情節的發展。說書人的設計非常巧妙,因為情節的發展在每幕戲開始之際,就已經交代清楚,因此劇中人物就可以運用大段的曲調唱腔,有如西方歌劇的詠嘆調,表現人物的性格與內心的感受,所以此劇內心戲很多,唱曲很多,讓演員有許多發揮的空間。

　　在該劇中唯有霸王項羽和虞姬在表達彼此情感之際,雖然一個霸氣,一個柔美,都能完全體現,但是他二人使用不同的方言進行對話和對唱,呈現他們是在不同文化背景下的恩愛情人,彼此就已經有一些疏離感,雖然他們的身段表情與詞情都是緊密的,只有語言不同,也會讓觀眾產生無法轉換成他們親密情感的情緒。

　　至於該劇中「兩下鍋」和「三下鍋」的編腔手法,鄭榮興教授運用亂彈戲的腔調與秦腔或皮黃腔的脈絡關係,而將同源的腔調應用在該劇中,當然是能夠融合的。又鄭榮興教授熟悉這三個劇種主奏樂器的定弦和特性,所以在編腔時,除了保留傳統曲調的特色之外,還能套用同調性不同劇種的腔調進行銜接演唱,讓觀眾感受到同中有異,又異中有同的腔調效果。即使在不同劇種腔調的銜接上,也精心規劃的使用鑼鼓點或器樂聲響轉接,讓音樂的流暢性能更自然些。

　　在日新月異的社會環境中,戲曲的發展已經有更多元的變化,在當代還能以傳統文化的故事題材為本,以傳統腔調出發,從腔調上尋找變化,達到創新、

提升藝術性的戲曲表演，已經不多見了。姑且不論客家戲《霸王虞姬》的「兩下鍋」和「三下鍋」的編腔手法在實驗上成功與否，就這樣的出發點和創意理念，已經值得喝采與讚揚了。

參考文獻

一、著作

連　橫，1988，《臺灣通史》卷二十三，〈風俗志・演劇〉。臺北：幼獅文化事業公司。

張正治編著，1992，《京劇傳統戲皮黃腔調結構分析》。北京：人民音樂出版社。

二、期刊論文

曾永義著，2007，〈梆子腔戲新探〉。《中國文哲研究期刊》34：143-178。臺北：中央研究院文哲研究所主編。

三、論文集論文

鄭榮興，2001，《論三腳採茶十大齣》，收錄於《兩岸客家表演藝術研討會論文集》，頁291-301。苗栗：苗栗縣文化局。

四、學位論文

黃新穎，1997，《臺灣客家戲劇現況之研究》。輔仁大學中文研究所碩士論文。

五、志書

金重主編，1994，《中國戲曲志・雲南卷》。中國 ISBN 中心。

六、網站文章

張敏慧，〈一台風景〉，網址：https://www1.hkej.com/dailynews/culture/article/1234250/%E5%85%A9%E4%B8%8B%E9%8D%8B+%E9%84%89%E5%9C%9F%E6%83%85。瀏覽日期：2016.2.23。

蔡振家，2005，〈亂彈、採茶兩下鍋的傳統料理：榮興劇團《喜脈風雲》的音樂設計〉，《戲劇學刊》2 期，資料來源：http://homepage.ntu.edu.tw/~tsaichengia/pub/mixed.html。瀏覽日期：2016.2.23。

香港新聞公報報導，網址：http://www.info.gov.hk/gia/general/200204/17/0417087.htm。瀏覽日期：2016.2.23。

七、節目單

《霸王虞姬》節目單，2013 年 11 月 8 日到 11 日在國家戲劇院演出。

曾永義老師，〈成敗有英雄 誰是真英雄：我編撰《霸王虞姬》「三上鍋」〉。見「榮興客家採茶劇團」，《霸王虞姬》節目單（2013），頁 10。

八、訪談資料

施德玉訪談，《霸王虞姬》音樂設計鄭榮興教授。訪談地點：臺灣戲曲學院內湖校區。訪談日期：2016.2.25。

論客家大戲《六國封相──蘇秦》文本與演出的改編 *

楊閩威

一、前言

蘇秦為戰國時期知名之縱橫家,事蹟見於《史記‧蘇秦列傳》與《戰國策》。

以其故事為題材改編的戲曲著作在戲曲史上也廣為流傳。雜劇作品今尚存《凍蘇秦衣錦還鄉》一種;[1] 戲文與傳奇作品,見之著錄的有《蘇秦衣錦還鄉》、《蘇秦傳》、《凍蘇秦》、《蘇秦戲文大全》、《縱橫記》等。[2] 而有傳本傳世,影響最為廣泛的,非明傳奇《金印記》莫屬。[3]

---

* 本文原刊登於《戲曲學報》,2017,17 期,頁 87-118。因收錄於本專書,略做增刪,謹此說明。作者楊閩威現為中國文化大學中國文學研究所博士生。

1 《凍蘇秦》,無名氏撰。又名《衣錦還鄉》。《錄鬼簿續編》失載名氏目著錄此劇,《太和正音譜》著錄有關內容二目:《張儀凍蘇秦》、《衣錦還鄉》。此劇現僅存《元曲選》本。題目正名作:『冰雪堂張儀用智 凍蘇秦衣錦還鄉』。另有王學奇等《元曲選校注》本、王季思等編校《全元戲曲》本。見李修生主編:《古本戲曲劇目提要》(北京:文化藝術出版社,1997 年),頁 83。

2 〔明〕佚名撰,孫崇濤點校:〈點校說明〉,《明清傳奇選刊‧連環記‧金印記》(北京:中華書局,1988 年),頁 1。

3 《金印記》,無名氏撰。《曲品》、《南詞新譜》均著錄,未題撰人。《古人傳奇總目》始題蘇復之撰,恐不確。明人又有《金印合縱記》,合蘇秦張儀事為一劇。今存有明萬曆間刻本《重校金印記》,《古本戲曲叢刊》初集據以影印,孫崇濤有校點本,

粵劇則有神功戲《六國大封相》，[4] 在近代又被周信芳改編成京戲《六國封相》演出。[5] 而榮興客家採茶劇團於 2016 年演出的客家大戲《六國封相——蘇秦》則是以《史記‧蘇秦列傳》、《金印記》、《六國封相》為基礎加以繼承、改編。

二、《六國封相——蘇秦》的取材源頭

周貽白認為中國戲劇的取材，多數跳脫不出歷史故事的範疇，甚至同一故事作了又作，不惜重翻舊案，沿襲前人：

> ……其他同一題材者而作兩三種形式寫出者，更數見不鮮。雖未必皆出有心雷同，自亦未脫窠臼。而雜劇沿襲南戲，傳奇復取材雜劇，皮黃劇更從雜劇傳奇而改編，在戲劇史的演進下，即憑這些劇本，也可以覘知其間的嬗變。[6]

對傳統題材加以改編，一向是戲劇創作不同於其他藝術形式的特殊現象。如莎士比亞留存下來的三十七個劇本中，幾乎都是從「老戲」或前人的故事改

收入《明清傳奇選刊》。據《曲品校注》載，另有咸豐、同治間瑞鶴山房抄本《金印記》。見李修生主編：《古本戲曲劇目提要》，頁 244-245。

4 粵劇《六國大封相》因為在演出性質上是屬於「酬神」類的戲劇，多在演出正戲前上演。全劇只著力在蘇秦被六國國王封贈的盛大場面，關於蘇秦未出名時如何落魄潦倒、家人「前倨後恭」的情節則完全省略不演。

5 南腔北調人編：〈六國封相〉，《戲典》（上海：中央書店，1948 年），第 9 集，頁 144。

6 周貽白：〈附錄：中國戲劇本事取材之沿襲〉，《中國戲劇史長篇》（北京：人民文學出版社，1960 年），頁 647-648。

編而成的:《威尼斯商人》的原典是同時代劇作家馬洛的《馬爾他島的猶太人》
一劇;《奧賽羅》是根據義大利作家欽蒂奧的小說《百日談》改編。[7]

　　蘇秦故事在戲曲中的改編過程也是依循此脈絡運行。如前文提到,《六國
封相──蘇秦》在傳統劇目上的改編是採錄自《金印記》與《六國封相》,如
果欲考其創作脈絡,必先溯其源頭。所以本段將分析蘇秦改編劇目中的三部作
品:《凍蘇秦衣錦還鄉》、《金印記》、《六國封相》,觀察它們在故事的構
思、劇目的安排、腳色設計,及背後想表達的創作意涵。

(一)故事構思

　　《凍蘇秦衣錦還鄉》主要取材於《史記‧蘇秦列傳》與《張儀列傳》,是
在《史記》的基礎上加工創作而成的。但它的敘事角度卻發生了改變,作者嘗
試從輕鬆的日常人情解構沉重的歷史文本,淡化了「以史明鑑」的功能。[8]以蘇
秦進取功名為主要情節,描寫同窗張儀如何暗中幫助蘇秦,使他功成名就,官
封六國都元帥,最終衣錦還鄉、家人團圓的故事。

　　全劇的核心在於「張儀用計汙辱蘇秦,刺激蘇秦投靠趙國」,最終成就他
六國拜相的喜劇結局。劇中對蘇秦「合縱六國」的計策沒有具體的描寫,只有
簡單的提及幾句:「自到趙國游說,一舉成名。為某文安社稷,武定干戈,著
我歷說韓、魏、燕、齊、楚五國。如今官封六國都元帥,衣錦還鄉。」[9]「合縱」
在本劇主要是扮演蘇秦從「凍」變成「衣錦還鄉」的轉折點,以前段「凍蘇秦」

---

7 沈惠如:〈肆、戲曲題材的「再創造」〉,《從原創到改編:戲曲編劇的多重對話》
　(臺北:國家出版社,2006 年),頁 204。

8 章利成:〈從《史記》到《凍蘇秦衣錦還鄉》看敘事焦點的轉移〉,《渭南師範學院
　學報》第 27 卷第 1 期(2012 年 1 月),頁 55。

9 〔明〕臧懋循輯:《凍蘇秦衣錦還鄉》第四折,《元曲選》(臺北:中華書局,《四
　部備要》本第 603 冊),丙集下,頁 10。

的狼狽，來反襯後段衣錦還鄉的顯赫，藉此點出人情冷暖、世態炎涼的問題：

> 想當初風塵落落誰憐憫？到今日衣冠楚楚爭親近。暢道威震諸侯，
> 腰懸六印，也索把世態炎涼心中暗忖。（第四折〔鴛鴦煞〕）[10]

從整齣雜劇的劇情關目與主旨來看，《凍蘇秦衣錦還鄉》與蘇秦的史實無關，不過全劇的部分劇情與結構仍被繼承了下來。

《金印記》的主題同樣也是著重於蘇秦從窮困到發跡的歷程。全劇的主要敘事視角轉移至蘇秦家人的身上，特別是蘇秦妻子周氏的重要性在此劇中提升了不少。如《戰國策》中描寫蘇秦遭遇家人冷遇的情況是：「歸至家，妻不下紝，嫂不為炊，父母不與言。」[11]《金印記》將妻子改編成善解人意的賢內助，「妻不下紝」這段便轉化成了〈當絹被留〉一折：

> 【前腔】（旦上）晝夜辛勤織絍，織成一片寒縑。家計渾如鹽落井，
> 欲賣充饑未忍，思之萬感增。[12]

《戰國策》的原文是說蘇秦妻子看到他回家後，不願意離開織布機來迎接他，但在《金印記》中被改寫成了妻子為了負擔生計，織絹償債的橋段。此外，此劇增加了「懸梁刺股」，對游說六國合縱抗秦的劇碼也多有演述，整齣戲的

---

10 同上注，頁 12。
11 〔漢〕高誘注：〈秦策一・蘇秦始將連橫〉，見《戰國策》（臺北：藝文印書館，2009 年），卷 3，頁 50。
12 〔明〕佚名撰，孫崇濤點校：〈第二十一齣 當絹被留〉，《明清傳奇選刊・連環記・金印記》，卷 4，頁 72。

完整度更勝雜劇《凍蘇秦衣錦還鄉》。

京劇《六國封相》的整體架構則是繼承了《金印記》，不過在劇本分場上有所濃縮，減少了演出篇幅。從這些劇作的內容中可以看出，創作者想藉由蘇秦的故事傳達古代文人「發跡變泰」的理念。所謂的「發跡」，即是指人們由賤變貴，地位跟權力都獲得提升；「變泰」則是指人們由窮至富，屬於財富上的增加。蘇秦從一個貧窮的書生轉化成腰配六國相印的高官。這段過程不管是天意上的安排，還是人為上的努力，只要最終能成功蛻變，都可視成「發跡變泰」。無論古今中外，人們對身分提升的願望十分強烈。特別在古代講究階級的社會上，身分上的提升可說是某些人人生的最大目標。「發跡變泰」的題材亦是在這種觀念下所產生的。難以實現願望的庶民只能借助這些「發跡變泰」題材類的故事，獲得一種代償的滿足心理。[13] 史籍中關於蘇秦千里游說六國，合縱抗秦的記載反而不是這些劇目的創作主題。

客家大戲《六國封相——蘇秦》便是整編上述經典劇目再創作的新戲碼，繼承了《金印記》與《六國封相》的部分情節與角色，雖然沒有採錄《凍蘇秦衣錦還鄉》的文本，但仍沿用劇中的「冰雪」意象。

（二）劇目架構

這些劇目由於作者著力的視角不一，所以在劇本架構的安排上也會因為演出需求而有不同的考量。以篇幅上來說，《金印記》一共有四十二齣，最為龐大。[14] 京劇《六國封相》共有二十一場，劇情主要濃縮改編了《金印記》的部分情節與角色。

---

13 王吟芳：《《三言》「發跡變泰」題材之研究》（臺北：國立臺灣師範大學國文學系碩士論文，李鍌先生指導，1996 年），頁 4-5。

14 《金印記》中的單齣戲很受歡迎，如崑劇常演出《金印記》中的〈逼釵〉、〈不第〉、〈歸家〉、〈投井〉、〈刺股〉等折子戲。

表1：《金印記》劇目架構

全劇共四卷，四十二齣		
卷數	分場	劇情大綱
第一卷	〈家門正傳〉、〈季子自嘆〉〈仲子排筵〉、〈周氏傷嘆〉〈洒掃花亭〉、〈花前飲宴〉〈季子推命〉、〈逼妻賣釵〉〈王婆賣釵〉、〈別親赴試〉	洛陽蘇秦，娶妻周氏，曾師鬼谷子，生活貧困，但仍苦讀不輟。其兄蘇歷分居單過，娶妻王氏，家境富裕。家人屢勸蘇秦放棄仕途，改入工商，但蘇秦不肯，於是遭到家人的冷遇以對。秦國招賢，蘇秦逼妻典賣首飾，欲往秦邦求取功名。周氏託王婆代為典賣，叮囑她不要賣到兄嫂家去。洛陽無人肯買，王婆只好偷偷賣給蘇厲夫婦，得銀五十兩，大叔又偷偷資助蘇秦一半的錢。最終蘇秦仍不聽家人苦勸，執意入秦。
第二卷	〈琴劍西遊〉、〈金釵典賣〉〈秦邦不第〉、〈落第去秦〉〈仲子避暑〉、〈一家耻笑〉〈投井遇叔〉、〈刺股讀書〉〈埋怨三叔〉	周氏無力供養公婆，將剩下的一股金釵典當給兄嫂，遭到兄嫂奚落。秦國丞相公孫鞅怕蘇秦大才奪了其自己的權柄，故意扣下蘇秦的萬言長策不予上奏。蘇秦困居洛陽三載，盤纏用盡，只好回家。家人見到他衣衫襤褸的樣子耻笑不已，蘇秦羞憤欲投井自盡，被大叔阻止，從此留在大叔家苦讀，想睡覺時便以錐刺股。
第三卷	〈再往魏邦〉、〈當絹被留〉〈周氏投河〉、〈周氏回家〉〈長途嘆息〉、〈魏門招賢〉〈侯門于薦〉、〈仲子賞月〉〈魏廷獻策〉、〈焚香保夫〉	不久，魏國張榜招賢，蘇秦又以「合縱」抗秦之計，投奔魏國求官，大叔贈其盤纏，為他餞行。蘇秦託大叔照顧周氏。周氏織絹一匹，典當給兄嫂，又被嫂嫂扣下償債。周氏無奈，投河自盡，被大叔家的婢女秋香所救。蘇秦來到魏國，受犀首將軍公孫衍舉薦，奏過魏王，命他游說六國合縱抗秦。
第四卷	〈用計敵秦〉、〈商鞅點兵〉〈函關交戰〉、〈秦師敗績〉〈蘇秦拜相〉、〈仲子祝壽〉〈差人傳書〉、〈三叔得報〉〈叔婆傳書〉、〈父母聞捷〉〈官亭遇雪〉、〈踏雪空回〉〈封贈團圓〉	蘇秦為眾約長，領六國之兵，與犀首將軍西向敵秦，戰於函谷關，秦軍大敗。蘇秦封六國都丞相，遣人寄書給大叔。蘇秦衣錦還鄉，腰懸黃金印，官員與蘇家人均到接官亭迎接。當日大雪，蘇秦只見大叔，不認父母兄嫂，最後在大叔勸誡之下，才與家人相認，一家團圓。

　　《金印記》在劇情的安排上，比《凍蘇秦衣錦還鄉》更為完整。增補了蘇
秦游說六國合縱抗秦的情節，「函谷關之戰」也有著墨。蘇秦接受六國封贈為
相的場面在本劇中首次出現，而對家人的描述下也不只是全數劃為「冷遇白
眼」的群體，而是另外塑造了大叔與周氏此類對蘇秦不離不棄、熱心幫助的善
良角色。「凍」的概念也被繼承了下來，不過不是運用在蘇秦受難時的情節，
而是轉化至其終於出人頭地時，為了報復家人早先冷遇，故意讓他們在大雪中
白白等待的情境。

表 2：《六國封相》劇目架構

全劇共有二十一場，不設回目。	
分場	劇情大綱
前段：不遇	蘇秦決定一心往仕途發展，不聽家人勸告從事工商業，於是遭到全家怒罵。最後蘇秦前往周天子處獻策，卻不為所用，回家後再度被家人恥笑。唯有妻子周氏典當釵梳，與三叔蘇守賢資助一半旅費，鼓勵蘇秦去秦國。但去秦國之後仍不順利，蘇秦心灰意冷投井自盡，被三叔所救，留在三叔家中「刺股」苦讀。之後再去趙國，又失敗。
中段：游說六國	蘇秦至燕國向燕侯獻「合縱」策，終被封為燕相，命至趙國以約合縱。到了趙國後，趙肅侯熱情招待，並且接納了蘇秦「合縱」的提議。之後，蘇秦陸續前往了韓國、魏國、齊國，都圓滿完成任務。
結局：團圓、封相	自從蘇秦走後，蘇父蘇母要求周氏自己以紡織維生，不幫助她。周氏某日因無米可炊，只好拿自己剛織好的白絹向蘇秦大哥借錢。蘇秦大嫂拿到白絹後只說拿來償前債，不願繼續借錢，周氏無奈也想投井自盡，幸好及時被三叔所救。事情傳回蘇家後，眾人又是一陣羞辱。此時，蘇秦已被封為六國丞相，途中特別返鄉探親，家人見蘇秦衣錦還鄉，態度大為不同。最後，蘇秦在六國大夫與六國國王的恭迎下，配戴六國相印。

　　《六國封相》整體架構是改編《金印記》而來，幾個重要的人物，如周氏、
叔叔蘇守賢等均被保留了下來。在情節的部分，《金印記》中蘇秦逼周氏賣釵、
王婆幫周氏賣釵、周氏典當另一半金釵的片斷，均只濃縮成了「周氏當釵資助

丈夫」一段。全劇也刪去了與「大雪」相關的意象。「游說六國」的部分只保
留了蘇秦前往各國說服諸侯「以約合縱」的劇情，「商鞅點兵」與「函谷關之
戰」也一併刪去。本劇以六國王與六國大夫封贈蘇秦為相的大典為結尾，正好
與《六國封相》的劇名相符合。

（三）角色安排

依劇情與演出的需求，《凍蘇秦衣錦還鄉》、《金印記》、《六國封相》
三個劇目對主要角色的安排各有不同的考量：

表3：《凍蘇秦衣錦還鄉》、《金印記》、《六國封相》主要角色整理

劇目名稱	男主角	女主角	蘇門一家	其他配角	
《凍蘇秦衣錦還鄉》	蘇秦 張儀		蘇父 蘇母 蘇梨（蘇秦兄） 蘇秦妻 蘇梨妻	王長者 陳用 張千	
《金印記》	蘇秦	周氏	蘇父 蘇母 蘇厲（蘇秦兄） 王氏（蘇厲妻） 大叔 叔婆	唐二 秋香 周仲仁（周氏父） 周安人（周氏母） 算命師 王婆	
				六國	秦
					公孫鞅
					魏
					公孫衍

表3：《凍蘇秦衣錦還鄉》、《金印記》、《六國封相》主要角色整理（續）

劇目名稱	男主角	女主角	蘇門一家	其他配角	
《六國封相》	蘇秦	周氏	蘇公 蘇母 蘇代 蘇厲 蘇代妻（大嫂） 蘇厲妻（二嫂） 蘇守賢（叔叔）	唐二 丫環	
				六國	周 周顯王 周最
					燕 燕侯 公子之（大夫）
					趙 趙肅侯 李克
					韓 韓宣侯 韓朋 冷向
					魏 魏襄侯 董慶 周新 公孫座
					齊 齊宣王 晏首 田忌
					楚 景鯉
					秦 白起

　　《凍蘇秦衣錦還鄉》以兩位男主角蘇秦與張儀為重心，張儀、王長者、陳用扮演資助蘇秦的善心人士。蘇門一家屬於反面角色，以他們對蘇秦的白眼冷遇襯托蘇秦往後的發跡富貴。《凍》劇中的重點在於張儀用計刺激蘇秦奮發向上，所以游說六國的情節並沒有演出，也沒有安排六國諸侯與大夫的角色。

在《金印記》中，由蘇秦妻子周氏扮演女主角，她在劇中是任勞任怨、愛護丈夫、具有傳統美德的婦女，反襯短視近利的嫂嫂王氏。資助蘇秦的角色則由《凍》劇中的張儀變成了蘇秦的大叔，張儀隨從陳用則化成了唐二與秋香兩個角色。本劇雖出現了遊說六國的情節，但只有秦國與魏國的部分而已，秦國代表的是蘇秦前半段的失敗落第，魏國則代表他後半段的發達顯貴。

《六國封相》繼承了《金印記》的整體架構，《金印記》中的王氏在此劇中分成了大嫂、二嫂兩個角色，這樣可擴充蘇家與蘇秦夫婦間的衝突場面，唐二與秋香的傭僕角色也被保留了下來。而為了符合《六國封相》的劇名，本劇對游說六國的情節著力很深，在過程中基本上是按照蘇秦史實的記載來編排，每國各有一個諸侯或大夫上場，結尾更安排了六國封贈蘇秦為相的大場面，除了讓這齣戲更熱鬧外，也增加了歷史文本的改編。

不過，蘇秦的兄弟蘇代、蘇厲（《凍》劇中改為「蘇梨」，《金》中只有蘇厲，《六》保留了蘇代與蘇厲的本名。）在正史的記載中與蘇秦都是縱橫家，[15] 但在戲曲中都被改編為以工商維生，一方面是以他們的富裕反襯蘇秦的貧困，一方面則是諷刺世人嫌貧愛富的炎涼心態。

三、《六國封相——蘇秦》劇情文本改編

創作者常將自己經歷過的生活經驗與閱讀過的文史材料，利用自己的苦心經營，把原始的素材重新提煉加工，最後成為具體的一個故事。再把多樣的故事題材相互融合，就可產出一部經典的劇作。而客家大戲早先多是依靠戲先生教戲、導演「編戲」或是「撿戲齣」的方式來創造新的劇目：

---

15 蘇代，戰國時縱橫家。東周洛陽（今河南洛陽東）人，蘇秦的弟弟、蘇厲之兄。蘇秦死後，他求見燕王，提出以楚、魏為援國，共制齊、秦的主張。燕王遂使約諸侯從親。

有些導演自己會去坊間購買章回小說，將書中情節改編成戲齣，並添加一些與正劇無關的花絮，增加趣味。而當導演沒有靈感時，也會跑去別的戲班子看戲，將它們的劇情大綱抄回來，稱作「撿戲齣」，客家大戲最常撿歌仔戲班的「戲齣」。[16]

榮興客家採茶劇團則擺脫了這種傳統模式，往專業化分工合作的方式發展，除了導演之外亦有專業的編劇隊伍，如《六國封相——蘇秦》是由劉亮老師提供原著劇本，扮演男主角蘇秦的蘇國慶則與本劇導演彭俊綱兩人合作共同修編故事，在此劇中身兼演、編兩職，是本劇最特殊的地方。

以下，筆者將探討客家大戲《六國封相——蘇秦》的劇情文本的改編過程。

（一）主題意識

蘇國慶認為此劇的創作主題在於要讓人物活脫的展現在舞臺上，並且要保留客家採茶戲劇種原本的特色：

> 蘇秦游說六國是中國歷史精彩輝煌的本事，非稗官野史或編纂的故事，在處理人物與事件的過程中，稍不留意即會成爲陳述歷史的文本，因此如何讓人物活脫立體的展現在舞臺上，並且保留住採茶戲劇種本身充滿機趣的特色，是這次編創最爲困難的所在。[17]

鄭懷興《戲曲編劇理論與實踐》提出，同一個題材，不同的創作者會有不

---

16 鄭榮興：〈客家大戲的成立、發展與現況〉《臺灣客家戲之研究》（臺北：國家出版社，2016 年），第四章，頁 269。

17 榮興客家採茶劇團：《六國封相——蘇秦》DVD（說明冊）（苗栗縣後龍：榮興工作坊，2016 年），頁 6。

同的發現，不同的寫法，也會產生不同的主題。[18] 因此可以發現本劇的重點並不在完整的「陳述歷史」，蘇秦「合縱抗秦」的過程也不是本劇的創作主題，而是借鑒歷史人物與他的部分情節，揉合創作者想表達的主題意識，最終成為一部新的經典劇作。導演彭俊綱說客家戲曲具有親切俚俗、情感真摯的表演特質，要如何從兩千三百年前的故事中提煉出來？便是這齣戲特別有趣，且最重要的課題。《六國封相──蘇秦》力圖擺脫「歷史劇」嚴肅、權威性的沉重感，強調客家戲曲最重視家庭倫理的傳統，因而定調這齣戲是「傳統故事劇」。[19]

（二）劇情整編

所謂的「整編」就是「整理改編」，將一些傳統劇目加以整理，刪去龐雜的片段，集中焦點、重現原劇的精髓。《六國封相──蘇秦》經過整編後，含「序幕」共有七場。可以發現在篇幅上比《金印記》與《六國封相》更為精煉。

筆者觀察《六國封相──蘇秦》的整編模式有「改編史實」、「摘錄劇目」兩大特點。「改寫史實」是指改編《史記‧蘇秦列傳》的部分，「摘錄劇目」則是摘錄《金印記》與《六國封相》中的部分劇目改編為《六國封相──蘇秦》所用。下面將舉例說明之。

1. 改編史實

根據《史記‧蘇秦列傳》列傳記載，蘇秦第一位游說的對象為周顯王（求說周顯王。顯王左右素習知蘇秦，皆少之。弗信。）[20] 而非秦國。只有京劇《六國封相》第二場保留了周顯王的戲分，《金印記》與《六國封相──蘇秦》均

---

18 鄭懷興：〈構思〉，《戲曲編劇理論與實踐》（臺北：文津出版社，2000年），第三講，頁76。

19 榮興客家採茶劇團：《六國封相──蘇秦》DVD（說明冊），頁4。

20 〔漢〕司馬遷著，楊家駱主編：〈蘇秦列傳第九〉《新校本史記三家注并附編二種》（臺北：鼎文書局，1987年），卷69，頁2242。

刪除了這段劇情，直接安排蘇秦到秦國求官的情節。

　　商鞅一角的改編則各有意涵，在《金印記》中是站在與蘇秦敵對的立場，如〈秦邦不第〉一折中寫的是因為公孫鞅忌妒蘇秦才能而橫加阻擾（（淨）我待奏與秦王，必定用他為宰相，却不奪了我的權柄？），[21]〈商鞅點兵〉中又安排了商鞅攻打魏國（吾乃秦商鞅是也。聞蘇秦那窮酸投入魏國，游說勾連六國兵馬……）。[22]

　　《六國封相──蘇秦》序幕「龍門點額」編寫的內容則是商鞅因功高震主全族被誅滅，故秦王痛恨外國說客，蘇秦不得其門而入。但《史記》的內容是蘇秦已向秦惠王游說獻策，但因商鞅被誅，秦王痛恨游說之人，所以不任用蘇秦（方誅商鞅，疾辯士，弗用。）[23] 由此觀之，《六國封相──蘇秦》序幕的改編是較符合史實的。

　　在第三場「引錐刺股」中，蘇秦夢到自己跟商鞅一樣慘遭車裂之刑：

【平板什唸──尾句平板收】
想起秦邦那言語，車裂商鞅事猶新。
換作我身入其境，萬般痛楚刺我心。
夢裡情景轉不停，莫非是蘇秦，要遭此罪刑。[24]

---

21 〔明〕佚名撰，孫崇濤點校：〈第十三齣 秦邦不第〉，《明清傳奇選刊・連環記・金印記》，卷 2，頁 40。

22 〔明〕佚名撰，孫崇濤點校：〈第三十一齣 商鞅點兵〉，《明清傳奇選刊・連環記・金印記》，卷 4，頁 104。

23 〔漢〕司馬遷著，楊家駱主編：〈蘇秦列傳第九〉《新校本史記三家注并附編二種》，卷 69，頁 2242。

24 榮興客家採茶劇團：《六國封相──蘇秦劇本》（未出版），頁 12。

　　根據《史記》記載，蘇秦最後是被與其同爭齊王寵信的大夫刺殺而亡，他在死前要求齊王以蘇秦作亂為名，在他死後車裂其屍體於市中，使賊人現身圍觀。齊王用其計，果然抓住了真兇（其後齊大夫多與蘇秦爭寵者，而使人刺蘇秦，⋯⋯蘇秦且死，乃謂齊王曰：「臣即死，車裂臣以徇於市，⋯⋯」）。[25] 這段史實在《六國封相——蘇秦》中轉化成蘇秦的虛擬夢境，傳達的是「置之死地於後生」的寓意。

　　至於「游說六國」的過程，《六國封相》安排的是：周（失敗）→燕→趙→韓→魏→齊。《金印記》是：秦（〈秦邦不第〉、〈落第去秦〉）→魏（〈魏門招賢〉、〈侯門于薦〉、〈魏廷獻策〉）→其他五國。《六國封相——蘇秦》則是：秦（失敗）〉→魏→趙→韓→楚→齊→燕。在順序上最與史實相符的是《六國封相》，[26] 完整度較高的則是《六國封相——蘇秦》，但如蘇國慶在前段所述，若過於考究史實恐怕會流為陳述歷史的文本，缺乏了欣賞戲劇的趣味，所以在路線的規劃上選擇了《金印記》的模式，以前段「說秦」的失敗來映襯後段「說魏」的成功，最後再安排其他五國，延續成功的路線直到尾聲。

　　2. 剪裁劇目

　　《六國蘇秦——封相》全劇一共只有七場，在篇幅上僅次於《凍蘇秦衣錦還鄉》的四折，不過此劇成功將《金印記》與《六國封相》中的單場折子戲重新剪裁、整編成一齣新的客家大戲。下表為筆者整理的《六國封相——蘇秦》的劇目架構，及其剪裁的內容：

---

25 〔漢〕司馬遷著，楊家駱主編：〈蘇秦列傳第九〉《新校本史記三家注并附編二種》，卷 69，頁 2265。

26 《史記・蘇秦列傳》的順序是：周→秦→初說趙→燕→再說趙→韓→魏→齊→楚。

表4：《六國封相──蘇秦》劇目架構與摘錄[27]

分場	劇情大綱	摘錄劇目
序幕：龍門點額	秦大良造商鞅處以車裂，滿城沸沸揚揚。蘇秦備重金遠赴秦邦獻高論，萬言書呈上，反遭拒門外，盤纏用盡。	《金印記》
		〈季子自嘆〉、〈秦邦不第〉、〈落第去秦〉
第一場：凜落冰霜	秀娥機房織布，盼夫衣錦還鄉，在前廳蘇家人一家團聚，酒宴之中，父母兄嫂都不顧蘇秦求官，只有三叔大力支持。蘇秦返家又冷又餓，受兄嫂譏罵驅趕，受妻冷語旁觀，父母視為異己，不以為子，已到絕境。	《金印記》
		〈仲子排筵〉、〈周氏傷嘆〉、〈一家恥笑〉、〈當絹被留〉
		《六國封相》
		〈第一場〉、〈第三場〉、〈第四場〉、〈第十六場〉
第二場：引錐刺股	在生死交合之際，萬般痛楚的情境中，季子反躬自省；閉門苦讀破迷霧，明道理，得叔父襄助無後顧之憂，亂世中尋找明主。	《金印記》
		〈逼妻賣釵〉、〈投井遇叔〉、〈刺股讀書〉
		《六國封相》
		〈第五場〉、〈第六場〉
第三場：舌燦蓮花	秦國派白起攻魏，魏軍慘敗，惠施賣國求榮，願與白起裡應外合迫脅魏王投降稱臣，在魏王欲降之時，蘇秦來到魏國用唇舌戰惠施，說君王，一箭退敵，助魏免以災難。	《金印記》
		〈魏廷獻策〉、〈用計敵秦〉、〈長途嘆息〉
		《六國封相》
第四場：千里游說	蘇秦受魏王命，游說諸侯，千里奔波，到趙國呈合縱策，到韓國三晉連理，到楚國替楚王解憂愁，到齊國分析地理戰，最後至燕國完成燕王心願。	〈第十二場〉、〈第十三場〉、〈第十場〉、〈第十一場〉、〈第十四場〉、〈第十五場〉

---

27 榮興客家採茶劇團：《六國封相──蘇秦》DVD（說明冊），頁12。

表 4：《六國封相——蘇秦》劇目架構與摘錄（續）

分場	劇情大綱	摘錄劇目
第五場：前倨後恭	梅花初開，蘇家人欣賞雪景初梅，只有周氏孤身一人無依無靠，薄履衣單，掃雪代勞。此時蘇秦帶領軍隊返家，蘇家人聽聞後對周氏態度大轉變，對蘇秦畢恭畢敬，蘇秦聽從三叔父勸導，以德報怨，放下過去的恩怨，蘇家同歡慶。	《金印記》
		〈洒掃花亭〉、〈父母聞捷〉、〈官亭遇雪〉、〈踏雪空回〉、〈封贈團圓〉
		《六國封相》
		〈第十七場〉、〈第十八場〉、〈第十九場〉
第六場：六國封相	六國封相，古今罕有，韓趙魏齊楚燕，六國結盟拜蘇秦為六國都丞相，合重力抗暴秦。	《金印記》
		〈蘇秦拜相〉
		《六國封相》
		〈第二十場〉、〈第二十一場〉

　　《六國封相——蘇秦》剪裁劇目的方式是：以《金印記》中的各齣折子戲為主，《六國封相》為輔加以合併，重新生成一部新的戲碼。但是在情節的鋪敘上並不會沿用前人劇目的編排，而是以創作者的需求加以改編。以《金印記》中的〈當絹被留〉一折為例，它在原劇中是第二十一齣，《六國封相》改編為第十七場，《六國封相——蘇秦》則將之挪用到了第一場「凜落冰霜」中。

　　而《金印記》與《六國封相》中皆有蘇秦要求周氏賣掉金釵，資助他出外求官的盤纏的情節，《六國封相——蘇秦》在第二場「引錐刺股」中把周氏的金釵改成了不值錢的竹釵，這隻竹釵更變成了蘇秦苦讀時「刺股」的工具：

表 5：《六國封相——蘇秦》改編劇情（一）

《六國封相》第三場	《金印記・逼妻賣釵》	《六國封相——蘇秦》第二場「引錐刺股」
蘇秦：幾件首飾，不肯借給我，作什麼，作什麼。 周氏：我和你是夫妻吓。 （接唱）世態炎涼笑寒儒，嫁鶴怎不隨鶴飛。忙將釵梳首飾取，但願你儒服換朝衣。（白）首飾在此，任官人典賣便了。[28]	（生）將咱家做蕩家女婿。你釵梳值得甚的？賤人，你釵梳賣也不賣？（旦）這釵子賣不成。……（旦）古言「夫婦同憂戚」，到是奴家差矣。只得順從他，典賣罷了。[29]	周氏：相公，為妻沒在你身旁，這竹釵就是為妻，與你共患難共條心。…… 蘇秦：我不能睡，不能睡！唉呀！【平板】 竹釵相伴真情意，蘇秦欲睡精神起。[30]
說明	《六國封相——蘇秦》這樣的改編方式淡化了蘇秦原本的負面形象，而「竹釵」在此劇中也變成了夫妻愛情的象徵，表述蘇秦與妻子之間情比金堅。不過引「錐」刺股中的「錐」是尖錐子，而非竹釵，第二場的名稱改成「引釵刺股」似乎比較適當，可又不符合原典的典故。	

　　第三場「舌燦蓮花」中秦國派白起攻打魏國的部分則是改編自《六國封相》中的第十二場跟第十三場，《金印記》中並沒有這段情節。不過《六國封相——蘇秦》中除了主要角色白起有被保留下來外，董慶被改成了惠施，冷向則被改成了甘茂：

---

28 南腔北調人編：〈六國封相〉，《戲典》第九集，頁 159。

29 〔明〕佚名撰，孫崇濤點校：〈第八齣 逼妻賣釵〉，《明清傳奇選刊・連環記・金印記》，卷 1，頁 19。

30 榮興客家採茶劇團：《六國封相——蘇秦劇本》（未出版），頁 13。

表6:《六國封相——蘇秦》改編劇情（二）

《六國封相》第十二場	《六國封相——蘇秦》第三場「舌燦蓮花」
白起（上唱）秦魏連年大交戰，連捷魏國奪城關。天下畏壩某勇敢，滅卻大梁再滅韓。[31]	OS【虎狼之師】 秦國兵出函谷關，白起威名天下傳。 △白起R上 魏都大梁將攻陷，凱歌高唱故鄉返。 △報子L翻上[32]
旗牌（上白）魏使臣董慶求見。 白起：聞聽得董慶乃利祿之徒，不免以重利誘他便了，有請。[33]	報子：報！啟稟大良造，有軍情到來！ 白起：惠施……利祿之徒，我自有道理。[34]
說明	此處的改編方式，是將原著中白起的大段唱詞挪作旁白所用，目的是增添表演排場的緊湊度。董慶一角被改成了惠施，但劇情仍繼承了《六國封相》的架構。後面本來還有一段董慶與白起議和的情節，《六國封相——蘇秦》也全數刪去。此處的惠施雖是處於與犀首、魏王敵對的立場，但他在正史中其實是合縱抗秦的最主要的組織人和支持者，主張魏、齊和楚聯合起來對抗秦國。
《六國封相》第十二場	《六國封相——蘇秦》第三場「舌燦蓮花」
旗牌（上白）啟將軍，秦王詔下。 白起：接旨。 （四龍套引冷向上。讀旨介） 冷向：聖旨下跪，宣讀詔曰：「武安君奪城斬將，勇敢可嘉，賜黃金千鎰，以酬其功，調全軍回朝，以備休養，詔畢。謝恩。」 白起：謝萬歲。（吹打）大夫我今收董慶內應，眼見魏國事秦王，今將全軍調回，豈不是前功盡棄。 冷向：大王新用張儀之策，故調全軍回朝。[35]	甘茂（內）詔命到。 白起：接詔！ △報子L上、甘茂R上 甘茂：詔曰：白起征魏有功，另有升賞；接詔之日，即刻撤兵！ 白起：大人，你說什麼？ 甘茂：你看，接詔之日，即刻撤兵！還不趕快謝恩哪！ 白起：謝大王！ △報子L上歸回秦兵隊伍 甘茂：大良造，公孫衍離開秦國，回轉魏國，魏王拜其為相聯合諸國抗秦，如今列國局勢有變，惠王拜張儀為相計議良策，召你回國共謀國事。[36]
說明	根據《戰國策》記載，冷向曾仕秦、韓二國。但《史記‧韓世家》將冷向改成了蘇代，[37] 甘茂則是秦國名將。[38] 此段改成甘茂，則可增加劇情的邏輯性，改編歷史故事的戲曲文本，雖然不需要完全照著歷史演述，但也不可過於偏離真正的歷史。

　　第四場「千里游說」同樣也是以《六國封相》為主軸改編，在成功使白起退兵後，開始游說其餘五國合縱抗秦的路程。《金印記》則是敘述蘇秦在魏國獲得賞識後，游說其餘五國，與犀首共同合作對抗秦國，最後在函谷關擊敗秦軍：

表 7：《六國封相——蘇秦》改編劇情（三）

《金印記‧魏廷獻策》	《六國封相——蘇秦》第三場「舌燦蓮花」
（外上）君起早，臣起早，來到朝門天未曉。長安多少富貴家，誰似君王直到老？自家乃朝中一個犀首將軍是也。今日不為別事，舉保蘇秦為師一件重事。來此便是午門，不免進入朝中。[39]	魏王：蘇秦？ 昌欣：蘇秦正在驛館，他要面見大王呈退敵之策！ 犀首：大王，蘇秦既有能力退敵，就應該宣他上殿！ 魏王：快快有請，快快有請 △昌欣 R 下 惠施：且慢！大王，那蘇秦若惹到白起元帥，那還得了？ 魏王：呃……這…… 犀首：白起就是一匹豺狼，大王若投降，他會吞食魏國。先聽良策，再做決定而不遲啊。[40]
說明	犀首公孫衍在《金印記》中是扮演負責提攜蘇秦為魏王的輔助者，但在《六國封相——蘇秦》中，則是與惠施對立的角色。這樣的改編方式增加了全劇的衝突性與緊湊度，更可鋪敘後面蘇秦「舌燦蓮花」的精彩情節。

---

31 南腔北調人編：〈六國封相〉，《戲典》第九集，頁 179。

32 榮興客家採茶劇團：《六國封相——蘇秦劇本》（未出版），頁 15。

33 南腔北調人編：〈六國封相〉，《戲典》第九集，頁 179。

34 榮興客家採茶劇團：《六國封相——蘇秦劇本》（未出版），頁 15。

35 南腔北調人編：〈六國封相〉，《戲典》第九集，頁 179-180。

36 榮興客家採茶劇團：《六國封相——蘇秦劇本》（未出版），頁 15。

37 〔漢〕高誘注：〈韓策二‧冷向謂韓咎〉，見《戰國策》，卷 27，頁 83-84。

38 「甘茂曰：『我羈旅而得相秦者，我以宜陽餌王。今攻宜陽而不拔，公孫衍、樗里疾挫我於內，……。』」此段點出了甘茂與公孫衍敵對的立場，故《六國封相——蘇秦》才把冷向替換成了甘茂。〔漢〕高誘注：〈秦策二‧甘茂攻宜陽〉，見《戰國策》，卷 4，頁 83-84。

表 7：《六國封相——蘇秦》改編劇情（三）（續）

《六國封相》第十二場	《六國封相——蘇秦》第三場「舌燦蓮花」
白起：書生有何能為，有道是將命有所不援。某必要掃滅魏邦，方可回朝。 冷向：將軍不可如此，雖然商鞅已死，新法未改，以臣抗君，罪該賜死，將軍三思。 白起：多蒙丈夫指教。眾將官，班師回朝。（全下）[41]	蘇秦：待我寫來！ △昌欣跪姿展帛，蘇秦揮筆 白起已接詔命，為何還不撤兵？ 六國進軍函谷關，秦兵退路嚴峻！ 魏王：倘若抗詔不遵，須知秦法無情！ 車裂商鞅事猶新，白起莫要步後塵！ 唔！語意誠懇，詞鋒犀利，為王欽佩啊！哈哈哈…… 蘇秦：用箭射入秦營。 昌欣：遵命 △昌欣接文 L 下[42]
說明	此段白起退兵的劇情在《六國封相》中，是白起聽從冷向（舉商鞅之死為例，希望白起聽令）的意見而直接退兵，但《六國封相——蘇秦》將這段改編成了蘇秦寫信，以商鞅之死為例，希望白起聽令退兵。這樣的改編點出蘇秦在後半場「千里游說」的驚人機智，展現這個人物的重要性。至於「函谷關」的部分則是改編自《金印記》〈用計敵秦〉一折。

　　從上表可得知，《六國封相——蘇秦》將《金印記》中犀首公孫衍的戲份挪動到第三場「舌燦蓮花」去了。第五場「前倨後恭」中，蘇家人在雪中賞梅的背景是挪用了《金印記》中的〈官亭遇雪〉、〈踏雪空回〉兩折，這兩折描述蘇秦顯達後回鄉，蘇門一家特地在大雪時前去驛站看他，但蘇秦只願意見叔叔一人，其他人只好踏著大雪無功而返。周氏掃雪的部分則是改編自《金印記》

---

39 〔明〕佚名撰，孫崇濤點校：〈第二十八齣 魏廷獻策〉，《明清傳奇選刊‧連環記‧金印記》，卷 3，頁 93。

40 榮興客家採茶劇團：《六國封相——蘇秦劇本》（未出版），頁 17。

41 南腔北調人編：〈六國封相〉，《戲典》第九集，頁 180。

42 榮興客家採茶劇團：《六國封相——蘇秦劇本》（未出版），頁 19。

中的〈洒掃花亭〉，原劇是指嫂嫂王氏欲至涼亭賞花，命丫環小蓮灑掃庭院，兩齣戲重新整編後就變成蘇家人在冬天賞梅，命周氏掃雪開路。

在整編之下，第五場「前倨後恭」的安排最後變成了：蘇家人雪中賞梅、周氏掃雪開路→蘇秦回鄉→蘇門一家「前倨後恭」→蘇秦感激叔叔恩情，但叔叔不願相認→叔叔與周氏勸戒蘇秦→蘇秦原諒家人，一家團圓。

（三）角色調整

在角色的安排上，因為《六國封相——蘇秦》仍是定調在「家庭倫理劇」的風格上，所以還是以蘇秦與蘇門一家人的戲份為主。至於蘇秦游說諸侯的部分，除了魏國與秦國的主要衝突情節之外，全數以簡單帶過場的方式演出：

表8：《六國封相——蘇秦》中的主要角色與分析

名稱	介紹	分析
蘇秦	本劇男主角。字季子，東周雒邑（今河南洛陽東）乘軒里人，傳為鬼谷子徒弟。戰國時期著名縱橫家，提倡合縱（聯合其他國家對付秦國）。	本劇男主角的特點在於「破釜沉舟，未到絕境，置之死地而後生」。所以在劇本的安排上，「序幕」的遭秦國所逐與「第一場」的遭家人冷遇的情節，可說是將主角逼至人生最低潮的「死地」。而「第三場」與「第四場」則表現出了蘇秦歷經低潮後再起的睿智，以游說諸國的舌燦蓮花為其「後生」。
周秀娥	本劇女主角，蘇秦妻子。	在背後默默支持丈夫求取功業，織絹維生，勤儉持家，對公婆孝順。反映了客家婦女的傳統美德。
書僮	蘇秦書僮	蘇秦的書僮。在蘇秦赴秦求官與「引椎刺股」時均陪侍在旁，對蘇秦忠心耿耿。演出模式則繼承了客家採茶戲詼諧機智的表演風格。

表 8：《六國封相——蘇秦》中的主要角色與分析（續）

名稱	介紹	分析
王氏	蘇秦大嫂，蘇代妻。	嫌貧愛富的反面角色。在前段看不起蘇秦未得功名，因而處處冷遇。聯合公公婆婆欺負弟媳婦周氏，要求她將織好的布先償前債，又要求身無冬衣的周氏先去掃雪，方便他們賞紅梅。後段看見蘇秦衣錦還鄉又轉而向其示好，完美體現了「前倨後恭」的態度。
蘇代	蘇秦兄	家境富裕。曾借錢給蘇秦赴秦求官，得知蘇秦失敗後，同跟妻子王氏冷遇蘇秦。在後半段中同樣也展現出「前倨後恭」的態度。不過在正史中，蘇代跟蘇秦同樣都是縱橫家，本劇將蘇代改成了從事工商業，目的是當蘇秦的對照組。
蘇有義	蘇秦叔叔	經常熱心資助蘇秦夫婦，對蘇門一家冷遇蘇秦夫婦的行為相當不滿。等蘇秦衣錦還鄉後，又勸告蘇秦為人子須以孝為重，原諒家人往日的錯誤。這個角色反應了客家戲曲中道德教化的作用。
姬氏	蘇母	因為蘇代夫婦生活富裕，所以對蘇秦夫婦相當偏心，在蘇秦出外求官時常與王氏聯合一起欺負秀娥。看到蘇秦衣錦還鄉後，馬上就變成了另外一張面孔。
蘇有仁	蘇父	個性愚昧，整天只盼望兒子從外頭帶有趣的玩意兒回來給他。
白起	秦國名將。擔任秦國將領三十多年，攻城七十餘座，殲滅近百萬敵軍，被封為武安君。	他在攻打魏國之際被蘇秦以計逼退。這個角色可以說是打開了蘇秦在後半段從低潮奮起，繼而發達的局面。

表8：《六國封相──蘇秦》中的主要角色與分析（續）

名稱	介紹	分析
犀首	公孫衍，在陰晉邑（今華陰市東北）出生。曾仕魏，任犀首之官，人因以犀首稱之，是戰國時期出身於魏國的縱橫家，和張儀同期，先後於秦國、魏國為官，為張儀的連橫策略的主要對手。	在《金印記》中，犀首是幫助蘇秦再起的關鍵人物之一，但這個角色的性質在《六國封相──蘇秦》中卻產生了轉變。他成為了全劇承先啟後的人物：在「序幕」中點出戰國亂世，他離開魏國後赴秦，因為張儀的問題恐又被秦逐出，藉此襯托蘇秦第二次落第的情節。第三場中又以他跟魏王、惠施爭執的場面，牽引著蘇秦後半段的劇情推展。結尾的「封相」戲仍由他擔任主持者，並暗示了蘇秦務必切記功高震主，免得步入商鞅的後塵。
魏王	魏襄王姬姓，魏氏，名嗣，魏惠王之子。	扮演提拔蘇秦、讓其脫離前半段貧困落魄的關鍵角色。而蘇秦的際遇也從被魏王重用之後，開始有了巨大的轉變。

　　全劇的角色組合可分成：正面（蘇秦、周秀娥、蘇有賢）、反面（蘇代、王氏、蘇有仁、姬氏）與幫助者（白起、魏王、犀首）。案，周秀娥與王氏的角色是從《金印記》與《六國封相》改編而來。（在《六國封相》中的王氏分成大嫂二嫂兩個角色）。書僮是融《金印記》中的唐二與秋香兩個角色為一。（《六國封相》中亦為唐二）。蘇代與蘇有義則是改編自《六國封相》（《六國封相》中的蘇守賢即為蘇有義）。犀首移植自《金印記》，白起是從《六國封相》而來。唯蘇父與蘇母的角色與其性質從頭到尾都沒有變動過，《六國封相──蘇秦》只有給他們冠上自己的姓名而已。

（四）臺（唱）詞白撰寫

　　《六國封相──蘇秦》是整編蘇秦相關的歷史典故與經典劇目後，二次創作出的新戲碼，分析其臺（唱）詞白的撰寫模式後，可以發現本劇有兩個特徵：

第一個是直接從源頭取材、摘錄需要的部分改編；第二個則是嘗試將文本直接「客家化」，修訂成適合客家大戲演出的詞句。

　　1. 從源頭取材

　　客家大戲《六國封相──蘇秦》的取材源頭有兩個面向：首先是正史典籍的記載，本劇主要採納了《史記‧蘇秦列傳》與《戰國策》中的〈蘇秦始將連橫〉，以其中蘇秦早先落魄不遇，遭受家人冷遇，最後衣錦還鄉，家人「前倨後恭」的情節為本劇的故事主軸，再滲入其他諸侯、縱橫家與名將的內容，敷演蘇秦從貧困到再起、最後建立功業的人生際遇。再來是改編劇目的戲碼，本劇將《金印記》、《六國封相》及《凍蘇秦衣錦還鄉》文本中的部分情節與詞句改編為自己所用。

　　（1）改編史籍

　　如《六國封相──蘇秦》第一場「凜落冰霜」中，蘇秦赴秦求官不遇，返家後遭家人冷遇的情節即是改編自《戰國策》中的〈蘇秦始將連橫〉：

表9：《六國封相──蘇秦》改編自《戰國策》的臺（唱）詞白

《戰國策‧蘇秦始將連橫》	《六國封相──蘇秦》第一場：「凜落冰霜」
贏縢履蹻，負書擔橐，形容枯槁，面目犁黑，狀有歸色。歸至家，妻不下絍，嫂不為炊，父母不與言。[43]	蘇秦：身上寒冷，還得過，不過肚中時在飢餓！請問大嫂還有便飯嗎？ 王氏：吃光光了。 蘇秦：大嫂，我這有一些白米，勞煩大嫂幫忙。 王氏：什麼，要我給你煮飯啊？ 　　【平板─快板】 　　小叔你滿腹文章才華高，應該吃在 　　酒樓好，叫我煮飯你妄想，要食你 　　就自己做！ △王氏故意將蘇秦手中米打翻在地上，蘇秦急忙撿米 蘇秦：米粒如珍珠…… 王氏：哎唷！歹勢喔，我不是故意的啦！[44]

　　《戰國策》的原文言簡意賅，如果要搬到舞臺上演出的話，不論是故事情節、角色對話、動作身段的設計上，都需要講究具體的戲劇效果。以「嫂不為炊」為例，「榮興」則設計了一段蘇秦與兄嫂王氏的對話，蘇秦希望嫂嫂幫他用剩下的米煮飯給他吃，王氏看不起他，非但不願意幫他煮，還故意將蘇秦的米打翻在地上。這段表演成功將「嫂不為炊」具象化，塑造出王氏嫌貧愛富的反面角色。第五場的「前倨後恭」則是改編自《史記・蘇秦列傳》：

表 10：《六國封相——蘇秦》改編自《史記・蘇秦列傳》的臺（唱）詞白

《史記・蘇秦列傳》	《六國封相——蘇秦》第五場：「前倨後恭」
蘇秦之昆弟妻嫂側目不敢仰視，俯伏侍取食。蘇秦笑謂其嫂曰：「何前倨而後恭也？」嫂委虵蒲服，以面掩地而謝曰：「見季子位高金多也。」[45]	△蘇從下馬，四馬伕、四車伕、持傘隨從兩邊下，王氏、蘇代做閃避身段跌倒 【平板一收】 兄嫂為何這般樣？ 姬氏：老爺，真的是阿季。 蘇有仁：是阿季。 蘇秦：大哥大嫂，你兩人為何如此狼狽呢？ 王氏：哦…因為你，有錢。 蘇代：有勢。 王氏：有地位。 蘇代：跟以前… 王、代：不一樣！[46]

---

43 〔漢〕高誘注：〈秦策一・蘇秦始將連橫〉，見《戰國策》，卷 3，頁 50。
44 榮興客家採茶劇團：《六國封相——蘇秦劇本》（未出版），頁 9。
45 〔漢〕司馬遷著，楊家駱主編：〈蘇秦列傳第九〉《新校本史記三家注并附編二種》，卷 69，頁 2262。
46 榮興客家採茶劇團：《六國封相——蘇秦劇本》（未出版），頁 25。

　　此處則改編成蘇代、王氏見蘇秦衣錦還鄉的榮耀貌，受到驚嚇而跌倒的狼狽樣子。雖然原文嫂嫂「俯伏侍取食」的部分被刪減了，但蘇代與王氏在這段劇情的表演卻保留了客家戲曲中輕鬆、莞爾的風格。有時候，為了能夠因應觀眾的審美需求，戲曲在演出與文本的設計上也需要一定的俚俗化。

　　（2）改編劇目

　　以周秀娥一角為例，她是從《金印記》與《六國封相》中改編來的，她的形象是任勞任怨、具有傳統美德的婦女，與正史中「前倨後恭」的記載不同。不過她在劇中「織絹」、「當絹」的情節皆是根據了「妻不下紝」這句話改編而成：

表 11：《六國封相——蘇秦》中的周秀娥的臺（唱）詞白

《金印記・當絹被留》	《六國封相——蘇秦》第一場：「凜落風霜」
【前腔】（旦上）晝夜辛勤織紝，織成一片寒縑。家計渾如鹽落井，欲賣充饑未忍，思之萬感增。正是：入山擒虎易，開口告人難。奴家自從兒夫破蕩家資之後，只得勤習女工，織一匹絹子。奈時價輕賤，又賣不得。明日公婆該奴供膳，甘脂無措，只得將去問伯姆解當些錢米。[47]	△周秀娥站定，後區燈光微亮，紡織機 SL 周秀娥：【紅繡鞋】 獨坐機上心意惆，梭兒來往憶夫郎。 千條萬緒細細理，織出黃絹寄思想。 願君成龍早還鄉，絹兒披身耀門坊。 緊思緊想添煩憂，強壓酸悲勤織紡。 △燈光收、周秀娥下，燈光走，蘇代 L 走上、王氏 R 走上…… 姬氏：好好好！婆婆給妳作主，又加上次妳替她出我的伙食費，一分一錢算的清楚，免得日後她苦到連米缸都挖空，哼！ △周秀娥 R 上，襯樂收 周（內）婆婆，婆婆保重身體。 姬氏：妳不用假好心，妳若是拿錢給我，我就沒病了。 △王氏拿茶給姬氏吃藥 姬氏：周氏，妳昨天上街賣布有賺到錢嗎？ 周秀娥：有賺到。 姬氏：既然有賺到還不快快將我的伙食費拿來！ 周秀娥：婆婆，媳婦賺來的錢全部都拿去買米，等媳婦把布織好，換有錢，再交給婆婆。[48]

《金印記》的原文描述周氏自從蘇秦出外求官後，只好以紡織賣布為生。恰巧不久就輪到她奉養公婆，沒有其他辦法，只好拿織好的布再跟嫂嫂借錢。嫂嫂扣下絹布說是償前債，並不願意再借錢給周氏救急。而在《六國封相──蘇秦》中，周秀娥織的黃絹改編成是為了蘇秦功成名就後，給他穿的新衣裳。「供膳」則變成了支應「伙食費」，這樣的撰寫方式能讓表演更為生活化。原文是指向兄嫂借錢買米孝順公婆，這邊則改成了黃絹被搶去當還伙食費所用。另，周秀娥「千條萬緒細細理，織出黃絹寄思想。」這段唱詞更有以「絲」字寄寓「思」念丈夫的深刻意義。

2. 融入客家語言、文化

本劇在改編上還有一個重點，就是必須要「在地化」。客家大戲的演出語言以客家話為主，且觀眾仍以客家百姓為主，所以全劇務必要融合客家話的語言特色至表演文本中。如王氏在第一場「凜落冰霜」中的台詞：「一肚子的史（屎）要做什麼？」便是運用了「史」與「屎」字的諧音。

蘇代的「數板」：「扶犁拖犁，彎腰又弓背，討價還價，伸頸筋來又鬥嘴，同胞同袍，亂世求個大團圓，齊心合心，莫將兄弟來看衰！」同樣也是運用了客家話的諧音，而他的臺詞同時也反映了客家人重視家庭倫理的文化。而第二場「引錐刺股」中的【讀書調】：「書為人生之本，書令人畜兩分，書能改變命運，書能扭轉乾坤，書儲美玉黃金，書蓋縱橫古今，書涵大千宇宙，書能開山劈嶺。」不但使用了「書中自有顏如玉」的典故，也將客家人重視讀書的心態表現出來。[49]

---

47 〔明〕佚名撰，孫崇濤點校：〈第二十一齣 當絹被留〉，《明清傳奇選刊・連環記・金印記》，卷 3，頁 72。

48 榮興客家採茶劇團：《六國封相──蘇秦劇本》（未出版），頁 5-7。

49 榮興客家採茶劇團：《六國封相──蘇秦劇本》（未出版），頁 6-13。

四、《六國封相——蘇秦》演出模式的繼承與改良

筆者分析客家大戲《六國封相——蘇秦》的演出具有以下五大特點：

（一）保留了客家三腳採茶戲的演出編制

客家三腳採茶戲的演出編制以「一丑二旦」為主。幾乎所有的客家大戲從音樂、劇情、舞臺藝術各方面……都是以這種演出編制為基礎，進一步再發展出來的。而《六國封相——蘇秦》每場的演員安排也是三位主角，或是三隊組合的方式演出。以第一場「凜落冰霜」為例，可以分成「蘇父—蘇母」、「蘇代—王氏」、「蘇秦—周氏—蘇有義」三個組合，周氏織絹的那段則可分成「姬氏、王氏、周氏」三個人演出。第三場「千里游說」魏國的部分也同樣是按照這個編制：「魏王—惠施—犀首」。全劇間或穿插了次要角色、龍套上場，形成了大戲的表演型態，但仍保留了客家採茶戲的「小戲」特色。

（二）相褒劇的機趣風格

以表演的方式而言，「相褒戲」是兩個角色互相使用誇張、逗趣的言語稱讚對方，或是數落對方，以這種方式進行劇情的發展。例如三腳採茶戲「十大齣」中的〈桃花過渡〉：撐船郎與桃花姊妹的對唱就是相褒（相貶）的成分。後來也有人利用這種便利的演出方式，發展出一種名為「相褒戲」的小戲，就是以相褒的方式來演出，如本劇中姬氏、王氏與周氏，蘇秦與蘇代、王氏之間的對話便具備了「相褒戲」的風格。這種風格並不受既定情節的限制，演員的發揮空閒變大了，豐富了演出內容，娛樂性大增，因此大受觀眾的歡迎。

（三）運用亂彈戲曲調

這齣戲使用了許多亂彈戲曲腔，這種編腔模式少見於現今的客家戲曲中。而客家大戲在發展的過程中，也是吸收了亂彈戲、四平戲、歌仔戲等其他劇種的曲腔與表演特色後，逐漸成長成一個新興劇種。

表 12：《六國封相──蘇秦》中的亂彈戲曲腔

場次	亂彈戲曲腔
序幕	【刀子】、【西路】
第三場	【刀子】、【撲燈蛾】、【福祿】、【緊中慢】
第四場	【西皮】、【二黃】

本劇中的亂彈戲曲腔集中運用在「序幕」、「第三場」與「第四場」中，呈現出嚴謹典雅的音樂效果，藉此烘托戰國時代的厚重歷史感。不過演出時仍是唱客家戲的語言，而非亂彈戲專用的官話。

俗話說「日演亂彈，夜唱採茶」，許多客家戲演員除了採茶戲外，也擅長演亂彈戲，如老一輩的客家戲藝人王慶芳等等，《六國封相──蘇秦》中的主演蘇國慶、陳思朋、陳芝后、江彥琿等人同樣也會演亂彈戲，他們曾在邱婷為其母親潘玉嬌（「亂彈嬌」）製作之北管音樂劇「人間國寶 I ──阿母上戲去」中有精彩的演出。蘇秦六國封相的故事也是亂彈「扮仙戲」中重要的劇目之一（《封相》），有闔家團圓與功成名就的吉祥意涵。

（四）設計特殊身段

客家三腳採茶戲在改良的過程中吸收了京劇與歌仔戲等優勢劇種戲班的武戲、機關布景、連臺本戲等元素，奠定客家大戲往後發展的基礎，因此現在的客家大戲中仍深受戲曲程式化的身段影響。扮演本劇男主角蘇秦的蘇國慶為學習武生出身，故在本劇中多處安排了蘇秦的武戲身段。如第二場「引錐刺股」中，蘇秦驚夢自己跟商鞅一樣同受車裂之刑，即設計由戴面具的五個演員分別用繩索套住蘇秦拉扯的動作，極為生動。第四場「千里游說」中，蘇秦乘馬車至其他五國「以約合縱」時，則是模仿春秋戰國時代馬車的形制，結合了戲曲中「駕車」、「騎馬」的身段，創作出了一種新的表演程式。

圖1:《六國封相——蘇秦》中蘇秦的「乘車」身段

（照片由榮興客家採茶劇團提供）

（五）「六國封相」對粵劇《六國大封相》的借鑑

《六國封相——蘇秦》結尾的「六國封相」則是借鑑了粵劇《六國大封相》部分情節與表演程式。粵劇《六國大封相》的故事背景雖然也是蘇秦「六國封相」，但主角卻是帶六國王聖旨給蘇秦的「犀首」公孫衍。

粵劇《六國大封相》「封相」的過程是：「一、六國王侯以蘇秦游說合縱有功，商議加封蘇秦為六國丞相，決定由魏國王門官公孫衍帶聖旨往訪蘇秦，六國元帥負責護送。二、公孫衍交過聖旨後拜別蘇秦。三、第三花旦、第二花旦（即二幫花旦）即正印花旦先後各持一對錦旗上場，象徵推上三輛車子，為公孫衍及隨員準備啟程回國。四、公孫衍在六國元帥護送下坐正印花旦所推的一輛車子回國，二人表演一段推車及坐車功架。五、北派武師表演拉馬及北派功架，全劇在此終結。」[50]

從上述內容觀察，可以發現《六國封相——蘇秦》同樣也是由「犀首」公

---

50 陳守仁：〈例戲的演出〉，《儀式、信仰、演劇：神功粵劇在香港》（香港：香港中文大學音樂系粵劇研究計劃，1996年），第四章，頁63。

孫衍負責「封相」的任務，但「封相」的過程中只保留了第一跟第三個步驟，其他部分則簡化為由八位魏兵帶領六國外相上場，然後以犀首封相、贈言的情節為結尾。粵劇《六國大封相》的演出陣容之所以盛大的原因，在於可趁此機會陳列戲班的規模：臺柱、演員數目、華麗服裝和布景及樂隊鑼鼓的威勢。有的請主也會趁此機會點算戲班演員的數目，看班主是否履行合約。

五、結語

以榮興《六國封相──蘇秦》一戲為例，可以發現戲曲在改編歷史文本時，要以提煉歷史事件與人物的精華片斷為主軸。而隨著每齣戲創作者不同的創作心態，根據同一個歷史故事所創作出的文本也會反映出不同的面向。如《凍蘇秦衣錦還鄉》、《金印記》、《六國封相》的主軸反映的是中國文人的「發跡變泰」：藉此滿足一般百姓希望可以從一朝落魄，最終顯貴的的幻想。而《六國封相──蘇秦》的重點在於男主角蘇秦「破釜沉舟，置之死地而後生」的奮發作為，藉此彰顯客家人不屈不撓的「硬頸」精神。

在劇本的整編方式，《六國封相──蘇秦》不但參照了正史的記載，同時也嘗試將其他戲碼中的角色、故事情節、詞白加以剪裁、修整，依照創作者的意圖重新調整安排，生成一齣新的大戲。因為是客家大戲的緣故，所以在編寫劇本上仍必須保留客家語言的特色，這也是本土戲曲在改編其他劇作時，需注意「本土化」，才能增加當地觀眾對新劇作的接受度。

而在演出模式上，《六國封相──蘇秦》仍保留了客家三腳採茶戲的「小戲」編制，蘇家人吵架的情節展現了「相褒劇」的特色，但同時也具備了「大戲」的表演特徵。編腔上除了客家戲曲常見的【平板】、【山歌子】等客家戲曲腔外，本戲在序幕、第三場與第四場中運用了許多亂彈戲曲調，藉此襯托戰國時代典雅厚重的效果。男主角蘇秦「游說諸國」中的「乘車」身段，則是結

合戰國馬車的形制與京劇程式化的身段設計而成。最後的「封相」大戲則是借鑑了粵劇《六國大封相》的部分步驟濃縮改編。

　　由此觀之，《六國封相──蘇秦》一戲展現出了客家大戲發展時能夠吸收不同劇種、不同劇作的多元化與多樣性。

參考文獻

（一）古籍：

〔漢〕司馬遷著，楊家駱主編，1987，《新校本史記三家注并附編二種》。臺北：鼎文書局。

〔漢〕高誘注，2009，《戰國策》。臺北：藝文印書館。

〔明〕佚名撰，孫崇濤點校，1988，《明清傳奇選刊 • 連環記 • 金印記》。北京：中華書局。

〔明〕臧懋循輯，1948，《元曲選》。臺北：中華書局，《四部備要》本第603冊。

南腔北調人編，《戲典》。上海：中央書店。

（二）近人論著：

王吟芳，1996，《《三言》「發跡變泰」題材之研究》。臺北：國立臺灣師範大學國文學系碩士論文，李鍌先生指導。

李修生主編，1997，《古本戲曲劇目提要》。北京：文化藝術出版社。

章利成，2012，〈從《史記》到《凍蘇秦衣錦還鄉》看敘事焦點的轉移〉。《渭南師範學院學報》27（1）。

沈惠如，2006，《從原創到改編：戲曲編劇的多重對話》。臺北：國家出版社。

周貽白，1960，《中國戲劇史長篇》。北京：人民文學出版社。

陳守仁，1996，《儀式、信仰、演劇：神功粵劇在香港》。香港：香港中文大
　　學音樂系粵劇研究計劃。

鄭榮興，2016，《臺灣客家戲之研究》。臺北：國家出版社。

鄭懷興，2000，《戲曲編劇理論與實踐》。臺北：文津出版社。

（三）其他：

榮興客家採茶劇團，2016，《六國封相──蘇秦》DVD。苗栗縣後龍：榮興
　　工作坊。

榮興客家採茶劇團，《六國封相──蘇秦劇本》（未出版）。

國家圖書館出版品預行編目 (CIP) 資料

客家戲曲 / 鄭榮興主編 .
-- 初版 . -- 新竹市 : 交大出版社 , 民 108.01
　　面 ;　　公分 . -- (臺灣客家研究論文選輯 ; 11)
ISBN 978-986-97198-5-8(平裝)

1. 客家 2. 傳統戲劇

983.34　　　　　　　　　　107020677

臺灣客家研究論文選輯 11

客家戲曲

主　　　編：鄭榮興
叢書總主編：張維安
執 行 編 輯：陳韻婷、程惠芳
封 面 設 計：萬亞雰
內 頁 美 編：黃春香

出 版 者：國立交通大學出版社
發 行 人：陳信宏
社　　長：盧鴻興
執 行 長：陳永昇
執行主編：程惠芳
編務行政：陳建安、劉柏廷
製版印刷：中茂分色製版印刷事業股份有限公司
地　　址：新竹市大學路 1001 號
讀者服務：03-5736308、03-5131542　（週一至週五上午 8:30 至下午 5:00）
傳　　眞：03-5731764
網　　址：http://press.nctu.edu.tw
e - m a i l：press@nctu.edu.tw
出版日期：108 年 1 月初版一刷、109 年 7 月二刷
定　　價：350 元
I S B N：978-986-97198-5-8
G P N：1010800017

展售門市查詢：

交通大學出版社 http://press.nctu.edu.tw
三民書局（臺北市重慶南路一段 61 號））
網址：http://www.sanmin.com.tw　電話：02-23617511

或洽政府出版品集中展售門市：

國家書店（臺北市松江路 209 號 1 樓）
網址：http://www.govbooks.com.tw 電話：02-25180207
五南文化廣場臺中總店（臺中市中山路 6 號）
網址：http://www.wunanbooks.com.tw　電話：04-22260330

本書獲客家委員會補助出版